考える
建築材料

庫川尚益 著

彰国社

装丁・本文フォーマット　宇那木孝俊（宇那木デザイン室）

はじめに

● 材料の選び方、使い方を「考える」

　私たちはさまざまな建築材料に囲まれて生活している。建築物の床・壁・天井、屋根などにどのような材料が使われているのか、なぜその材料が使われているのか、普段の生活で意識することはあまりないかもしれない。

　しかし、それぞれ合理的な理由があり、建物に求められる機能や性能、また各部の構法やコスト、さらに材料の外観やテクスチャーといった感覚的な側面までを総合的に考慮したうえで、設計者が注意深く材料を選定しているのである。

　適材適所という言葉が表すように、使用部位にあわせて材料の特徴を活かすような正しい使い方を学ばなければならない。そのためには個別の建築材料の性質を知るだけでなく、他の要因との関係も考慮したうえで、どのような使い方をすればよいか、考える力を身につけることが望ましい。

　この本では、材料の性質や選び方について、筆者が設計事務所で培ってきた経験に基づき実務の現場を意識して解説した。

　大きく二部構成とし、「Ⅰ　主に建築を構成する材料」は、木材、コンクリート、鋼材、石材、ガラスといった建築を内外ともに形づくる主要な材料についてまとめた。

　「Ⅱ　主に建築の機能を支える材料」は、セラミックスや鋼材以外の金属材料といった、建築の内部、外部、またその境界において建築の性能・機能を守る材料、また塗料やボードなどの内装材料、さらに防水・断熱・防音など、建築の性能を高め、機能を維持する材料をまとめた。

　主な読者として、建築系大学の学生と建築に携わる若い建築家や技術者、および建築士試験の受験生を想定している。そのため本書で学んだ知識を確実にするための確認問題を掲載し、わかりにくいと思われる用語については巻末にまとめた。建築材料の性質や性能を理解するために、最小限知っておかなければならない技術的知識は、初学者向けになるべくわかりやすく解説したつもりである。

　本書は拙著『考える建築構法』（彰国社）の姉妹編である。建築を設計するうえでは材料と構法は密接に関連する。本書とともに『考える建築構法』を合わせて読まれることにより、知識を深めていただければ幸いである。

　『考える建築構法』に引き続き本書を執筆する機会をいただいた彰国社、および企画段階から校正、出版にいたるまで多大なご協力をいただいた尾関 恵氏に深く感謝したい。ほかにも多くの方々からご教示、ご協力をいただいた。ここに記して深く感謝する。

2016 年 11 月末日　庫川尚益

目次

はじめに　材料の選び方、使い方を「考える」──── 3

I 主に建築を構成する材料

1章　木材
- 1.1　木材と建築 ──── 8
- 1.2　樹木の成長と形成層の働き ──── 10
- 1.3　心材と辺材、早材と晩材、針葉樹と広葉樹 ──── 12
- 1.4　木材の性質①　水分と強度 ──── 14
- 1.5　木材の性質②　火災対策と腐朽対策 ──── 16
- 1.6　構法・部位にあわせた選択 ──── 18
- 1.7　製材・集成材のJAS規格 ──── 20
- 1.8　木質建材①　合板、木質繊維板 ──── 22
- 1.9　木質建材②　OSB、パーティクルボード、LVL、CLT ──── 24

2章　コンクリート
- 2.1　コンクリートと建築 ──── 26
- 2.2　コンクリートと鉄筋コンクリート ──── 28
- 2.3　コンクリートの材料 ──── 30
- 2.4　コンクリートの調合 ──── 32
- 2.5　コンクリートの発注から打設まで ──── 34
- 2.6　フレッシュコンクリートの性質 ──── 36
- 2.7　コンクリートの強度 ──── 38
- 2.8　硬化したコンクリートの性質① ──── 40
- 2.9　硬化したコンクリートの性質② ──── 42
- 2.10　さまざまなコンクリートの種類 ──── 44
- 2.11　セメントの種類 ──── 46
- 2.12　セメントの水和反応と凝結・硬化 ──── 48

3章　鉄鋼材料
- 3.1　鉄と鋼材 ──── 52
- 3.2　鉄の製法 ──── 54
- 3.3　鋼材の組織 ──── 56
- 3.4　鋼材の防食と表面処理 ──── 58
- 3.5　建築用鋼材の種類 ──── 60
- 3.6　鋼材の種類と形 ──── 62

4章　ガラス

- 4.1　ガラスと建築 …… 64
- 4.2　ガラスの製造方法 …… 66
- 4.3　板ガラスの防火性能 …… 68
- 4.4　板ガラスの省エネルギー性能 …… 70
- 4.5　板ガラスの強度 …… 72

5章　石材

- 5.1　建築と石材 …… 76
- 5.2　石材の種類と用途 …… 78
- 5.3　採石と加工 …… 82
- 5.4　石材の仕上げ加工 …… 84

II　主に建築の機能を支える材料

6章　セラミックス

- 6.1　セラミックタイルの種類と特徴 …… 88
- 6.2　セラミックタイルの製法と使用法 …… 90
- 6.3　テラコッタ、れんが、瓦など …… 92

7章　金属材料

- 7.1　ステンレス …… 94
- 7.2　銅および銅の合金 …… 96
- 7.3　アルミニウムとその合金 …… 98
- 7.4　その他の金属と合金 …… 100

8章　塗料

- 8.1　建築と塗料 …… 104
- 8.2　塗料の構成 …… 106
- 8.3　塗料の種類と用途 …… 108

9章　左官材料

- 9.1　左官材料①　材料の構成、モルタル …… 110
- 9.2　左官材料②　石膏プラスター、漆喰ほか …… 112
- 9.3　左官材料③　土壁ほか …… 114

10章　無機質ボード

- 10.1　石膏ボード …… 118
- 10.2　繊維強化セメント板 …… 120
- 10.3　サイディングとその他のパネル …… 122
- 10.4　岩綿吸音板とその他のボード …… 124

11章　繊維・ビニル系材料

- 11.1　畳 —— 126
- 11.2　カーペット —— 128
- 11.3　プラスチック系床材 —— 130
- 11.4　壁装材料 —— 132

12章　機能性材料

- 12.1　機能性材料の種類 —— 136
- 12.2　防水する部位と防水材料 —— 138
- 12.3　防水工法と防水材料 —— 140
- 12.4　その他の防水材料 —— 142
- 12.5　断熱材の性能 —— 144
- 12.6　断熱材の種類 —— 146
- 12.7　音響材料 —— 148
- 12.8　音響材料の種類 —— 150
- 12.9　防火材料 —— 152

● 学ぶコラム
- ①木材の「欠点」 —— 50
- ②コンクリート強度の決め方 —— 51
- ③鉄の錆 —— 74
- ④ガラスはどうやってはめる？ —— 75
- ⑤石は何からできているか —— 86
- ⑥タイルは恒久的な素材？ —— 102
- ⑦金属のさまざまな耐食性 —— 103
- ⑧日本の伝統的な塗料―漆と柿渋 —— 116
- ⑨変遷する左官工法 —— 117
- ⑩廃石膏ボードの再資源化 —— 134
- ⑪建築材料としての畳 —— 135
- ⑫シーリング材の選び方 —— 154

● 付録

理解度確認問題 —— 156
用語解説 —— 164
参考文献 —— 167

I

主に建築を
構成する材料

木材と石材は人類の歴史とともに歩んできた
親しみのある材料である。
コンクリート、鉄鋼、ガラスは
産業革命以降に現れ、
建築のつくり方を大きく変える材料となった。
これらの素材の特性を理解することが
建築を形づくるうえで重要である。

1.1 木材と建築

考えるポイント 木材は使い方次第で数百年もつことが実証されており、古くから最も身近で利用されてきた建築材料である。豊富な森林資源に支えられて多用されてきたが、乱伐による砂漠化や森林の保水量減少などの弊害も生じるようになった。循環型資源として有効に無駄なく利用することが求められている。

1 木材の用途

1）広い木材の用途

木材は建築物の主要材料として柱や梁などの構造材だけでなく、屋根、床、壁、天井材、さらに建具、造作、家具、備品にいたるまで幅広い用途に用いられている。これを可能にしているのが多彩な樹種であり、外観や材質、性質のバリエーションの豊富さ、そして木材を巧みに用いる技術や経験である。

2）短所の克服

木材には燃える、腐る、変形するという短所がある。この3大短所が克服されれば、木材は理想的な建築材料ともいえる。防腐のためには耐久性のある樹種とし、水分や虫害から遠ざける構法を考え、変形防止には乾燥木材の使用や納まりを工夫する。また**合板**や**集成材**のように工業製品化したり、防腐、不燃加工を施すなどして用途を拡げてきた。木材の長所と短所を表1にまとめる。

2 持続可能な建築材料

1）炭素を貯蔵する

近年注目されるのが、樹木が持続可能な資源であり、空気中のCO_2を組織内に取り込み炭素を貯蔵する性質であろう。伐採から建築材料に利用され廃棄されるまでの循環は図1のようになる。

木は根から水を吸い上げ、空気中のCO_2を吸収して、太陽光のエネルギーと葉の葉緑素の作用により有機物（糖類）を生成し酸素を排出する。これが光合成である。また生命活動として酸素を吸ってCO_2を放出する呼吸も同時に行われる。図2は炭素の吸収量・排出量の経時変化をモデル化したものである。生成した有機物の一部は呼吸により消費されるが、残りは木の組織をつくるのに回り、幹や枝に炭素が長期間貯蔵される。

木の寿命が比較的長いことや、腐食・分解してすべての炭素を手放すまで数年かかることから、森林はCO_2の吸収源として認められている。木造建築物をできるだけ長く使えば、それだけCO_2を長期間貯蔵し続けられる。

2）材料製造時の炭素放出量

樹木から建築材料に加工するまでに要するエネルギー量が多いほど炭素の放出量も多くなり、環境負荷的にはマイナスとなる。図3は各種材料の製造時における炭素放出量である。たとえば天然乾燥した製材を$1m^3$製造するのに放出される炭素の量は、鋼材を100とするとわずか0.3と極めて少ない。コンクリートは2.3である。製造に大量の電力を消費するアルミニウムにいたっては鋼材の4.13倍となる。アルミニウムは軽量で比強度[*]が大きい優れた材料だが、躯体構造用として大量に使うには環境に与える負荷が大きい材料である。材種と使用量との兼ね合いが重要である。

3）住宅工法と炭素放出量

建築物への適用を考えるとき、大量に使用する材料は木材など環境負荷の小さいものにして、サッシなど少量で足りるところにアルミニウムを使用するというのは理にかなっている。建築物に実際に使用する量は工法によって大きく異なる。図4は住宅工法別に炭素放出量を推計したものである。木造住宅は製造時の炭素放出量が少なく、建築後長期間炭素を貯蔵し続ける。

ただし、同じ木造住宅でも加工度の高い合板を多く使う**枠組壁工法**のほうが、**在来軸組構法**より製造時の炭素放出量が若干多くなる。天然乾燥材、人工乾燥材を使用した場合についても同じことがいえる。

[*] 巻末用語解説参照（以下略）

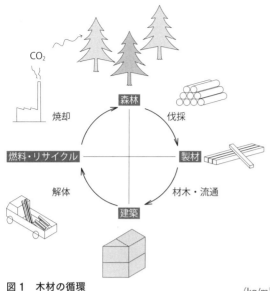

図1　木材の循環

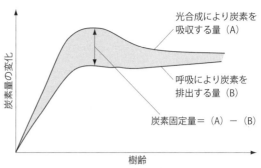

天然の樹木は生きている間はCO₂を吸収するが、やがて焼却したり腐食して消滅するとCO₂を放出する。樹木は生涯を通して見ると大気中の炭素量を増やしも減らしもせず、炭素の収支がゼロになる。(これをカーボンニュートラルという)

図2　炭素吸収量と排出量の経時変化モデル
(出典：林野庁資料より作成)

表1　建築材料としての木材の長所と短所

長所
- 国産材、輸入材とも豊富にあり、入手しやすい。
- 切断、切削がしやすく加工が容易、釘やねじなどの保持性がある。
- 軽量で強い（比強度が大きい）。
- 木肌、木目など美観に優れる。
- 断熱性がある（熱伝導率はコンクリートの約1/13）。
- 再資源化率が高くリサイクルしやすい。

短所
- 自然素材のため材質が不均質で節、割れなどの欠点がある（p.50 コラム参照）。
- 燃えやすい（着火点約260℃）。
- 腐りやすい。
- 乾燥収縮により変形する。
- 虫害（シロアリなど）の被害を受けやすい。
- 繊維方向など組織に方向性がある（異方性）。

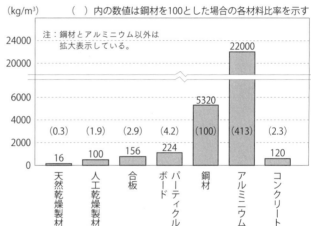

図3　各種材料製造時における1m³当たりの炭素放出量
(出典：林野庁カーボン・シンク・プロジェクト (1992-1996) 推進調査事業報告書等より作成)

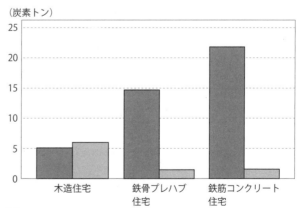

注：炭素トンは二酸化炭素中の炭素だけの重量のことで、炭素トン＝二酸化炭素トン×0.27で計算される。CO₂が10kgあったとすると、そのうち炭素は2.7kgである。

図4　住宅の工法別に見た炭素放出量と貯蔵量
(出典：「炭素ストック、CO₂放出の観点からみた木造住宅建設の評価」木材工業、Vol.53、No.4、1998より作成)

1.2 樹木の成長と形成層の働き

考えるポイント　樹木の断面を見ると、いろいろなことがわかる。断面に見える無数の孔は、水を吸い上げ枝や葉をうるおす。しかし、樹木の内部で生きて生命活動している部分はごく一部で、大部分は死滅した細胞で満たされている。樹木は一体どのような仕組みでできているのだろうか。またどのようにして成長するのだろうか。

1 樹木の成長と構成

1）伸長成長と肥大成長

樹木は細胞分裂を繰り返しながら縦に伸び、横に太る。上方に成長するのを**伸長成長**、幅方向に大きくなるのを**肥大成長**と呼ぶ。

草や竹も建材として使われるが、草は伸長成長はするものの肥大成長はすぐに止まってしまう。竹は伸長成長も肥大成長も2カ月ほどで止めてしまう木とも草ともいえない性質をもっている。

2）樹木を構成する4要素

樹木の活動は以下の4つで構成されている。
- 支持：**木部**は自立に必要な構造体の役割を担う。
- 成長：**形成層**は成長を担う。
- 通導：**道管**や**仮道管**は水を吸い上げる。
- 養分：**柔細胞**は養分の蓄積と補給を行う。

3）樹木の主要3成分

樹木を元素別に見ると炭素、酸素、水素および微量の他の元素からなっている（図1）。そのうち炭素は50%程度で、酸素は43%程度、そして水素が6%程度である。

木材の主要3成分といわれる**セルロース、ヘミセルロース、リグニン**はいずれも炭素、酸素、水素からなる高分子の化合物である。成分割合は概ね5：2：3となっている（図2）。

4）樹木の横断面

樹木を輪切りにすると、横断面は図3のようになっている。外側は**樹皮**で、そのすぐ内側に**内樹皮**という将来樹皮に変化する部分がある。内樹皮の内側にあるのが樹木の心臓部ともいえる形成層である。形成層の内側は木部といい、**心材**部分と**辺材**部分に分かれている。木部は製材されて「材木」になる部分でもある。

木部を顕微鏡で見ると管が無数に並んでいるように見える（1.3節表1参照）。断面が蜂の巣状に見えることからハニカム構造と呼ばれる（図4）。

この管の管壁に当たるものは**細胞壁**である。木部には樹体を「支持」しながら「通導」を行う働きがある。針葉樹では仮道管が「通導」と「支持」を兼業するが、広葉樹では細胞は通導を行う「道管」と「木繊維」に分化して、「通導」と「支持」が分業される。

5）細胞壁の構造

細胞壁は先にあげた主要3成分からなっている。セルロースが束になって糸状になったものがミクロフィブリルという物質で、ミクロフィブリルを結び付けているのがヘミセルロースである。

ミクロフィブリルの隙間を埋めて強固に固める役割をしているのがリグニンで、リグニンはいわば接着剤の役割を果たしている。

細胞は生まれた当初は原形質で満たされているが、すぐに生命活動が終わり（死滅）、原形質を失い空洞となり細胞壁だけが残る（図5、6）。

樹木は細胞壁でできた構造物といってもよく、木部の細胞壁は細胞が生きているときよりも厚く、強度も増して樹木を支える役割を担う。

2 形成層の働き

形成層には、細胞分裂を活発に行って木を縦に伸ばし、横に太らせる働きがある。樹木の細胞はすべて形成層でつくられ、つくられた細胞は樹皮側と髄心側にそれぞれ押し出される。

樹皮側に押し出された細胞は内樹皮となり、髄心側に押し出された細胞は木部を形成する。これを細胞の**木化**と呼んでいる。

このようにして形成層は常に外側に位置し、内部に木部をつくりながら木を成長させるのである。

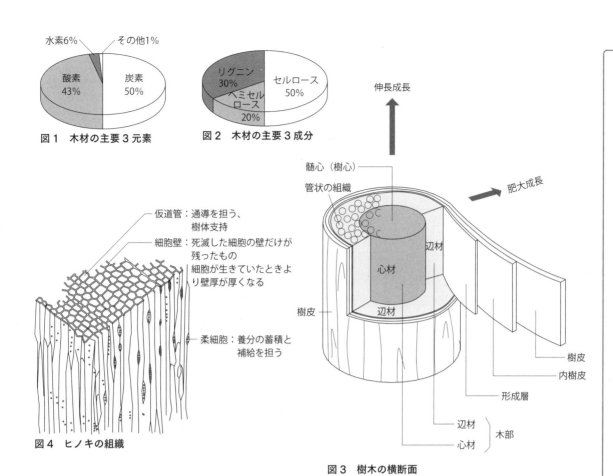

図1 木材の主要3元素

図2 木材の主要3成分

図3 樹木の横断面

図4 ヒノキの組織

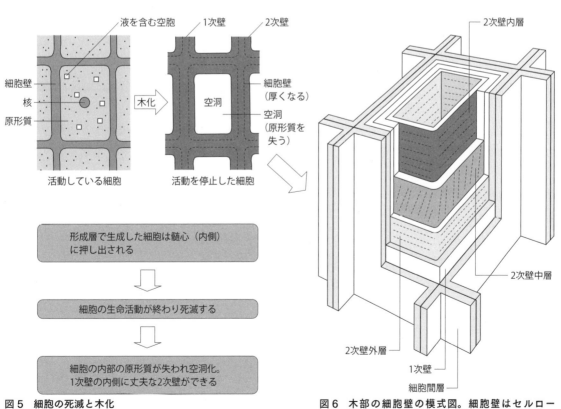

図5 細胞の死滅と木化

図6 木部の細胞壁の模式図。細胞壁はセルロース、ヘミセルロース、リグニンからなる

1・2 樹木の成長と形成層の働き

1.3 心材と辺材、早材と晩材、針葉樹と広葉樹

腐朽しやすい場所には心材と辺材どちらを使うのが適切か。またその理由とは？ 早材と晩材の違いとは？ またその利用方法とは？ 針葉樹と広葉樹は何が違い、どのように使い分けられるのだろうか？
木材の性質を知り、用途にあわせて上手に利用しよう。

1 心材と辺材

1) 辺材

形成層は栄養をつかさどる細胞も生み出している。これが**柔細胞**である。木部の細胞は前述したように木化した時点で生命活動を終えるが、柔細胞は生き続け樹木の各部分に養分を送り続ける。柔細胞が活動を続けている部分を**辺材**と呼び、やや白っぽい色をしているので白太ともいう。水分や養分が多く材質が柔らかいので**心材**に比べて腐朽菌に侵されやすい。

2) 心材化

柔細胞も一定期間（数年から十数年といわれる）生きた後にやがて死滅する。死滅するときに防腐効果のある物質（心材物質）を生成すると同時に、細胞壁の繊維がリグニンで固められ材質が硬くなる。これが心材化である。心材（赤身ともいう）が辺材よりも腐りにくく、硬いのはこうした理由によるものである。また心材が辺材より赤みが増すのは心材物質に着色成分が含まれているからである。心材は完全に死んだ組織で生物としての機能は停止しており、通導も止まる。

2 早材と晩材

1) 年輪の形成

形成層の活動が活発な春から夏にかけてできる細胞は、形が大きく細胞壁が薄いため、淡い色合いをしている。この部分が**早材**（春材）である。形成層は夏の終わりごろから活動が鈍り始め、細胞のサイズも小さく壁が厚くなるので色合いが濃い。この部分が**晩材**（夏材、秋材）である。晩秋から冬にかけては細胞分裂は行われず樹木の成長は止まる。早材、晩材がひと組で1年分の年輪になる（図1）。

2) 木目を活かした仕上げ法

スギなどは風雨にさらされると柔らかい早材部が削られ木目が浮き出る（写真1）。早材、晩材の硬さの違いを利用した仕上げに焼杉がある。

3 針葉樹と広葉樹

針葉樹も広葉樹も維管束（管状の組織）をもつ種子植物に分類されている（表1）。両者の違いは種子のもとになる「胚珠」と呼ばれるものがむき出し（針葉樹＝裸子植物）か、包まれている（広葉樹＝被子植物）かによる。

1) 針葉樹

針葉樹にはヒノキやスギなどのように葉先がとがったものが多い。樹形はスギ林などに見られるようにまっすぐ高く上に伸びる。通直で大材が得られ、材質は柔らかく加工しやすい。木造建築の主要材料である。代表的な樹種にスギ、マツ、ヒノキ、ヒバ、ツガ、ベイツガなどがある（写真2）。

2) 広葉樹

広葉樹の葉はサクラやカキのように平べったいものが多い。一般に枝葉が横に拡がっている樹形をしている（写真2）。材質は硬いものが多いが、中にはキリやバルサのように柔らかいものもある。広葉樹は道管の分布の仕方に特徴があり、大きな道管が年輪のはじめに数列並ぶものを**環孔材**、同じくらいの大きさの道管が全体に散在しているものを**散孔材**という。環孔材にはナラ、ニレ、タモ、セン、ケヤキ、クリ、シオジなどがある。散孔材にはサクラ、カバ、シナ、ブナ、カエデなどがある。環孔材は年輪に沿って並んだ道管が塗料をよく吸い込み、色が濃くつきやすく木目を美しく見せる効果がある（写真3、4）。塗料の拭き取り仕上げにも適している。

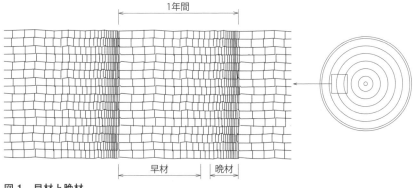

図1　早材と晩材

写真1　風化により晩材の木目が浮き出したスギ

写真2　針葉樹（左：スギ）と広葉樹（右：ケヤキ）

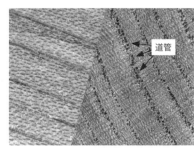

写真3　年輪に沿って道管が集中（ニレ材）

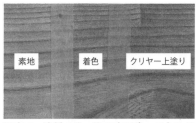

写真4　塗料の吸い込み方の違いで木目が鮮明に現れる（ニレ材）

表1　針葉樹と広葉樹
（写真提供：国立研究開発法人森林総合研究所）

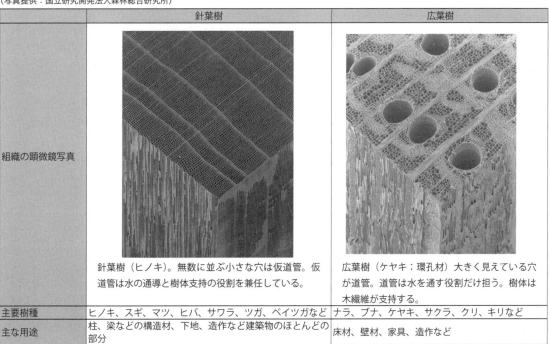

1・3　心材と辺材、早材と晩材、針葉樹と広葉樹

	針葉樹	広葉樹
組織の顕微鏡写真	針葉樹（ヒノキ）。無数に並ぶ小さな穴は仮道管。仮道管は水の通導と樹体支持の役割を兼任している。	広葉樹（ケヤキ：環孔材）大きく見えている穴が道管。道管は水を通す役割だけ担う。樹体は木繊維が支持する。
主要樹種	ヒノキ、スギ、マツ、ヒバ、サワラ、ツガ、ベイツガなど	ナラ、ブナ、ケヤキ、サクラ、クリ、キリなど
主な用途	柱、梁などの構造材、下地、造作など建築物のほとんどの部分	床材、壁材、家具、造作など

1.4 木材の性質① 水分と強度

考えるポイント　木材の大きな短所のひとつは乾燥収縮により変形することである。設計する場合はなるべく乾燥させた木材を使用することや、変形を見込んだ使用方法や納め方を考えておく必要がある。構造材として利用する場合は、異方性材料であることや天然材料ゆえの欠点などに注目しなければならない。

1 木材と水分

1）含水率と繊維飽和点

樹木の生育に水の存在は欠かせないが、建材としては、水分が抜けていたほうが狂いが少なく腐朽もしにくい。木材中の水分量は**含水率**で表す。

含水率は水分をまったく含まない木材重量（全乾重量）に対する水分量の比で表す。木材中の水分が失われる過程と収縮の関係は表1のようになる。立木には樹木そのものの重量を上回るほど大量の水分が含まれているが、伐採後は徐々に水分が抜けてくる。まず細胞と細胞の間に含まれる水分（**自由水**）が失われ、その後に細胞内の水分（**結合水**）が徐々に抜けていく。

自由水がすべて失われた時点の含水率は約30％で、この状態のことを**繊維飽和点**という。その後も木材は大気の湿度と平衡するまで乾燥を続ける。このときの状態を**気乾状態**という。

気乾状態の含水率は地域や季節で異なるが一般には約15％とされる。

2）収縮による変形

木材は結合水を失う過程で収縮し始める。伸縮量は年輪の円周方向が最も大きく、ついで半径方向、繊維方向となる。収縮による木材の変形の仕方を図1に示す。方向により収縮率が異なるのは細胞壁の主材料であるミクロフィブリル表面の水分子が失われ繊維間の距離が縮まることによる。

収縮は細胞壁内の結合水の多少によるものなので、密度の大きな（細胞壁量が多い）晩材は早材より収縮率が大となる。そのため晩材が多く表れる円周方向は半径方向より収縮率が大きい。同じ理由で**板目材**は**柾目材**より収縮率が大となる。**心持ち材**は中心部と外周部の収縮差による**干割れ**を生じやすいため見え隠れに**背割り**を施す（図1）。

2 木材の強度

1）繊維方向の強度

方向によって性質が異なることを**異方性**という。木材は繊維が長手方向に並んだ異方性のある組織なので、強度も加力方向によって異なる。繊維方向の強度を図2に示す。建築基準法では各製材について**目視等級区分**と**機械等級区分**それぞれの基準強度を定めている。目視等級の強度を表2にあげる。概ね樹種による強度の違いがわかる。ただし自然素材のため、実際は1本1本強度が異なることにも注意しなければならない。

2）繊維と直角方向の強度

繊維に直角方向（70〜90°）からの加力に対しては極端に強度が落ちる（図3）。圧縮強度は約1/3、引張強度は約1/10以下になる。図4のように柱が土台の繊維をつぶすようにめり込む現象に対しては、めり込み強度の検討が必要になる。めり込みに対する基準強度は国土交通省告示第1024号で樹種ごとの数値が決められている。

3）水分の影響

木材の強度は水分の影響を受ける。強度は含水率の大きい立木の状態から、繊維飽和点までは一定だが、乾燥が進むにつれて増大する（図5）。

4）欠点の影響

強度に影響するものに割れや節、目切れなどがあり、JAS（日本農林規格）の等級に反映される。

5）密度の影響

木材は内部に空隙がある多孔質の材料である。空隙を除けば密度は樹種によらず一定で約1.5g/cm^{3}である。強度は実質部分である細胞壁の量に左右されるため、一般に比重の大きな木材は強度も大きい。心材が辺材よりもやや強いといわれるのは、こうした密度の差によるものである。

表1　木材中の水分と乾燥収縮の関係

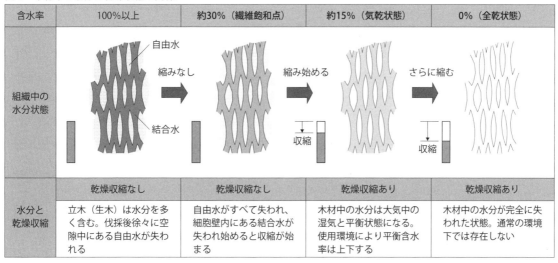

含水率	100%以上	約30%（繊維飽和点）	約15%（気乾状態）	0%（全乾状態）
組織中の水分状態	自由水／縮みなし／結合水	縮み始める	さらに縮む（収縮）	収縮
水分と乾燥収縮	乾燥収縮なし	乾燥収縮なし	乾燥収縮あり	乾燥収縮あり
	立木（生木）は水分を多く含む。伐採後徐々に空隙中にある自由水が失われる	自由水がすべて失われ、細胞壁内にある結合水が失われ始めると収縮が始まる	木材中の水分は大気中の湿気と平衡状態になる。使用環境により平衡含水率は上下する	木材中の水分が完全に失われた状態。通常の環境下では存在しない

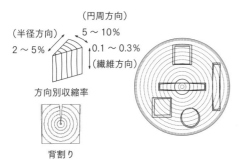

図1　乾燥収縮と変形

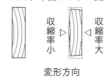

図3　繊維と直角方向の強度

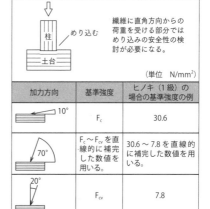

図4　木材のめり込みに対する材料強度

注：F_c：基準強度（圧縮強度）（表2参照）、F_{cv}：めり込みに対する基準強度（平成13年国土交通省告示第1024号）

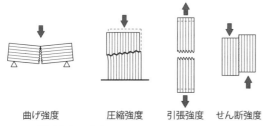

図2　繊維方向の強度

表2　木材の基準強度の例
（平成12年建設省告示第1452号）
（単位：N/mm²）

樹種（例）	区分	等級	圧縮強度（F_c）	引張強度（F_t）	曲げ強度（F_b）	せん断強度（F_s）
ヒノキ	甲種	1級	30.6	22.8	38.4	2.1
	乙種	1級	30.6	18.6	30.6	
スギ	甲種	1級	21.6	16.2	27.0	1.8
	乙種	1級	21.6	13.2	21.6	
アカマツ	甲種	1級	27.0	20.4	33.6	2.4
	乙種	1級	27.0	16.2	26.4	
ベイマツ	甲種	1級	27.0	20.4	34.2	2.4
	乙種	1級	27.0	16.2	27.0	
カラマツ	甲種	1級	23.4	18.0	29.4	2.1
	乙種	1級	23.4	14.4	23.4	
ベイツガ	甲種	1級	21.0	15.6	26.4	2.1
	乙種	1級	21.0	12.6	21.0	

目視等級区分：品質により良いほうから順に1〜3級まである。ほかに機械等級区分がある（1.7節製材・集成材のJAS規格を参照）
甲種：梁など横に使う材
乙種：柱など縦に使う材

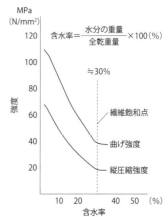

図5　含水率と強度の関係

1・4　木材の性質①　水分と強度

1.5 木材の性質② 火災対策と腐朽対策

考えるポイント 木材には燃えるという建築材料としては好ましくない短所がある。また腐朽菌やシロアリなどに侵されやすい性質もある。しかし、それでも私たちは木材を使って建物を建てたいと願っている。燃えるという性質を克服することができるだろうか？ また腐朽させずに長く使う方法があるだろうか？

1 木材の火災危険温度

1) 着火点（引火点）

木材を加熱すると約260℃で二酸化炭素や水蒸気とともにメタン、エタンなどの可燃性の炭化水素ガスが発生する。このときの温度を**着火点**といい、口火などの火源があればガスに引火する。油を加熱したときに気化した油に引火するのと同じ現象である（図1）。

2) 発火点（自然発火点）

さらに加熱して約450℃になると、そばに火源がなくても自然に燃え始める。この温度を**発火点**という。木材を長期間加熱し続けると、この温度以下でも発火する危険がある。調理器具などの熱源近くでは、耐火材料で覆われた壁であっても、内部の木製下地が発火して火災になるケースがあるので、注意する必要がある。

2 木材の防耐火

1) 燃えしろ設計法

火災時に木材表面が燃えてできる**炭化層**が、内部への酸素供給を妨げ熱を遮断することにより、芯まで燃え尽きるまでの時間を長くできる。炭化部分を**燃えしろ**としてあらかじめ見込んで必要断面を決めておくのが**燃えしろ設計法**である。炭化速度は毎分0.6〜0.8mm程度である。

2) 木製サイディング

天然のカラマツ材を使用した防火構造サイディングの燃焼試験の模様を写真1にあげる。写真2に炭化した層とその下の健全な木部が見える。

3) 不燃木材、難燃木材

木材の一般的な不燃・難燃加工には薬剤溶液中に浸漬する方法や、薬剤を加圧注入する方法などがある。薬剤にはほう酸系薬剤、窒素リン酸系薬剤などが多く使われている。

4) 木製防火ドア

木製の防火ドアをつくる際には、木製の表面材（鏡板）でロックウールなどの無機質耐火断熱材をサンドイッチしたもので扉を構成し、扉と枠との取り合い部分に発泡剤を設ける方法がとられている。発泡剤は加熱すると10倍ほどに膨張して炭化する。この炭化層が扉と枠との間をふさぐことで遮熱性能と遮煙性能を発揮させる。

3 腐朽や虫害

1) 腐朽

腐朽菌が繁殖するためには空気、温度、湿気、養分（木材）の存在が必要で、このうちのひとつでも遮断されると腐朽しない。地下水位以下に埋め込まれた木製杭（マツ杭）が長期間腐朽しないのは空気が遮断されるためである（図2）。腐朽には木材中の自由水の存在が必要になる。つまり通常は気乾状態にある木材の含水量は繊維飽和点以下なので腐朽しない。木材が腐るのは地面からの湿気や雨などで乾湿を繰り返すこと、密閉性の高い大壁構造で湿気がこもることなどが原因である（写真3）。

2) 防腐処理木材

薬剤による防腐処理の方法には塗布、吹き付け、浸漬がある。JIS A 9108に「土台用加圧式防腐処理木材」の規格がある。JASでは使用する薬剤および吸収量が性能区分ごとに定められている。

3) 虫害

湿潤材を好むもので最も多い被害はシロアリによるものである（表1）。対策としては防腐・防蟻処理木材を使用する、床下の通風や土壌との接触を避けるなどがある。

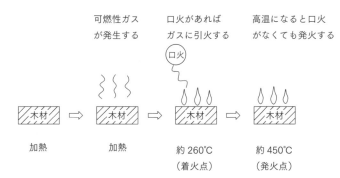

図1　火災危険温度

写真1　木製サイディングの燃焼試験。サイディングを燃焼試験炉から取り外したところ

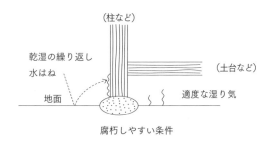

写真2　燃焼試験終了後の部材。炭化した部分と健全な残存部分が確認できる

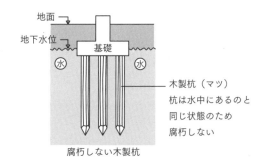

図2　木材の腐朽しやすい条件（上）と腐朽しにくい状態（下）

写真3　柱脚部の腐朽。土台も腐朽しており耐力がまったくない状態

1・5　木材の性質②　火災対策と腐朽対策

表1　木材に発生する生物劣化の種類と被害の特徴
（出典：日本建築学会編『建築材料用教材』2013年より作成）

劣化因子	主な因子の名称	主な被害地域	被害特徴	被害を受けやすい部位
腐朽菌	マツオウジなど	日本全土	緩慢な被害	水のかかりやすい軸組下部、床組など注
	ナミダタケなど	北海道、東北地方	局部的に激甚な被害	通気のない1階床組など
シロアリ	ヤマトシロアリ	北海道北部を除く日本全土	晩（夏、秋）材・心材を残す緩慢な被害	水のかかりやすい軸組下部、床組など
	イエシロアリ	千葉県以西の沿岸地帯、南西諸島、小笠原諸島	晩（夏、秋）材・心材を残す局部的に激甚な被害	1階床組、小屋組など（乾燥材も）
	アメリカカンザイシロアリ	東京から沖縄まで散発的に発生	巣や蟻道は構築せず材内部に孔道をうがつ	小屋組、2階床組などの乾燥した部材、家具
乾材害虫	ヒラタキクイムシなど	ほぼ日本全土	材表面に穴をあけ内部が粉状になる	枠材、床仕上げ材などの気乾材

注：一般に繊維飽和点以上で含水率40〜50%位が被害を受けやすいといわれる。
　生物劣化には、腐朽菌、シロアリ、その他害虫によるものがある。

1.6 構法・部位にあわせた選択

考えるポイント　木材の選定では強度、美観、耐久性が重要なポイントになる。建築材料として使用される樹種はそれほど多くはない。古来、柱や梁にスギ、マツ、ヒノキ、土台や風呂場などにヒバやサワラを用いるというのが一般的であったが、現在では天然木（無垢材）以外の使用も多くなっている。木の構法と使用例を写真1に示す。

1 主に躯体構造に用いられる木材

木材の用途は躯体構造用、下地用、仕上げ用、造作用に大別される（表1）。

1) 在来軸組構法

在来軸組構法は真壁構造*の和室が中心であったため柱が見えがかりになるので、柱は構造材料としての強度と仕上げ材としての美観を備える必要がある。一般には表面が美しく、節などの欠点がない柾目が通っているものが上等とされた。特に材質が緻密で色も淡紅色で美しいヒノキは神社、仏閣など主要な建物に使われてきた。スギはヒノキよりも赤みがあって年輪がはっきりしており、材質が柔らかく加工しやすい。また日本に多く産出し、価格が安いこともあり一般の木造建築で普及した。マツの類はスギよりも強度はあるが、表面に脂（松脂）が染み出て汚れの原因になるため、柱には不向きとされた。そのためもっぱら梁や根太など人の目に見えない部分に使われてきた。大壁構造*で柱を見せない場合は、表面の美観は問わず強度や耐朽性などが重視される。ヒノキは性能面でもスギやマツよりも優れているので、価格の安い有節材などを見え隠れ*に使うのもよい。現在の在来軸組住宅ではヒノキやスギにかわりベイツガが広く普及している。ベイツガは価格が安く加工しやすいので、スギの代替材料になっている。これらの木材には無垢材（天然のままの木材）ゆえの欠点（割れ、節など）もある。近年は集成材の表面に天然木の薄板を貼り付けた化粧柱が使われることも多くなった。

2) 枠組壁工法

枠組壁工法に用いられる樹種には、一般にSPFやベイツガに似た性質をもつヘムファー（hem fir）、ダグラスファー（ベイマツ類）などがある。成長が早く材質が柔らかいので加工しやすい特徴がある。強度、耐朽性はあまり良くない。湿気が多い日本では、土台はヒノキやヒバなどにする場合もある。

3) 集成材建築

構造用集成材（1.7節参照）にはカラマツ、スギ、ベイマツ、スプルースなどが主に使用されている。アーチなどの湾曲部材や大断面のもの、また長大な部材が製作可能である。また強度のばらつきが少なく、天然木に比べて品質が安定していて乾燥による変形を生じにくいなどの特徴がある。

2 構造用途以外の木材

1) 仕上げ材

木製の屋根葺き材には桧皮や柿板がある。外壁には各種の下見板*としてスギなどが使われる。内部の仕上げ材には和風、洋風で樹種が使い分けられることが多い。いずれも木独特の木目を活かした使い方がされる。

2) 下地材

かつては床や屋根の下地をスギ板としていたが、現在はほとんど合板にかわっている。

3) 造作材

室内造作には和風の場合、敷居、鴨居、廻り縁などがある。普通は柱と同様スギ、ヒノキの類を使うが代用樹種としてスプルース、ベイツガなどとすることも多い。塗装は一般には汚れ止めを塗る程度とする。

洋風造作には建具枠、幅木やカーテンボックス、棚などがある。材料の選択肢は広く、塗装で仕上げることが多い。木目を強調する透明塗装や、彩色して木目を見せない不透明塗装のほかに、半透明の彩色を施すものなどがある。

(a)

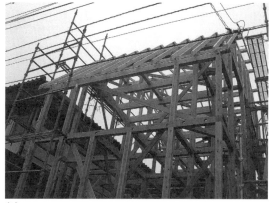
(b)

(d)

(c)

(e)

写真1 さまざまな木の構法と使用例
(a) 伝統構法（松代藩文武学校剣術所）、丸太の小屋組。
(b) 在来軸組構法。伝統溝法の流れを引き継いでいる。柱や梁に集成材が使われることも多い。
(c) 枠組壁工法。規格化された断面寸法の枠材と合板によるパネルからなる工法。
(d) SUMIKA パヴィリオン（設計：伊東豊雄建築設計事務所、集成材）。自由な造形をもつ外皮（屋根・壁）の構成材として集成材が使われている。
(e) 倫理研究所富士高原研修所（設計：内藤廣建築設計事務所、集成材）。力学的要求に応じてさまざまな断面をもつ集成材が美しく組まれている。

表1　木材の用途と種類

		外部	内部
構造用	在来軸組構法	ヒノキ、スギ、マツ、ベイツガなど	
	枠組壁工法	SPF注、ヘムファー、ダグラスファーなど	
	集成材建築	構造用集成材	
構造用以外	仕上げ用	屋根：桧皮（ヒノキの真皮）、柿板（スギ、サワラ、クリの薄板）など 壁：ヒノキ、ヒバ、スギ、マツなど	（和風）ヒノキ、ヒバ、スギ、ベイツガ、スプルース、サクラ、ケヤキ、タモ、セン、シオジなど （洋風）オーク、パイン、チーク、チェリー、メープルなど
	下地用	スギ、マツ、ベイツガなど	
	造作用	スギ、ヒノキ、スプルース、ベイツガ	

注：SPFはスプルース（トウヒの類）、パイン（マツの類）、ファー（モミの類）の頭文字

1.7 製材・集成材のJAS規格

考えるポイント　木造建築においては近年、大規模化、高層化、長寿命化への要求が高まってきている。そのため構造材料としての木材の性能を明確に把握する必要性が増大している。JAS（日本農林規格）では木材の強度や耐久性などの品質について規格を定め、高度な木材利用への要求に応えられるようにしている。

1 伐採から製材へ

1) 伐採・乾燥・木取り

森林などの立木を伐採して、枝を払い、必要な長さの丸太にして**原木**とする。製材所に運ばれた原木は、長さ、直径、材質などで選別して、自然乾燥させながらストックされる。

その後、所要の寸法に切り出すのが製材工程である。一本の丸太から効率よく所定寸法の部材を切り出すことを**木取り**という。**角材、板材、心持ち材、心去り材、柾目材、板目材**などの部位がある（図1）。伐採時期は木の成長が止まり、水分も少なくなる秋から冬がよいとされる。

2) 葉枯らし乾燥

伐採後に枝葉をつけたまま林地に一定期間放置することを「葉枯らし」といい、含水率の低下および心材の色合いを良く（赤みが増す）するために行う。立木の含水率は200％を超えることもあり多量の水分を含んでいて重い。搬出時には少しでも軽いほうがよいので、人工乾燥の前処理として**葉枯らし乾燥**が位置づけられている。

3) 製材

原木から製材された木材製品には安定した品質が求められる。そのため、「製材」「集成材」「枠組壁工法用製材」はJASで規格が定められている。建築の現場では未だにJAS規格外の木材も多く使われているが、確実な資材選定のためには、性能が明確な規格品の使用が前提になる。

2 製材の規格（JAS）

製材規格には**造作用製材、構造用製材、下地用製材、広葉樹製材**がある（図2）。構造用製材は節や、丸身などの欠点を目視で測定して等級区分するものと、機械でヤング係数を測定して等級区分するものとがある。**目視等級区分製材**には土台、大引、梁、桁などのように主として横にして使う（曲げの力がかかる）**甲種構造材**と、通し柱、管柱、床束、小屋束など主として縦に使う（圧縮力がかかる）**乙種構造材**がある。JASに定める規格材には図3のような表示があるので、現場でも確認することができる。**機械等級区分製材**は曲げヤング係数に応じてE50～E150の6段階が定められている。耐久性区分の例を表1に示す。耐久性の良いものをD_1に分類している。

3 集成材の規格（JAS）

集成材とはひき板（ラミナ）を数層繊維方向をそろえて接着材で固めたもので、構造用集成材と、造作用集成材がある。JASで定める構造用集成材には**異等級構成集成材、同一等級構成集成材**がある（図4）。さらに異等級集成材には対称構成と非対称構成がある。強度等級はラミナの等級によって異なり、曲げヤング係数（E）と曲げ強さ（F）で定義される。たとえば「E170-F495」は曲げヤング係数の平均値17.0（10^3N/mm^2）、曲げ強さ49.5N/mm^{2}となる。

4 枠組壁工法用製材の規格（JAS）

枠組壁工法構造用製材には主として高い曲げ性能を有する**甲種枠組材**とそれ以外の**乙種枠組材**の2種類がある。部材の断面寸法は104材から408材まで14種あり、いわゆるツーバイフォーとは204材のことで呼称2インチ×4インチの部材を指す（表2）。乾燥材と未乾燥材があり、構造材として一般には含水率25%以下の未乾燥材が使用できるが、構造耐力上主要な部分には乾燥材（含水率19%以下）を使用する。

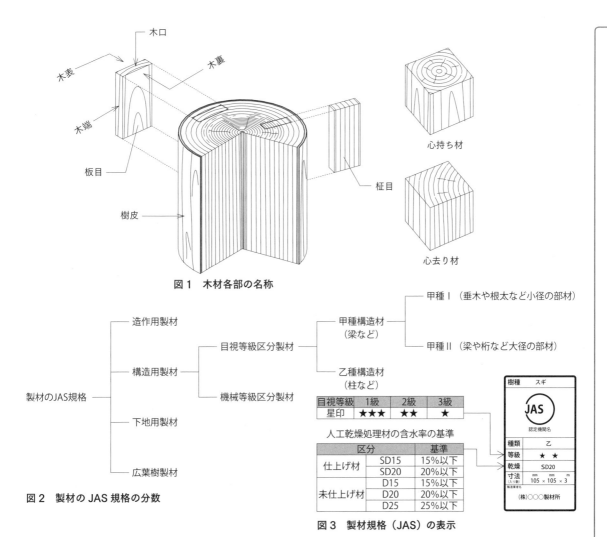

図1 木材各部の名称

図2 製材のJAS規格の分数

図3 製材規格（JAS）の表示

表1 心材の耐久性区分（JAS製材）

区分	樹種
D₁	ヒノキ、ヒバ、スギ、カラマツ、ベイヒ、ベイスギ、ベイヒバ、ベイマツ、ダフリカカラマツ、サイプレスパイン
D₂	上記以外

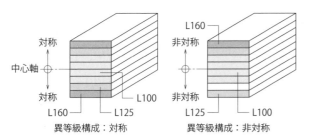

図4 ひき板（ラミナ）の構成（JAS）

注：L125とは、ラミナの曲げヤング係数がL12.5(10^3N/mm²)であることを示す。

構造用集成材の種類	
大断面集成材	短辺15cm以上、断面積300cm²以上
中断面集成材	短辺7.5cm以上、長辺15cm以上
小断面集成材	短辺7.5cm未満または長辺15cm未満

表2 枠組壁工法用製材の寸法（JAS）

形式	未乾燥材	乾燥材
104	20 × 90	19 × 89
106	20 × 143	19 × 140
203	40 × 65	38 × 64
204	40 × 90	38 × 89
205	40 × 117	38 × 114
206	40 × 143	38 × 140
208	40 × 190	38 × 184
210	40 × 241	38 × 235
212	40 × 292	38 × 286
304	65 × 90	64 × 89
306	65 × 143	64 × 140
404	90 × 90	89 × 89
406	90 × 143	89 × 140
408	90 × 190	89 × 184

1・7 製材・集成材のJAS規格

1.8 木質建材① 合板、木質繊維板

考えるポイント 合板は木質建材の中で最も歴史が古い。従来ラワンなど熱帯産広葉樹を原料としていたが、熱帯林の破壊など環境への配慮から、現在では国産合板総生産量の約9割を針葉樹合板が占めるようになった。繊維板やその他の木質建材は製材所からの廃材などを利用したものも多く、環境にやさしい建材という側面がある（図1）。

1 合板

合板は、木材を薄く剝いだ単板（ベニヤ：veneer）を3枚以上、繊維方向が直角になるよう交互に奇数枚積層接着した板である。単板の厚さは製造する製品により0.6～5mmまである。合板の基本的な構成は樹種、単板厚さ、重ねる枚数、接着剤の組み合わせになる。

1) プライ数

合板の厚さ5.5mmまでは3枚（3プライ）、9mm、12mmのものは5枚（5プライ）というように厚さが増すごと重ねる枚数も多くなる。すべての層を針葉樹（または広葉樹）にしたのが**針葉樹（広葉樹）合板**、針葉樹と広葉樹が混在したものが**複合合板**である。

2) 接着剤

合板の強度や耐水性は接着剤の性能で左右される。接着剤の種類により3種類に分類される。

3) 合板の用途別分類（表1）

①**普通合板**：一般に**ベニヤ板**と呼ばれるもので、床板など常時湿気にさらされる場所は1類合板とし、その他は2類を使用する。

②**型枠用合板**：いわゆる**コンパネ**と呼ばれるものである。塗装など表面加工を施したものはコンクリートの打ち上がり表面の平滑度を良くする効果があり、化粧打ち放しの仕上げなどに使用される。型枠用合板は室内に使用することは想定していない。板面の品質やホルムアルデヒド放散量*など普通合板と異なる仕様となっており、普通合板と混同しないようにする。

③**構造用合板**：耐水性は特類と1類があり、外壁には特類を使用する。また構造用合板には1級と2級があり、1級は主にラワン合板で構造耐力上重要な部分に、2級は針葉樹合板で、構造耐力上重要な部分のほかに屋根、壁、床下地用に使うことを想定している。

④**天然木化粧合板**：突き板合板とも呼ばれる。銘木の木目を活かして高級な内装用や家具、建具用に使用される。樹種は多く塗装済みのものと現場で塗装するものとがある。

⑤**特殊加工化粧合板**：天然木よりも仕上げ材としてのグレードは落ちるが、オーバーレイ*の種類によっては強度などの性能が優れたものがある。代表的なものにメラミン化粧板やポリエステル化粧板がある。プリント合板や塗装合板は経済性に優れる。

2 木質繊維板

木材その他の植物繊維などをいったんバラバラに繊維化して、成形圧縮してつくる板状の製品を総称して**繊維板**（ファイバーボード）という。JISでは密度によりハードボード（HB）、MDF、インシュレーションボード（IB）の3種類に分けている。以下（ ）内は密度を表す。

1) ハードボード（0.80g/cm³ 以上）

厚さ5mm以下のものが主流。表面は平滑で硬くつるつるしている。曲げ強さがあり曲げ加工もできる。

2) MDF（0.35g/cm³ 以上）

各種塗装やオーバーレイ加工に適していて家具や内装下地、造作など用途が広い。構造用MDFもあり、木造の耐力壁などに使用される。

3) インシュレーションボード（0.40g/cm³ 未満）

ソフトに圧縮されていて繊維間に空気が多いため断熱性や吸音性に優れる。建材畳のタタミボード（11.1節参照）やアスファルト処理してシージングボードとするなどの用途がある。

表1 合板の種類
（出典：JASより作成）

合板の種類	特徴	接着の程度	板面の品質	ホルムアルデヒド放散量区分
普通合板	コンクリート型枠用合板、構造用合板、天然木化粧合板、特殊加工化粧合板以外の合板。	1類 2類	針葉樹表面材：A、B、C、Dの組み合わせ[注1] 広葉樹表面材：1等～4等[注1]	F☆☆☆☆ F☆☆☆ F☆☆ F☆
型枠用合板	コンクリートを打ち込むための型枠に使用する合板。表面または表裏面に塗装またはオーバーレイした表面加工コンクリート型枠用合板を含む。	1類の要件を満たすもの。	A、B、C、Dの組み合わせ	F☆☆☆ F☆☆ F☆
構造用合板	化粧張り構造用合板[注2]以外の合板で建築物の構造耐力上主要な部分に使用するもの。強度により1級と2級[注3]がある。	特類 1類	A、B、C、Dの組み合わせ	F☆☆☆☆ F☆☆☆ F☆☆ F☆
天然木化粧合板	表面または表裏面に化粧単板（天然木の薄板）を張り合わせたもの。	1類 2類	—	F☆☆☆☆ F☆☆☆ F☆☆ F☆
特殊加工化粧合板	表面または表裏面にオーバーレイ、プリント、塗装などの加工を施した合板。	1類 2類	板面は温度変化、耐水性、耐熱性、耐摩耗性などの性能の優れたものからF、FW、W、SW各タイプがある。[注4]	F☆☆☆☆ F☆☆☆ F☆☆ F☆

注1：板面の品質は節などの欠点の程度により、良いほうからA＞B＞C＞Dがあり表裏で組み合わせる。
　　　広葉樹の場合は表面の品質を1等～4等で表示する。
注2：構造用合板に化粧張単板を張った合板
注3：1級は高度な構造的利用に適用される。一般の木造軸組構法の屋根、壁、床などの構造用面材としては2級以上が使用される。
注4：特殊加工化粧合板の表面性能による区分

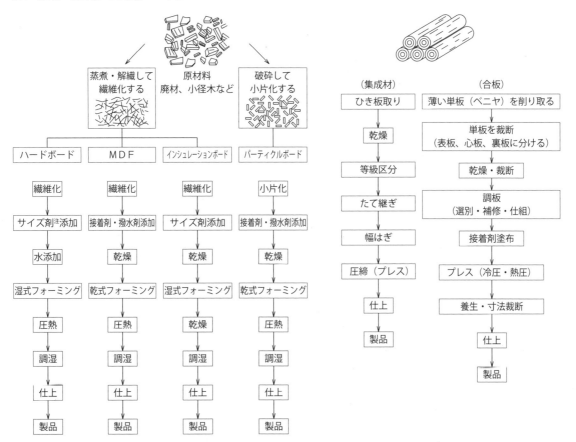

注：サイズ剤：耐水性向上剤

図1　木質建材の製造方法

1.9 木質建材② OSB、パーティクルボード、LVL、CLT

考えるポイント　木質建材は、接着剤の性能が良くなったことや、防火性向上の技術が進んでいることなどもあって、仕上げ材、造作材、下地だけでなく、躯体構造への適用も検討されるようになった。天然木では不可能な寸法のものや性能を付加された建材が開発されており、木質中高層建築物の可能性が拡がりつつある（図1、2）。

1 OSB

配向性ストランドボード（Oriented Strand Board）は厚さ 0.6～0.7mm、長さ 70～130mm 程度の短冊状の削片（ストランド）を、接着剤で熱圧成形して固めボード状にしたものである（写真1）。

原材料にはポプラやアスペンなどの広葉樹が用いられる。ストランドの方向をそろえ、これを3層または5層直交させ、重ねてつくる。木片は丸太から削り取るので歩留まり*が良く、木材の利用効率が高い。構造用パネルに JAS 規格がある。

面内せん断性能が構造用合板より大きいなど、強度があるので在来軸組構法の耐震壁として使用されるほか、住宅の屋根や床、壁などの下地材、仕上げ材に使われる。現在日本では製造されておらず、すべて輸入による。

2 パーティクルボード

OSB と製造方法は基本的に同じである。丸太や廃材チップを粉砕して小片（パーティクル）にしたものを接着剤で固め、熱圧成形してつくる。OSB のような方向性はない。家具のパネルの心材などに多く用いられている。強度は合板より劣るが、耐力壁の面材としても使用されている。

3 LVL

単板積層材（Laminated Veneer Lumber）と呼ばれる。単板は 2～4mm 程度の厚さのものが用いられる。製造方法は合板と似ている。合板はスライスした単板を繊維と直角方向に重ねるのに対して、LVL は繊維方向をそろえて積層し、接着してつくられる（写真2）。LVL の特徴として長さ、幅とも大きな部材や湾曲した部材などが容易につくれること、製造工程で節などの欠点を除けることなどがある。乾燥単板を使うので割れや狂いが起きにくく、寸法精度も良い。また薬剤を単板に注入したり接着剤に混入して防腐、防蟻性を付加しやすい。ただし釘打ちなどで割れが生じた際に強度低下があることや、カンナがけがしにくい、単板の積層数が少ないと狂いを生じるなどが難点である。合板が面材として使われるのに対して、LVL は主に柱や梁のような軸材として使用される。

構造用のほかに造作用があり、和室の柱や長押などの心材、ドアなど建具の心材として使用される。また表面に化粧薄板を張り付けたものや、これらに塗装を施したものが家具などに使われる。

4 CLT

CLT（Cross Laminated Timber）は 1990 年代にドイツで開発され、オーストリアなどヨーロッパで発達してきた。集合住宅や大型商業施設などに使われている。

厚さ 12～50mm の乾燥したひき板を繊維方向が直交するように積層して接着した木質建材で、非常に厚く断面の大きな部材をつくることができる。集成材がひき板を繊維に平行にして重ねた軸状の「線材」であるのに対して（写真3）、CLT はひき板を直交させた「面材」である（写真4）。

CLT はそれ自体が高い剛性をもつ面として建物を支える構造材になるので、鉄筋コンクリートの壁式構造のような使い方が木造で可能になる（写真5）。木材の利用分野が拡大するとともに、建築物としては軽量化が図れる。今後の普及に向けて材料や技術基準の整備、接合部や耐震性、耐火性などの検証が進められている。

```
木片などを利用したもの ┤ 木質繊維板
                      │ OSB
                      └ パーティクルボード

単板などを利用したもの ┤ 合板
                      │ 集成材
                      │ LVL
                      └ CLT
```

図1　木質建材の種類

写真1　OSB

木片などを利用したもの		
木質繊維板（1.8節）	OSB	パーティクルボード
主に繊維のもつ接着力による。	削片を重ねて接着剤で固める。	木片を重ねて接着剤で固める。

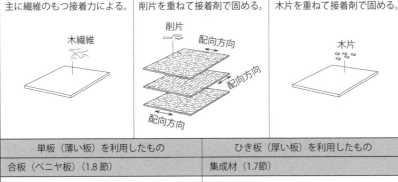

単板（薄い板）を利用したもの	ひき板（厚い板）を利用したもの
合板（ベニヤ板）（1.8節）	集成材（1.7節）
単板（ベニヤ）の繊維方向を直交させて重ねる。面材（板材）として使われる。	ひき板の繊維方向を平行に重ねる。

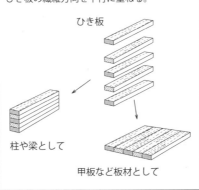

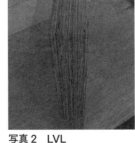

写真2　LVL

写真3　集成材

LVL	CLT
単板（ベニヤ）を繊維方向をそろえて重ねる。主に柱、梁など軸材として使われる。	ひき板の繊維方向を直交させて重ねる。主に厚壁パネルとして使われる。

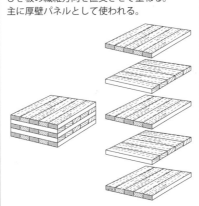

写真4　CLT

写真5　CLTによる高層建築
（写真提供：一般社団法人日本CLT協会）

図2　木質建材の分類

1.9　木質材料②　OSB、パーティクルボード、LVL、CLT

2.1 コンクリートと建築

考えるポイント
コンクリート建築の歴史は100年程度にしかならない。コンクリートは比較的新しい建築材料で、鉄やガラスとともに近代建築に欠かせない素材である。現在供用中のものから近代建築遺産として保存すべき建築物までに共通する課題のひとつに、鉄筋コンクリートの長寿命化がある。

1 コンクリートと建築

コンクリートの原型は古代ローマ時代に見出されるが、一般の建造物に普及し始めるのは比較的新しく、石材や木材などに比べるとはるかに歴史が浅い。日本では明治末期1900年代初頭に使われ始めるので、約100年強の歴史ということになる。都市の一定規模以上の建築物の多くは鉄筋コンクリート造や鉄骨鉄筋コンクリート造、あるいは鉄骨造である。鉄骨造においても床や屋根にはコンクリートが使用される。建物の基礎にいたっては木造建築を含めすべての建築物でコンクリートが使われている。地階など地中や水中の建造物はすべてコンクリート製といってよい。

建造物に構造材料として使われるのは、**鉄筋コンクリート**である。無筋コンクリートは軽微な基礎などに部分的に用いられるのみである。

鉄筋コンクリートの基本原理は19世紀半ばには知られるようになり、具体的には1867年にフランスのジョセフ・モニエが植木鉢の製造で特許を取得したのが最初といわれている。鉄筋で補強されたコンクリートを意味する英語からRC（Reinforced Concrete）という。ダムや道路などの土木分野においてもコンクリートは不可欠の材料である。生コンクリートの出荷量を見ると建築分野が約63％、土木が約37％となっている※。

2 さまざまな造形

コンクリートは施工現場で製造するものが多いが、そのほかにも工場であらかじめ柱や梁、カーテンウォールなどを部材化して現場で組み立てる**プレキャスト**と呼ばれる方式がある（写真1）。コンクリートは**型枠**に流し込んで硬化させてつくるので、型枠の形状次第でさまざまな形をつくれる便利な材料である（図1）。

柱・梁の直線的な部材からなる軸組形式は、伝統的な木造の様式を再現できる。香川県庁舎（現・東館）（1958年、設計：丹下健三）はコンクリートによる繊細な和風様式を表現した。

また建築物をひとつの塊として、彫塑形の建築をつくることもできる。ロンシャンの礼拝堂（1955年、設計：ル・コルビュジエ）などにそうした特徴が見られる。

板状に鋳込んだコンクリートは面材としての、まるで板を組み合わせたような造形が可能で、シュレーダー邸（1924年、設計：G.T. リートフェルト）などが好例である。コンクリートを曲面板状に鋳込んだものにシェル構造がある。東京カテドラル聖マリア大聖堂（1964年、設計：丹下健三）は、双曲放物面を有するシェル構造（HPシェル）を採用した例である（写真2〜4）。

3 コンクリート建築の耐久性

コンクリートは躯体材料でありながら、素材をありのままに表現する打ち放し仕上げが可能であることも大きな魅力である。もうひとつの魅力は半永久といわれたその耐久性にある。

しかし、実際には、コンクリート建造物に経年による劣化現象が現れ始めるようになったことから、耐用年数に限界があることがわかってきた。

今では打ち放しコンクリートも表面に保護層を設けたり、鉄筋の**かぶり厚さ**を増やしたりといった劣化対策がとられるようになった。

セメントコンクリートの経済性も建築材料としての重要な要素である。最近はその経済性に着目して、かつては純鉄骨造だった超高層建築をRC造でつくることも珍しくなくなった（写真5）。

※「生コンクリート統計年報」経済産業省、平成26年

線として
柱＋梁による架構
（ラーメン構造）

面として
自在な造形が可能
壁式構造、シェル構造
（鉄筋コンクリートの
特徴が最も現れる）

ソリッド（塊）として
彫塑形
（複雑な立体表現ができる）

図1　コンクリートは自由な造形ができる

写真1　プレキャストコンクリートによる工事。工場で製造し、現場で取り付ける

写真2　香川県庁舎（現・東館）（設計：丹下健三）
（撮影：畑拓）

写真3　ロンシャンの礼拝堂（設計：ル・コルビュジエ）
（撮影：Antoine Séguin）

写真4　シュレーダー邸（設計：G. T. リートフェルト）
（撮影：Massimo Catarinella）

写真5　鉄筋コンクリートによる超高層建築。施工、管理、解体など長期にわたる計画が必要とされる

2・1　コンクリートと建築

2.2 コンクリートと鉄筋コンクリート

考えるポイント
コンクリートはセメントや砂、砂利などからなる複合材料であり、硬化して完成品になるまでに多くのプロセスを要する複雑な材料である。セメントと水だけでなく、砂や砂利を入れる理由とは何だろうか？ なぜ鉄筋で補強しなければならないのか？ 鉄筋との相性が良いといわれるのはなぜだろうか？

1 コンクリートとは

コンクリートは複数の素材を混ぜてつくる複合材料である（表1）。

1) セメントペースト

セメントと水で構成されるものを**セメントペースト**という。コンクリートの性質の大部分はこのセメントペーストに影響される。フレッシュな状態のセメントペーストはコンクリートなどの部分的な補修に使う場合があるが、普通はモルタルやコンクリート用に使用される。

2) モルタル

セメントに水と砂（**細骨材**）を混ぜたものがモルタルである。床や壁の左官仕上げ材、タイル貼りや防水などの下地として広く使われている。

3) コンクリート

セメントに水と砂と砂利（**粗骨材**）を混ぜたものがコンクリートである。骨材を使わずにセメントペーストだけで構造体をつくろうとしても、材料が高価になるだけでなく、発熱量や収縮量が過大となり亀裂が入りやすくなることなどがあって、構造材料としては不十分である。これが骨材を混ぜてコンクリートとする理由である。

2 鉄筋とコンクリートの組み合わせ

コンクリートは硬くて脆い材料である。曲げや引張力が働くと粘り強く抵抗できずに容易に割れてしまう。そのため、柱や梁など圧縮・曲げ・引張りなどの応力が働く部材には、コンクリートを単独では使用できない。そこで、主として圧縮応力のみをコンクリートに負担させ、引張応力を靭性のある鉄筋に受け持たせたのが鉄筋コンクリートである（表2）。

部材内部に生じる応力に対して鉄筋とコンクリートが一体になって働くためには、両者が強固に密着していなければならない。したがって、セメントと鉄筋の付着力が重要になる（図1）。

また、温度変化に対して材料は伸縮するが、鉄とコンクリートの線膨張係数*はほぼ等しいので、コンクリートと鉄筋の付着への影響はない。鉄筋の弱点である錆に対しては、コンクリートの強いアルカリ性が保護する。またコンクリートは高温に弱い鉄筋を火災から守る役割も担う。さらに応力の大きさや方向に対して適切に鉄筋を配置（**配筋**）することによって、ラーメン構造、壁式構造、シェル構造などさまざまな構造形式をとることが可能となる。鉄とコンクリートは互いの長所・短所を補完し合う絶妙の取り合わせである（表2、3）。

3 鉄筋コンクリート（RC）造建築の特徴

コンクリートの長所・短所を表4にあげる。これは鉄筋コンクリート（RC）造建築の特徴にもなっている。RC造は「変形しにくい」構造であり、タイル貼りなどの湿式仕上げの下地や防水下地としては有利だが、地震などの大きな外力に対しては柔軟に変形せずに、ひび割れて損傷する。

「壊しにくい」ことは解体時（写真1）においては騒音、費用、工事期間などではデメリットだが、防犯やプライバシーの面では有利である。

これらの特徴を活かした設計がなされている。共同住宅を例にあげると、界壁・界床（住戸間の壁・床）は防犯性、遮音性、耐火性に優れるコンクリートの長所を活かし、熱を通しやすいという短所は外壁・屋根に断熱材を入れて補っている。共同住宅にRC造が多いのはこうした理由によるものである（写真2）。

表1　各材料の構成

セメントペースト	セメント＋水
モルタル	セメント＋水＋砂
コンクリート	セメント＋水＋砂＋砂利
鉄筋コンクリート	コンクリート＋補強用鉄筋

表3　鉄とコンクリートの比較（コンクリートを1とした場合）

	鉄	コンクリート
引張強度	約200	1
圧縮強度	約20	1
ヤング係数	約10	1
線膨張係数	約1	1

表4　コンクリートの長所と短所

長所	短所
1. セメントの原料が豊富。	1. 重量が大きい。
2. 耐火性がある。	2. 引張りや曲げに弱くひび割れしやすい。
3. 腐食しない。	3. 熱を通しやすい。
4. 遮音性が良い。	4. 施工による品質のばらつきがある。
5. 遮蔽性（放射線）がある。	5. 経年で中性化(2.9節)する。
6. 熱容量が大きい。	6. 凍結融解(2.9節)が起きる。
7. 成形性が良い。	7. エフロレッセンス（2.9節）が起きる。
8. 構造体（壁や床、柱、梁など）に直接仕上げを施すことができる。	8. 解体しにくい。

表2　鉄筋とコンクリートの相互補完関係

互いの弱点を補完する

- コンクリートの引張りに弱い性質を鉄筋が補う。
- コンクリートの脆さ（脆性）を鉄筋の粘り（靱性）で補う。
- 錆に弱い鉄筋をコンクリートのアルカリ性で保護する。
- 高温に弱い鉄筋をコンクリートで耐火被覆する。

構造体としての一体性がある

- 線膨張係数がほぼ等しいので熱伸縮の仕方が同じ。
- 鉄筋とコンクリートの付着性が良い。

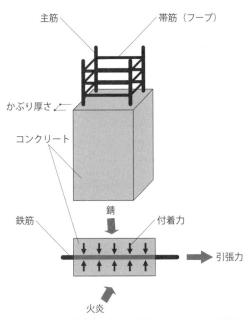

コンクリートの付着力により、鉄筋とコンクリートが強固に密着することで、鉄筋に引張力が働いても鉄筋は抜けない。コンクリートは火炎や錆からも鉄筋を保護する。

図1　鉄筋コンクリートと付着力

写真1　RC造建築の解体　　　写真2　RC造共同住宅の工事

2.2　コンクリートと鉄筋コンクリート

2.3 コンクリートの材料

考えるポイント
コンクリートの材料であるセメントは、原料が豊富に入手できることもあって、比較的安価な建築材料である。セメントには用途に応じて使い分けられるようにさまざまな種類があるが、どのような成分で構成されているのだろうか。セメントに混ぜる砂や砂利にはどのような品質が必要だろうか。また混和剤と混和材は何が違うのだろうか。

1 セメント

1）普通ポルトランドセメント

JIS に品質規定のあるセメントは3種類である。
・ポルトランドセメント（普通、早強など各種）
・混合セメント（高炉、シリカ、フライアッシュ）
・エコセメント（廃棄物を利用したセメント）

セメント生産量の約70％を**普通ポルトランドセメント**が占める。そのほかに高炉セメントが約20％、早強ポルトランドセメントが5％となっている※。したがって、単にセメントといえば普通ポルトランドセメントのことを指すことが多い。

2）セメントの主原料

ポルトランドセメントの主原料は石灰石と粘土で、概ね石灰石10、粘土2、ケイ石や石膏などが2という重量比となる。石灰石と粘土を混ぜて1450℃以上の高温で焼成してつくられたものが**クリンカー**で、このクリンカーに石膏、その他の混合材料を加えて粉砕し微粉末にしたものがセメントである（図1）。クリンカーは、それぞれ特徴が異なる4種類の化合物で構成されている（表1）。主要成分は**エーライト**、**ビーライト**と呼ばれる鉱物で、アルミネート相とフェライト相は隙間を埋めるように存在することから間隙相と呼ばれる（図2）。これらの構成比率を変えることによりさまざまなセメントがつくられる（図3）。

3）セメントの風化

セメントの風化とは、湿気のある環境に長時間おくと、空気中の水分と水和反応を起こし使用不能となることをいう。風化でセメントの質量は減少する。

4）練り混ぜ水

上水道などの清水を使用する。それ以外の水を使う場合は、コンクリートや鋼材に影響を及ぼす有機物などの物質を含んでいないか確認する。

2 骨材

1）骨材の種類

コンクリート用骨材としては、天然の砂や砂利のほかに岩石を破砕した**砕石**や**砕砂**も使用されている。また**スラグ骨材、再生骨材、人工軽量骨材**など人工的につくられた骨材もある（表2、3）。

2）骨材の品質

骨材に必要な品質として、セメントペーストよりも強度が高いこと、吸水率が小さいこと、有機不純物や塩化物を含まないことなどがある。天然の骨材は丸みを帯びているので、コンクリートをワーカブルにする効果があり、砕石や砕砂は高強度でセメントとの付着に優れているなどの特徴がある。産業副産物からつくるスラグ骨材や再生骨材にはカドミウムや六価クロムなど化学成分についての品質基準が設けられている。密度は高いものが良く、軽量骨材を除けば概ね2.5g/cm³以上となる。

3 混和材料

コンクリートの品質の改善を主な目的として、打ち込み前までに必要に応じて加える材料を混和材料という。混和剤と混和材に区分される。

1）混和剤

薬剤的に少量加えるもので、コンクリートの練り上がり容積に算入しない。表4にあげるもののほかに流動化剤や防錆剤などがある（写真1）。

2）混和材

使用量（一般にセメント質量の10～30％）をコンクリートの練り上がり容積に算入する。代表的なものにフライアッシュや膨張材＊などがある。

※セメント協会「セメントの常識」2013年

図1 セメントの製造工程

表1 クリンカー化合物の特性

	クリンカー鉱物	反応速度	強度発現	水和発熱	収縮	化学抵抗性
主要成分	エーライト	比較的早い	早期強度に寄与	500J/g	中	中
	ビーライト	遅い	長期強度に寄与	250J/g	小	大
間隙相	アルミネート相	非常に早い	1日以内の早期強度	850J/g	大	小
	フェライト相	かなり早い	強度発現に寄与	420J/g	小	中

(出典:日本建築学会編『建築材料用教材』2013年より作成)

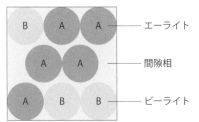

図2 クリンカーの構成模式図

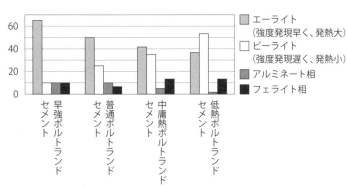

図3 セメントの成分と各種セメントに与える性質

表2 骨材の種類と特徴

種類	特徴
天然骨材	山や川などで産出する天然の骨材。産出量は減少している。
砕石、細砂	岩石を粉砕してつくった骨材で、天然骨材にかわり多用されている。一般に強度が大きいものが多い。
スラグ骨材	金属精錬などの際に発生する副産物のスラグを原料にしてつくった骨材。
再生骨材	構造物の解体で発生したコンクリート塊を原料としてつくった骨材。
軽量骨材	人工軽量骨材、天然軽量骨材、副産軽量骨材がある。
混合骨材	複数の骨材を混合した骨材。

表3 粗骨材と細骨材

粗骨材	5mmふるいに質量で85%止まる骨材
細骨材	5mmふるいを質量で85%通過する骨材

表4 代表的な混和剤とその性質
(出典:JIS A 6204より作成)

AE剤	コンクリート中に多数の微細な独立した空気泡を一様に分布させ、ワーカビリティー、および耐凍害性を向上させるために用いる。
減水剤	所要のスランプを得るのに必要な単位水量を減少させるために用いる。
AE減水剤	AE剤と減水剤との両方の使用効果を兼ね備える。
高性能AE減水剤	空気連行性をもち、AE減水剤よりも高い減水性能および良好なスランプ保持性能をもつ。

(a) 高性能AE減水剤を加えていないセメントペースト

(b) 高性能AE減水剤を加えたセメントペースト。流動性が著しく高まる。

写真1 高性能AE減水剤
(出典:セメント協会「セメントの常識」2013年)

2・3 コンクリートの材料

2.4 コンクリートの調合

考えるポイント コンクリートはセメントと砂、砂利を混ぜたものに水を加えてつくるが、混ぜる分量によって出来上がるコンクリートの品質に相当の差が生まれる。強度はもちろん、型枠への充填性など、作業のしやすさや硬化後の欠陥の現れ方も異なる。これがコンクリートと他の建築材料との大きな違いである。

コンクリートをつくるときの各材料の使用割合や使用量を決めることを**調合**または**配合**という。

調合設計の3大目標は所定の「強度」「耐久性」「**ワーカビリティー（作業性）**」を得ることにある。調合ではセメント、水、骨材などの材料の分量をコンクリート練り上がり$1m^3$の各材料の容積割合で示す。大まかな割合を図1に示す。調合計画の手順は概ね、①目標とする品質項目の決定、②使用材料の選定、③調合強度の決定、④水セメント比の決定、⑤単位水量と単位セメント量の決定、⑥粗骨材、細骨材量の決定、という流れになる。調合のポイントを表1に、調合計画の例を表2に示す。

1) 水セメント比

水とセメントの質量比を**水セメント比**（w/c）といい、百分率で表す。計算例を図2に示す。

水セメント比は極力小さいほうが密実で強度が高いコンクリートになる。水セメント比の上限値は普通ポルトランドセメントで<u>65%</u>、高炉セメント（B種）、フライアッシュセメント（B種）では60%となっている。

2) 単位水量

フレッシュコンクリート$1m^3$中に含まれる水量を**単位水量**という。単位水量は多いほど乾燥収縮量が大きくなり、ひび割れも生じやすくなるので、ワーカビリティーを考慮しながらもなるべく水量は少ないほうがよい。

普通コンクリートの単位水量の上限は、<u>$185kg/m^3$</u>とされている。また骨材の含水状態によって水量の補正が必要になる場合がある（表3）。

3) 単位セメント量

フレッシュコンクリート$1m^3$中に含まれるセメントの質量を、**単位セメント量**という。水セメント比と単位水量から計算で求める。普通コンクリートの単位セメント量は<u>$270kg/m^3$</u>以上とする。単位セメント量が多いと、発熱量や乾燥収縮量が増大し、ひび割れも起きやすくなる。少なすぎるとワーカビリティーが悪くなる傾向がある。

4) スランプ

スランプとはコンクリートの軟らかさを表す指標である。スランプコーンにフレッシュコンクリートを詰めて、引き上げた直後の崩れ落ちたコンクリートの下がり（**スランプ値**）と広がり（**フロー値**）を測る（図3）。

一般に単位水量が多いほど、またセメントペーストの量が多いほど数値が大きくなるが、大きすぎても材料が分離しやすく、乾燥収縮量も大きくなるなど、コンクリートの品質が低下する。そのため、スランプ値の上限を<u>18cm</u>（**調合管理強度**＊$33N/mm^2$未満）または、21cm（$33N/mm^2$以上）と定めている（普通コンクリートの場合）。

5) 空気量

空気量は、コンクリート中のセメントペーストまたはモルタル部分に含まれる空気の容積の、コンクリート全容積に対する割合を百分率で示す。AE剤、AE減水剤などの混和剤を使用することで、コンクリート中に微細な独立気泡を連行させ、単位水量を増やさずに流動性を改善できる。普通コンクリートでは<u>4.5%</u>程度が標準とされる。

6) 細骨材率

コンクリート中の全骨材量に対する細骨材量の絶対容積比を百分率で表したものを**細骨材率**という（図4）。所定の品質が得られる範囲内で、できるだけ小さくする。細骨材率が大きすぎると流動性が悪くなり、セメントペーストを多く必要とする。小さすぎると材料分離しやすくなる。

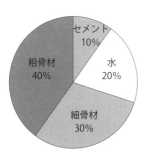

図1 コンクリートを構成する材料の大まかな容積比

表1 コンクリート調合のポイント

セメント	コンクリート1m³当たりのセメント使用量は270〜380kg程度（最小**270kg/m³**）とする（普通ポルトランドセメント）。
水	清水とし、コンクリート1m³当たりの水量は140〜180kg程度（最大**185kg/m³**）とする。
水セメント比	**65%**以下とする（普通ポルトランドセメント）。 **60%**以下とする（高炉セメントB種、フライアッシュセメントB種）。
スランプ	調合管理強度33N/mm²未満は**18cm**以下、33N/mm²以上は**21cm**以下。
空気量	**4.5%**を標準とする。
骨材	最大寸法は使用箇所、骨材の種類に応じて20〜40mmとする。アルカリ骨材反応（2.9節）試験で無害とされたものとする。細骨材の塩化物量**0.04%**以下とする。
混和剤	AE剤、減水剤、AE減水剤、高性能AE減水剤などを使用する。
塩化物量	塩化物イオン量として**0.30kg/m³**以下とする。

表2 コンクリート調合計画の例
（出典：日本建築学会編『建築材料用教材』2013年）

調合強度	スランプ	空気量	水セメント比	粗骨材の最大寸法	細骨材率	単位水量	絶対容積 (l/m³)				質量 (kg/m³)				化学混和剤の使用量
							セメント	細骨材	粗骨材	混和材	セメント	細骨材[注]	粗骨材[注]	混和材	(kg/m³)
(N/mm²)	(cm)	(%)	(%)	(mm)	(%)	(kg/m³)									
35.2	18	4.5	54.0	20	45.9	183	107	305	360	0	339	793	955	0	0.848

注：骨材は表乾状態である。

> 単位水量が180kgで単位セメント量が300kgの場合、
> 水セメント比＝$\dfrac{単位水量}{単位セメント量}\times 100$（％）から
> 水セメント比は（180÷300）×100＝60（％）である。
>
> （参考）水セメント比の逆数をセメント水比（c/w）という。

図2 水セメント比（w/c）の計算例

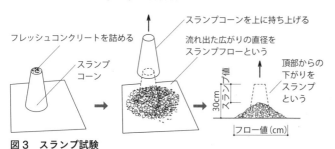

図3 スランプ試験

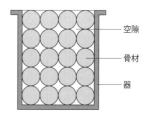

器の容積＝骨材粒の占める体積の合計（絶対容積）
　　　　＋器の中の空隙の総量

骨材の**実積率**＝$\dfrac{骨材粒の占める体積の合計}{器の容積}\times 100$（％）

骨材の絶対容積＝骨材粒の占める体積の合計
　　（骨材中の空隙を含み、
　　　骨材粒間の空隙は含まない）

細骨材率＝$\dfrac{細骨材の絶対容積}{粗骨材の絶対容積}\times 100$（％）

図4 骨材の実積率、絶対容積、細骨材率

表3 骨材の含水状態

骨材モデル	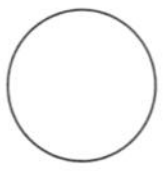 ○	 ○	○	 ○
含水状態	絶乾状態	気乾状態	表乾状態	湿潤状態
骨材表面の水分	なし	なし	なし	あり
骨材内部の水分	なし	表面近くまで含水	飽水状態	飽水状態
単位水量への影響[注]	—	要補正	補正不要	要補正

注：骨材の内部が水で満たされ表面が乾いている状態を標準とし、それ以外の場合は水量の補正が必要になる。

2.5 コンクリートの発注から打設まで

考えるポイント
コンクリートには、工場や工事現場内の設備であらかじめ柱や梁などの部材を製造して、現場で組み立てるプレキャストコンクリートと、現場で型枠を組んでフレッシュコンクリートを流し込んでつくるものがある。現場でつくるコンクリートは特に品質管理の良否が強度などの性能に大きく影響する。

1 レディミクストコンクリート

レディミクストコンクリート（ready mixed concrete）とは整備されたコンクリート製造設備をもつ工場で製造され、施工現場に配達されるフレッシュコンクリート（生コンともいう）のことである。コンクリートの混練はかつては現場で行ったこともあるが、現在はほとんどレディミクストコンクリートを使用している（写真1）。

1) レディミクストコンクリートの規格と発注

レディミクストコンクリートは図1のように表示することがJISで定められている。発注者はコンクリートの種類、**呼び強度**、スランプ、粗骨材の最大寸法、セメントの種類を指定する。

呼び強度とはレディミクストコンクリートを発注する際に用いる強度区分を示す呼称で、**調合管理強度**に相当する（p.51コラム参照）。

2) レディミクストコンクリートの輸送・受入れ

レディミクストコンクリート工場で調合・製造されたフレッシュコンクリートは、練り混ぜながら走行するトラック・アジテータ車（生コン車）で建設現場の荷卸し地点まで輸送される。ここで発注者（購入者）側により受入れ検査が行われる（写真2）。検査項目にはスランプ、空気量、塩化物含有量、強度がある。

2 コンクリートの輸送・打設・養生

1) 練り混ぜ時間の限度

コンクリートの輸送中に材料の分離や品質低下が起きないようにしなければならない。そのため決められた時間内に打設が完了する距離にあるレディミクストコンクリート工場を選定する。練り混ぜ開始から打設完了までの時間の限度を表1にあげる。

2) コンクリートポンプによる圧送

フレッシュコンクリートを機械的に押し出して輸送管を通して連続的に運搬するのがコンクリートポンプである（写真3）。**ポンプ圧送性**とはコンクリートポンプによってフレッシュコンクリートを圧送するときの難易性のことで、**ポンパビリティー**ともいう。フレッシュコンクリートが管内をなめらかに流動しながら材料分離や変質することなく、所定の場所に運搬されることが求められる。圧送距離はコンクリートの種類やポンプの能力にもよるが、およそ水平距離500m、高さ120m程度までが目安となる。

3) 打設・締固め

打設直前にアジテータ車を高速回転させてミキサー内のコンクリートを均一にする。必要に応じて型枠に散水しバイブレーターなどを使用してコンクリートが型枠の隅々に均質に行き渡るようにする。柱や壁など高さのあるものは、コンクリートを高いところから落とさないようにし、打ち込んだコンクリートが落ち着くようにして、2回に分けて打ち込む（写真4、5）。打ち重ねる場合は、時間間隔をあけすぎると**コールドジョイント***（2.6節参照）が生じるので注意する（表2）。

4) 養生

打設後は、一定期間**養生**を行う。養生とは打設直後のコンクリートを適切な温度・湿度に保つと同時に有害な作用から保護する処置のことで、コンクリートに所要の性能を発揮させるためには欠かせない工程である。散水や水密シートで打設から5日以上は湿潤に保つ必要がある（普通ポルトランドセメントの場合）。同じ配合のコンクリートでも養生条件によって、強度の発現の仕方が異なる。養生方法の種類を表3にあげる。

写真1　レディミクストコンクリート工場とアジテータ車（生コン車）

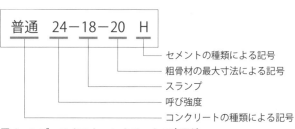

図1　レディミクストコンクリートの表示法
（出典：JIS A 5308）

表1　練り混ぜ開始から打設完了までの時間の限度

外気温	時間の限度
25℃未満	120分以内
25℃以上	90分以内

注：高温では化学反応が早まるため時間も短くなる。

表2　打ち重ね時間間隔の限度

気温	打ち重ね時間間隔の限度
25℃未満	150分
25℃以上	120分

表3　養生方法の種類

標準養生	20℃±3℃で水中や湿砂または飽和蒸気中で行う養生。
水中養生	水中に浸漬して行う養生。
封かん養生	コンクリート表面からの水分の出入りがない状態に保って行う養生。

①スランプとフローの測定、②空気量の測定、③塩化物量の測定、④強度試験用の供試体
写真2　受入れ検査

写真3　コンクリートポンプによる圧送

写真4　配筋工事（鉄筋を組み立てる）

写真5　型枠工事（型枠を建て込む）

2.6 フレッシュコンクリートの性質

まだ固まらない状態のコンクリートをフレッシュコンクリートという。過剰な空気量はコンクリート強度の低下をもたらす。また材料が分離することにより不均質なコンクリートになるなど、フレッシュコンクリートの性状は硬化後のコンクリートの品質に大きな影響をもたらす。

1) コンシステンシーとワーカビリティー

コンシステンシーとは変形や流動性に対する抵抗性をいう。流動性とは水分のほかに骨材粒子同士の摩擦の影響も考慮したコンクリートの流れやすさを示す性質をいう。

ワーカビリティーとは材料分離を生じることなく、運搬、打ち込み、締め固め、仕上げなどの作業が容易にできる程度を表す性質のことである。

ワーカブルなコンクリートとは軟らかくて材料が分離しにくいコンクリートのことで、型枠への充填性も良い（写真1、2）。

2) プラスティシティーとフィニッシャビリティー

型枠に容易に詰めることができ、型枠を取り去るとゆっくり形を変えるが、崩れたり材料が分離することのない性質を**プラスティシティー**という。またコンクリートの打ち上がり面を平滑に仕上げることを要求される場合の、作業の難易を示す性質を**フィニッシャビリティー**と呼ぶ。

3) エントラップドエアとエントレインドエア

練り混ぜたり、運搬、打設する過程で自然に巻き込んでしまう空気を**エントラップドエア**という。直径も0.1mm以上と大きい。気泡が多いとコンクリートの強度低下を招くため、打設時にはなるべく空気を抜くよう、十分に締め固める。

水セメント比が同じ場合で比較すると、空気量が1%増えるとコンクリート強度は4〜6%減少するといわれる。

一方、コンクリートの性質を改善する目的で、空気連行剤（AE剤）により計画的に直径0.01〜0.1mm程度の微細な気泡を混入したものがAEコンクリートである。この無数に連なった独立気泡を**エントレインドエア**（連行空気）という。

AE剤はコンクリートの**耐凍結融解性**（2.9節参照）と流動性を向上させる。

コンクリートに浸入した水が気泡の中で凍結すると膨張圧力でコンクリートを破壊するが、微細気泡が連なっていることにより、氷結前の自由水を介して膨張圧力を解放することができる（図1）。これが寒冷地のコンクリート工事でAE剤の混入が必要になる理由である。AEコンクリートの空気量は全体で3〜6%程度（エントラップドエア約1.5%を含む）である。

4) 材料の分離とブリーディング

フレッシュコンクリートの、モルタルと粗骨材などの構成材料の分布が不均一になる現象を**分離**という。モルタルの粘性が低いほど分離しやすい。また、セメントや骨材など比重の大きい固体材料が沈降して、比重の小さい練り混ぜ水が遊離して表面に浮いてくる現象が**ブリーディング**である（図2）。水セメント比やスランプが大きいほど生じやすい。ブリーディングはコンクリートの均質性を阻害するだけでなく、鉄筋の下部に空隙をつくったり、鉄筋の位置に沿ってひび割れ（沈降ひび割れ）を発生させるなどコンクリートの品質を低下させ強度や耐久性に影響を与える。

ブリーディングを防ぐには単位水量を少なくし、細骨材の微粒子分（直径0.15〜0.3mm）を多くするのが有効である。

5) レイタンス

ブリーディング水とともにセメント中の石灰分などの微粉末が表面に浮き出し、乾いて薄膜状になったものを**レイタンス**という（図3）。打ち重ねる前にブラシや高圧洗浄で取り除いておかないと、**コールドジョイント**となる。またレイタンスに沿って漏水の経路にもなる（写真3）。

写真1　型枠と配筋の状態。ワーカブルなコンクリートは充填性が良い

写真2　豆板（ジャンカ）。型枠の隅々までコンクリートが充填されていないと起きる

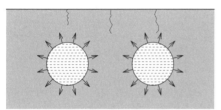

気泡中の水が凍結・膨張することにより亀裂が生じる

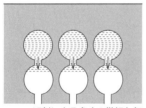

AE剤による多くの微細な気泡が膨張圧力を緩和する

図1　凍結融解によるひび割れの原理（上）とAE剤の効果（下）

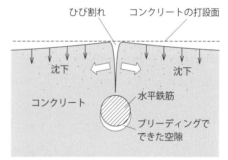

打ち込み後に水が表面に浮いてきて、表面がわずかに沈む。それに伴い、水平鉄筋の下部には空隙が生じやすくなり、付着力の低下をもたらす

図2　ブリーディングと沈下ひび割れによる付着力の低下

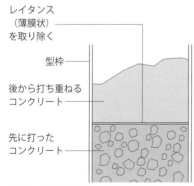

図3　打ち重ねはレイタンスを取り除いて行う

写真3　コールドジョイント

2・6　フレッシュコンクリートの性質

2.7 コンクリートの強度

考えるポイント
コンクリートの強度とは一般に圧縮強度のことである。それはなぜか？ コンクリートの強度理論とはどういうものか？ 材齢（打設後の経過時間のこと）と強度発現にはどのような関係があるのか。コンクリートに力を加えるとどのくらい変形するのだろうか？ 硬化したコンクリートの力学的性状を考えてみる。

1 コンクリート強度

一般に、コンクリート強度といえば圧縮強度のことをいう。これは他の強度に比べて圧縮強度が極めて大きいことによる。圧縮強度がわかれば、他の強度は推定することが可能である（表1）。

1）コンクリートの強度理論

主な強度理論に水セメント比説、セメント水比説がある（表2）。**水セメント比説**はコンクリートの圧縮強度は水セメント比（w/c）によって決まるというもので、D.A. アブラムズが提唱した。**セメント水比説**は圧縮強度とセメント水比（c/w）は直線関係にあるという説で、I. リースが提唱した。コンクリートの強度がセメントと水との割合で決まるという点ではアブラムズと同じであるが、より簡便な1次関数で計算も容易である。コンクリートの調合設計には一般にリースの式が用いられる。

コンクリート強度はセメントペーストの強さ、骨材の強さ、骨材とセメントペーストとの接着力の3条件と、空気量、打設後の養生の状態によって決まる。コンクリート強度について共通していえることは、内部の空隙が少なく密実なコンクリートほど、強度が大きいということである。

2）圧縮強度

コンクリート強度は材齢4週（28日）の圧縮強度試験による（写真1）。強度は打設直後から1カ月位の間は急上昇し、その後は緩やかに増加する（図1）。

3）引張強度、曲げ強度、せん断強度

コンクリートの引張強度試験は、試験体を直接引っ張るのではなく、割裂試験により間接的に求める方法による（写真2）。曲げ強度試験は左右の支点間を3等分して上部の2点から載荷する方法による（写真3）。せん断力の試験方法に関してはJISに規定はない。

4）付着強度

主に鉄筋に対するもので、凹凸など機械的な抵抗力、鉄筋との接着力、摩擦力によって左右される。丸鋼よりも**異形鉄筋**のほうが付着強度は大きく、一般に水平鉄筋よりも垂直鉄筋、上端筋に比べて下端筋の付着強度が大きい。

5）疲労強度

コンクリートは繰り返し荷重により、静的状態における強度よりも低い強度で破壊することがある。このときの強度を**疲労強度**という。条件にもよるが普通コンクリートの場合200万回疲労強度は静的強度の65%程度といわれている。

2 ヤング係数、ひずみ度

1）ヤング係数

コンクリートに力を加えると内部に応力が発生してわずかに変形する。応力度をひずみ度で割ったものがヤング係数である。鋼材のような弾性体では応力とひずみの関係は比例限度までは直線になるが、コンクリートの場合は、初期の段階から骨材とペーストの間に微小亀裂が生じて、少しずつ破壊が進むため、応力とひずみは直線の関係にならずに最初から曲線を示す。そのためコンクリートのヤング係数は割線の勾配とする。一般に高強度になるほどヤング係数も大きくなる（図2）。

2）ひずみ度

もとの長さに対するひずみの割合をひずみ度という。コンクリートのひずみ度は0.15〜0.3%で圧縮強度の大きいコンクリートほど大きい値になる。

表1 コンクリートの強度比較
（圧縮強度を1とした場合）

圧縮	1
引張り	$\frac{1}{10} \sim \frac{1}{13}$
曲げ	$\frac{1}{5} \sim \frac{1}{8}$
せん断	$\frac{1}{4} \sim \frac{1}{6}$
付着	$\frac{1}{4} \sim \frac{1}{6}$

表2 コンクリートの強度理論

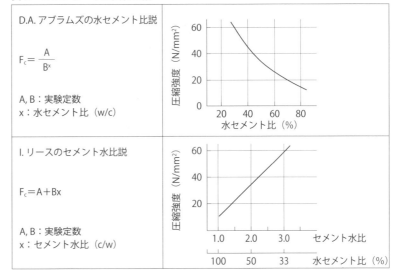

D.A. アブラムズの水セメント比説

$$F_c = \frac{A}{B^x}$$

A, B：実験定数
x：水セメント比（w/c）

I. リースのセメント水比説

$$F_c = A + Bx$$

A, B：実験定数
x：セメント水比（c/w）

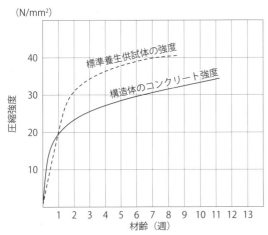

図1 材齢と圧縮強度の関係

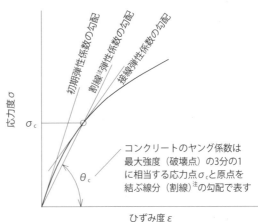

注：曲線状の2点を結ぶ直線のこと

図2 応力度ひずみ度曲線

写真1 コンクリートの圧縮強度試験
（出典：セメント協会「セメントの常識」2013年）

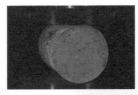
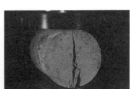
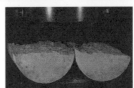

写真2 コンクリートの割裂引張強度試験
（出典：セメント協会「セメントの常識」2013年）

写真3 コンクリートの曲げ強度試験
（出典：セメント協会「セメントの常識」2013年）

2・7 コンクリートの強度

2.8 硬化したコンクリートの性質①

考えるポイント
コンクリートは鋼材や木材に比べて強度の割には重い材料である。これは構造材料としては短所であるが、遮音性能や放射線遮蔽性能の面では、逆に長所となる。鉄筋や鉄骨を火災や錆から守る役割もある。ただし乾燥収縮によるひび割れなど注意すべきことも多い。

1) 密度

コンクリートの単位容積質量または密度は厳密には配合により異なるが、一般的には普通コンクリートで約 $2.3t/m^3$、普通の岩石よりも密度の大きな骨材を使用した放射線遮蔽用コンクリートの場合は $3～5t/m^3$ 程度である。

2) 水密性

コンクリートは多孔質な材料なので、亀裂やジャンカなどの隙間がなくても毛細管作用により吸水して浸透・透過する。一定の水圧のもとでの透水流量は透水面の面積、時間、水圧（水頭）に比例しコンクリートの厚さに反比例する（図1）。

浸透・透過に対する抵抗性を水密性といい、水密性に優れたコンクリートを**水密コンクリート**という。水密性に最も大きく影響するのが水セメント比で、図2のように55％を超えると急激に透水係数が大きくなり水密性が低下する。そのため水密コンクリートの水セメント比の上限は <u>50％</u> とされている。水セメント比が小さく緻密なコンクリートは耐久性も優れている。

3) 熱的性質

①線膨張係数*：コンクリートの線膨張係数は常温で $1×10^{-5}/℃$ である。たとえば3mの長さでは、温度が50℃上昇すると1.5mm（$3000 × 50 × 10^{-5} = 1.5$）伸びる計算になる。熱による伸び縮みは**伸縮目地**で吸収し、目地幅は充填するシーリング材の性能とコンクリートの伸縮量から求められる。

熱の影響を受けやすい屋根の押さえコンクリートに3m程度ごとに伸縮目地を設ける理由はこうしたことによる。

②熱伝導率：コンクリートの熱伝導率は $1.6W/m・K$ でガラス（$1.0W/m・K$）よりも大きく、天然木材（$0.12 W/m・K$）の約13倍となっている。そのため外壁や屋根などに使用する場合には断熱材（12章参照）を併用することが多い。また**熱橋***への配慮も必要になる。

③比熱：コンクリートの比熱は $0.8J/K・g$ で体積 $1m^3$ 当たりの熱容量は $1.84 × 10^6 J/K$ と比較的大きい。この性質を利用して、パッシブソーラシステム*の蓄熱体とすることもある。

4) 体積変化

コンクリートは硬化後も吸水すると膨張し、乾燥すると収縮する。鉄筋コンクリートにおいては、鉄筋は乾湿による変形をせずに、コンクリートだけが収縮しようとするので、鉄筋が収縮の動きを拘束してひび割れが生じるのである。乾燥収縮の割合は諸説あるが、概ね $0.01～0.05\%$（$100～500 × 10^{-6}$）といわれている。乾燥収縮ひずみ（写真1）は単位水量に比例する（図3）。このため、ひび割れ対策としては、単位水量、単位セメント量を少なくし、一定幅ごとにひび割れ誘発目地を設ける（写真2）。目地には防水を目的として弾性シーリング材を充填する。シーリング材は定期的に打ち直す（写真3）。

5) 耐火性

コンクリートは熱に強く鉄筋や鉄骨の耐火被覆材の役割を果たすことができるが、500℃程度で強度が常温時の約5割に低下する。

6) 遮音性・遮蔽性

コンクリートや鉛のように質量の大きい物質には、音や放射線を通しにくい性質がある。コンクリートは遮音性が必要な共同住宅の住戸の界壁、界床に適している。放射線室などでは重量骨材を使用した遮蔽用コンクリートとするが、経済性を考慮して普通コンクリートにすることも多い。

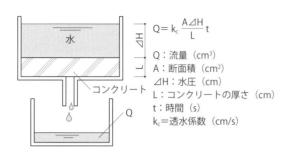

断面積　　　　10000cm² （1m²）
水圧　　　　　100cm（1m）
コンクリート厚さ　　10cm
時間　　　　　3600秒（1時間）
透水係数　　　1×10⁻¹⁰
の場合で計算すると

$Q = 10^{-10} \times \dfrac{10^4 \times 10^2}{10} \times 3600$ となり、

流量 $Q = 0.036 cm^3$

図1　透水流量の計算例

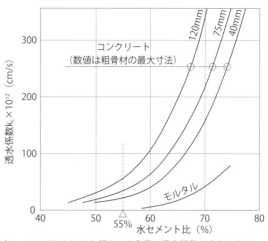

水セメント比が55%を超えると急激に透水係数が大きくなる
図2　水セメント比と透水係数
（出典：JASS5「水密コンクリート」より作成）

写真1　乾燥収縮による無数の微細な亀裂

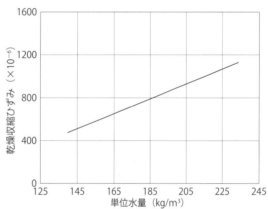

図3　単位水量と乾燥収縮ひずみ

写真2　ひび割れ誘発目地

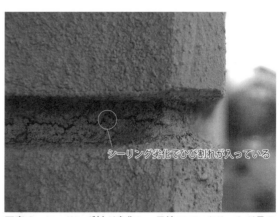

シーリング劣化でひび割れが入っている

写真3　シーリング材が劣化し、目地のコンクリートが見えている

2・8　硬化したコンクリートの性質①

2.9 硬化したコンクリートの性質②

考えるポイント コンクリートは半永久的に使用できる材料と思われていたが、アルカリ骨材反応や中性化などが顕著に出始めたころから耐久性が問題とされるようになってきた。大気汚染など外的な要因もあるが大半は材質に問題があるもので、鉄筋の錆によるものと、コンクリートの組織や骨材に起因するものなどである。

1 コンクリートのひび割れ

ひび割れには硬化した直後に発生するものや硬化後数年を経て発生するものがある（写真1）。打設から数時間以内に発生するものに「沈降ひび割れ」「プラスチックひび割れ」がある。セメントの水和による自己収縮やコンクリートの乾燥にともなう乾燥収縮は数カ月に及ぶ。こうした収縮にともなってひび割れることが多い。また水和熱によるコンクリートの温度差が原因でもひび割れが起こる（温度ひび割れ）。これらはいずれもコンクリートの「体積変化」によるものである。その他、硬化後数年を経て発生するひび割れには、**中性化、アルカリ骨材反応、凍結融解**によるものなどがある。

2 コンクリートの品質を損う現象

1）中性化

コンクリートは強いアルカリ性を有するが、経年により空気中の二酸化炭素の作用で次第にアルカリ性が失われ化学式で表すと「$Ca(OH)_2 + CO_2 = CaCO_3 + H_2O$」という現象が起こる。

この現象が中性化で、進行すると鉄筋が腐食し、生成した酸化物（錆）の圧力でコンクリートが割れる（**爆裂**）（図1、2、写真2、3）。圧縮強度の大きいコンクリートや、AE剤やAE減水剤、早強ポルトランドセメントを用いたコンクリートの中性化は遅く、混合セメント（2.11節参照）を用いたコンクリートの中性化は早い傾向がある。また一般に屋外よりも屋内の進行が早い。

2）アルカリ骨材反応

骨材中の反応性シリカ鉱物とセメント中のアルカリ金属イオン（Na^+、K^+）が反応してアルカリ・シリカゲルを生成し、これが水分の存在下で膨張して、コンクリートに多数の亀甲状ひび割れ（マップクラッキング、写真4）やポップアウト現象*を引き起こす。アルカリ骨材反応は「反応性骨材」「強いアルカリ性」「湿潤状態」の3条件のもとで発生する。

3）凍結融解

コンクリート中に雨水などが浸入し、気泡が水で満たされた状態で凍結すると膨張しコンクリートを破損する。気温が上がれば水に戻る。これを繰り返すのが凍結融解現象である。

4）エフロレッセンス

コンクリート中の水酸化カルシウムや塩分が水分の存在によりコンクリート表面に析出して、炭酸カルシウム（$CaCO_3$）などの白色の結晶となり、表面を汚染する現象である（写真5）。

5）クリープ現象

長期間にわたる持続荷重によりスラブや梁などが次第に不可逆的にたわんでいく現象である。荷重を取り除いてもひずみはもとには戻らない。

6）塩害

コンクリートそのものは塩分の影響を受けないが、鉄筋は塩化物イオン（Cl^-）により腐食する（写真6）。塩化物はコンクリートの製造時に細骨材などに含まれるものと、硬化後に浸入するものがある。対策としては材料中の塩分を少なくし、水セメント比を小さくして緻密なコンクリートとすること、不透水性仕上げを施すこと、かぶり厚さを大きくすることなどがある。

7）化学的浸食

酸などの化学物質とコンクリートが反応を起こして劣化する現象である。原因となる物質に、硫酸、塩酸などの酸類、無機塩類、腐食性ガス、その他に食酢や炭酸、ラードなどがある。

写真1　壁面に広がったひび割れ

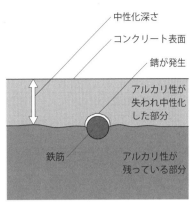

図1　コンクリートの中性化

写真2　中性化による爆裂箇所の補修。鉄筋を防錆処理した後にポリマーセメントモルタルなどで断面を修復

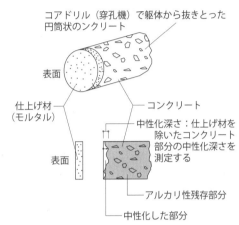

図2　コア抜きしたコンクリート

写真3　コンクリートコアの中性化試験（フェノールフタレイン溶液噴霧による）

写真4　アルカリ骨材反応
（出典：セメント協会「セメントの常識」2013年）

写真5　エフロレッセンス。コンクリートから表面に析出した白色の結晶

写真6　塩害で鉄筋が錆びて梁の下端が欠損

2.10 さまざまなコンクリートの種類

考えるポイント　近年高層建築を鉄筋コンクリート造とすることは珍しくなくなった。それが可能になったのは超高強度コンクリートや高流動コンクリートに関する技術の進歩に負うところ大きい。用途に応じてさまざまなコンクリートが開発されている（表1）。

1) 高強度コンクリート

一般に圧縮強度が $45N/mm^2$ を上回るコンクリートのことをいう。AE減水剤などを使用して水セメント比を最小限にし、さらに空気量を少なくして締め固めや打設後の養生を十分に行うことにより、高強度が得られる。現在では $80 \sim 120N/mm^2$ という超高強度のコンクリートもつくられる。部材断面を小さくできるため、従来のRC造よりも躯体重量を相対的に軽くすることができる。こうしたことから超高層ビルやプレキャスト製品など多くの分野に用途が拡がっている。

2) 流動化コンクリート

ポンプ圧送性などの施工性を改善するために、あらかじめ練り混ぜられたコンクリートに流動化剤を添加し、撹拌して流動性を増大させたコンクリート。AEコンクリートとすることが原則。

3) 高流動コンクリート

高性能AE減水剤により流動性を高め、さらに**フライアッシュ、高炉スラグ微粉末**などの混和材、メチルセルロース系ポリマーなどの増粘剤などで粘性を高め材料が分離しないようにして、分離抵抗性を損なうことなく、著しく流動性を高めたコンクリート。流動性が良いので型枠の隅々までコンクリートが行き渡る充填性だけでなく、硬化後の強度や耐久性にも優れた性質をもつ。

4) マスコンクリート

部材断面が大きく、水和熱による温度上昇で有害なひび割れが入る恐れのあるコンクリートのことで、壁やスラブなど板状部材では最小断面80cm以上、柱状部材では100cm以上が目安。

ひび割れには、水和熱の発生の少ない低熱ポルトランドセメントや中庸熱ポルトランドセメントなどを用い、単位セメント量、単位水量をできるだけ小さくすること、およびスランプを15cm以下とするなどの対策が必要とされる。

5) 軽量コンクリート

骨材の全部または一部に軽量骨材を用いて、単位容積質量または密度を普通コンクリートよりも小さく（$1.5 \sim 2.0g/cm^3$）したコンクリート（JIS A 5308）。軽量骨材には人工骨材と天然骨材がある。建築物の高層化により躯体を軽量化するために、床スラブなどに使われる（表2）。

6) 膨張コンクリート

混和材料に膨張材を用いたコンクリートのことで、膨張力を利用して収縮量を低減したり、引張強度を改善する目的で使用される。

7) ポリマーコンクリート

樹脂を結合材としたレジンコンクリートと、硬化コンクリートに樹脂を含浸させるポリマー含浸コンクリートおよびセメントにゴムラテックスなどを混ぜたポリマーセメントコンクリートがある。

8) 再生骨材コンクリート

骨材の全部または一部に再生骨材を用いたコンクリート。再生骨材は、従来は道路工事などに使用されてきたが、近年（2005〜2007年）再生骨材に関連する品質規格がJIS化され、生コン用の骨材として使用できるようになった。

9) 寒中コンクリート

打設後の養生期間中にコンクリートが凍結する恐れのある気象条件下で施工するコンクリートのこと。

10) 水中コンクリート

水中で施工するコンクリートのことで、トレミーという管やコンクリート圧送管などを通して打設する。「水中不分離混和剤」を用いて、水中でコンクリートが分離しないようにする。

表1　コンクリートの種類

コンクリートの種類	特徴・用途	調合、つくり方のポイント
高強度コンクリート	・圧縮強度が45N/mm^{2}を上回る強度に優れたコンクリート。 ・超高層、プレキャスト製品などに用いられる。	・水セメント比を小さくする。 ・空気量を小さくする。 ・付着力に優れた硬質な骨材を用いる。 ・十分な締め固めを行う。 ・十分な養生を行う。
高流動コンクリート	・流動性の高いコンクリート。	・高性能AE減水剤により流動性を高め、分離抵抗性を混和材、増粘剤で確保する。 ・混和材：フライアッシュ、高炉スラグ微粉末、石灰石微粉末 ・増粘剤：メチルセルロース系ポリマー、グルコース系増粘剤
マスコンクリート	・部材断面に大きくひび割れが入る可能性があるコンクリート。	・発熱を抑制するための使用材料を選定、施工時に冷却する。 発熱の抑制 ・セメント：低熱ポルトランドセメント、中庸熱ポルトランドセメント、フライアッシュセメント、高炉セメントなどの低発熱セメントを使用する。 発熱・収縮の抑制 ・単位セメント量、単位水量はなるべく小さくする。 冷却 ・使用材料をあらかじめ冷却する（プレクーリング）。 ・コンクリート中に冷却用配管を設置する（パイプクーリング）。
膨張コンクリート	・乾燥収縮によるひび割れ防止用のほかに充填用、漏水防止用に用いられる。	・収縮量に相当する分だけ膨張させる場合と、大きな膨張力を働かせて内部応力（圧縮）を発生させ引張応力を軽減させる（ケミカルプレストレス）場合とがある。
ポリマーコンクリート	・レジンコンクリート：セメントのかわりにエポキシ樹脂などのポリマーを結合材としたもの。水密性や耐薬品性に優れ、通信、ガス用のマンホールなどの用途がある。 ・ポリマー含浸コンクリート：硬化したコンクリートにモノマーを含浸させた後に重合させてポリマー化したもので、気泡がポリマーで充填されることから高強度が得られる。 ・ポリマーセメントコンクリート：セメントにゴムラテックスなどのポリマーを混ぜたもの。接着性、曲げ強度、引張強度、防水性に優れる。	―
再生骨材コンクリート	・再生骨材を用いたコンクリート。 ・骨材は品質によって再生骨材H（高品質）、M（中品質）、L（低品質）の3種類に区分される。 ・再生骨材H：レディミクストコンクリート用に使用できる。 ・再生骨材M：「再生骨材コンクリートM」として乾燥収縮などの影響を受けにくい部分に使用する。 ・再生骨材L：捨てコンクリートや裏込めコンクリートなどの用途がある。	
寒中コンクリート	・寒冷地において用いられるコンクリート。	・AE剤またはAE減水剤、高性能AE減水剤を必ず用いる。 ・材齢28日の圧縮強度を24N/mm^{2}以上とする。 ・空気量を4～6%とする。 ・荷降ろし時のコンクリート温度は、原則として10～20℃とする。 ・事前に材料を加熱する場合であっても、セメントを加熱してはならない。

表2　軽量コンクリートの種別

軽量コンクリートの種別	1種	2種
設計基準強度の最大値	36 N/mm^2	27N/mm^2
気乾単位容積質量	1.7～2.1t/m^3	1.4～1.7t/m^3
粗骨材	人工軽量骨材	
細骨材	砂、砕砂など	人工軽量骨材またはこれに砕砂などを加えたもの
その他	・AE剤、AE減水剤または高性能AE減水剤を使用する。 ・軽量骨材は吸水性が大きいので、十分に吸水させて表乾状態のものを使用する。	
参考：コンクリートの質量	無筋コンクリート	2.3～2.35t/m^3
	鉄筋コンクリート	2.4～2.5t/m^3

2.11 セメントの種類

考えるポイント ポルトランドセメントはイギリスのジョゼフ・アスプディンが発明・命名し、1824年に特許が取得された。さまざまに品質改良され今日にいたっている。環境への配慮、省エネルギーの観点から新しいセメントも開発されている。それぞれの特徴、性質を理解しよう（表1）。

1 ポルトランドセメント

1）普通ポルトランドセメント

ほぼすべてのコンクリート構造物に適用可能な汎用セメントである。地域を問わず入手可能で、小規模工事や左官用モルタル用途としても使用されている（写真1）。

2）早強ポルトランドセメント

エーライト（2.3節参照）成分が多く、セメント粒子を細かくして水と接触する面積を多くすることで短時間に強度発現するようにしたセメント。普通ポルトランドセメントが3日で発揮する強度を1日で発現する。

3）超早強ポルトランドセメント

普通ポルトランドセメントが7日で発揮する強度を1日で発現するというもので、緊急補修用などに使用される（写真2）。

4）中庸熱ポルトランドセメント

水和熱を抑制するためにエーライト、アルミネート相含有量を少なくしたセメント。長期強度に優れ、乾燥収縮が小さく、硫酸塩への抵抗性が大きい。ダムや橋脚などに用いられる。

5）低熱ポルトランドセメント

中庸熱ポルトランドセメントよりさらに水和熱が小さい。ビーライトの含有量を40%以上とし、主に高流動コンクリート用に使用される。

6）耐硫酸塩ポルトランドセメント

硬化後に外部から浸透した硫酸塩と反応して膨張性の水和物を生成する性質がある、アルミネート相の含有量を少なくしたセメント。

2 混合セメント、エコセメント

1）混合セメント

ポルトランドセメントの原料であるクリンカーと石膏のほかに各種の副産物などを混合したセメントで、主に大型土木工事に用いられる。

製鉄所から出る高炉スラグを混入した**高炉セメント**、火力発電所の石炭灰（フライアッシュ）を混入した**フライアッシュセメント**、二酸化ケイ素を60%以上含む天然のシリカ質を混合した**シリカセメント**がある。それぞれ混合割合の違いによりA種、B種、C種がある。

2）エコセメント

廃棄物を利用するために開発されたセメントで、2002年にJIS化された新しいセメントである。下水汚泥やゴミの焼却灰を主原料とする。普通タイプと速硬タイプがある。普通ポルトランドセメントに比べて塩素が多く含まれるため、鉄筋が錆びやすくなるので、無筋コンクリートとして使用する。

3 その他のセメント

1）膨張セメント

膨張材を加え収縮を抑えるようにしたのが膨張セメントである。部材の裏込め用など、収縮しては困る部分に使用する。

2）白色ポルトランドセメント

ポルトランドセメントが灰色をしているのは、成分中に含まれる酸化第二鉄（Fe_2O_3）によるものである。この酸化第二鉄の含有量を極力少なくしたものが**白色ポルトランドセメント**で、顔料を混ぜてカラーセメントにしたり、装飾仕上げ用モルタルなどに用いる。

3）セメント系固化材

ソイルセメントとも呼ばれ、土と混ぜて使う。軟弱地盤の改良や、ヘドロや下水汚泥の固化処理などに使用する。

写真1 普通ポルトランドセメントはセメント地中構造物（共同溝）などにも用いられている

写真2 超早強ポルトランドセメントによる緊急工事（堤防の補修）

表1 セメントの種類・特徴・用途

	セメントの種類	規格	特徴	主な用途
ポルトランドセメント	普通ポルトランドセメント	JIS R 5210	ポルトランドセメントの汎用品	一般的なコンクリート工事
	早強ポルトランドセメント		強度発現が早く、水和発熱量が大きい。	緊急工事、寒冷期の工事やコンクリート製品など
	超早強ポルトランドセメント		早強ポルトランドセメントよりさらに早く強度を発現する。	緊急工事、寒冷期の工事やコンクリート製品など
	中庸熱ポルトランドセメント		水和発熱量が小さく、乾燥収縮も小さい。耐硫酸塩性がある。	ダム、橋脚など大型構造物（マスコンクリート）
	低熱ポルトランドセメント		中庸熱ポルトランドセメントよりさらに水和発熱量が小さい。材齢初期の強度は低いが長期にわたり強さを発現する。	マスコンクリート 高流動化コンクリート 高強度コンクリート
	耐硫酸塩ポルトランドセメント		硫酸塩による膨張性水和物の生成を抑制するためにアルミネート相の含有を4%以下としたもの。	硫酸塩を多く含む海水、温泉地付近の土壌や工場排水などに接する場所
混合セメント	高炉セメント（A、B、C種）	JIS R 5211	硬化組織が緻密で塩分の浸透に対する抵抗性に優れる。水和反応がゆっくり進むため、初期強度が小さい。	ダム、港湾など大型土木工事 マスコンクリート 海水や土中、地中構造物
	フライアッシュセメント（A、B、C種）	JIS R 5213	硬化組織が緻密。水和発熱量が小さい。コンクリートのワーカビリティーを向上させる。	ダム、港湾など大型土木工事 水密コンクリート
	シリカセメント（A、B、C種）	JIS R 5212	耐薬品性に優れる。初期強度が小さい。	オートクレーブ養生（高温・高圧・蒸気養生）するコンクリート製品など
エコセメント	エコセメント（普通、速硬）	JIS R 5214	塩化物を多く含むこと以外は普通ポルトランドセメントとほぼ同じ性質をもつ。	普通ポルトランドセメントと同様の用途。主に鉄筋を使わないコンクリートの分野に用いる。
上記以外のセメント	膨張セメント	—	ひび割れや変形防止用に膨張材を加えたセメント	収縮防止用途 裏込めやグラウト工事
	白色ポルトランドセメント	—	普通ポルトランドセメントとほぼ同じ性質。顔料で着色できる。	化粧コンクリート、左官用
	セメント系固化材（ジオセメント）	—	ポルトランドセメントを主成分にポゾラン材（ケイ酸質微粉末）、強度増進材などを加えたもので、土の固化に用いる。	発生土や軟弱地盤の改良 ヘドロや下水汚泥の固化処理など

2.12 セメントの水和反応と凝結・硬化

考えるポイント

セメントはどうして固まるのだろうか？ 固まる過程でどのようなことが行われているのだろうか？ かつて、施工現場で加水してコンクリートを軟らかくして打設するという事例が問題になったことがあるが、水和は化学反応であり水とセメントの配合割合は正確に管理されなければならない。

1 クリンカーの構成

クリンカー化合物（2.3節参照）の組成は表1のようになっている。主成分はケイ酸カルシウムである。構成割合は普通ポルトランドセメントの場合、エーライト約50％、ビーライト約25％、アルミネート相約10％、フェライト相約7％である。エーライトとビーライトは全体の70～80％を占める。

2 セメントの硬化

1) 水和反応・水和物

セメントと水との化学反応を**水和反応**といい、この化学反応で生成した化合物を「水和物」という。セメントの水和反応は図1のように行われる。エーライトとビーライトは水と反応してケイ酸カルシウム水和物と水酸化カルシウムになる。

水に溶けた石膏はアルミネート相と反応してエトリンガイトという化合物をつくり、アルミネート相を覆って水との接触をしにくくする効果がある（遅延効果）。このエトリンガイトと未水和のアルミネート相が反応してモノサルフェート水和物という化合物になる。フェライト相もアルミネート相と同様の反応をする。

2) 水和反応の進行

セメントは水に接すると図2のように表面から水和反応を始める。反応が進むにつれて、次第にセメント粒子が水和物に変わり硬化する。

セメントの水和生成物を表2にあげる。硬化したセメントはこのように複雑な化合物の集まったものである。

セメント粒子が完全に水和するまでには長年月を要する。ただし、セメントの表層に生じた水和物同士が強固に結合した構造になれば、十分な強度が得られるとされるので、必ずしも水和反応が完了する必要はなく、硬化したセメント中には一定の未水和セメントの存在があるのが普通である。

一般に、水和反応に必要な水分量はセメント1に対して0.35～0.4程度とされる。それ以外の水分は自由水と呼ばれる。水分の多くはセメントが硬化する過程で蒸発して失われる。

3) 凝結・硬化

セメントに水を加えて練り混ぜて放置すると、次第に流動性を失い固まった状態になる。これを**凝結**といい、普通ポルトランドセメントではこの時間が2時間半～3時間半程度である。モルタルやコンクリートを直にこてなどで仕上げる場合は、この時間内に行わなければならない。

凝結の段階では強度はほとんどないが、さらに時間が経過すると次第に硬さを増していき、強固なセメント硬化体になる。この過程を**硬化**という（写真1）。

4) 粉末度、凝結時間

セメントの粉末度が高いと質量に対する表面積が大きくなるため、水和反応が早くなる。その結果、凝結時間が短くなり、強度発現も早い。また凝結時間は新鮮なセメントほど早くなる。

5) 水和熱と自己収縮

水和の化学反応は発熱反応で、発生する熱を**水和熱**という。発熱量はセメントを構成するクリンカー鉱物などの化学組成、セメント粒子の細かさ、練り混ぜる水の量などの影響を受ける。

ポルトランドセメントでは発熱量の大きいものから早強＞普通＞中庸熱＞低熱の順になる。

水和反応の進行によって体積がわずかに減少し収縮する現象が自己収縮である。自己収縮の収縮量は乾燥収縮に比べて極めて小さい。

表1　クリンカー化合物の組成

	呼　称		化学成分		備考
クリンカー	エーライト	C_3S	ケイ酸三カルシウム	$3CaO \cdot SiO_2$	微量のAl、Fe、Mg、Na、K、Ti、Mnを含む。
	ビーライト	C_2S	ケイ酸二カルシウム	$2CaO \cdot SiO_2$	
	間隙相 アルミネート相	C_3A	アルミン酸三カルシウム	$3CaO \cdot Al_2O_3$	Si、Mg、Na、Kを少量含む。
	フェライト相	C_4AF	鉄アルミン酸四カルシウム	$4CaO \cdot Al_2O_3 \cdot Fe_2O_3$	
石膏	$CaSO_4 \cdot 2H_2O$		二水石膏		凝結遅延効果

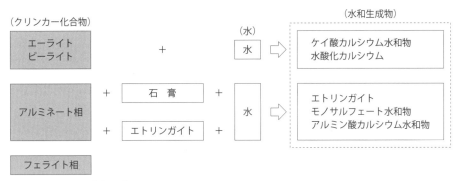

図1　セメントの水和反応

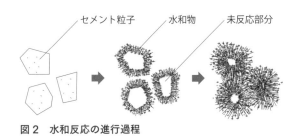

図2　水和反応の進行過程

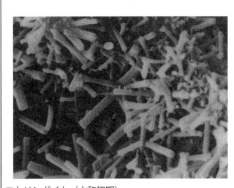

エトリンガイト（水和初期）
この時点では流動性が保たれている。

モノサルフェート水和物（水和数日以降）
水和の進行にともない強度が発現してくる。

写真1　代表的な水和物の電子顕微鏡写真
（写真出典：セメント協会「セメントの常識」2013年）

表2　セメントの水和生成物

名称	化学式
ケイ酸カルシウム水和物	$nCaO \cdot SiO_2 \cdot mH_2O$
水酸化カルシウム	$Ca(OH)_2$
エトリンガイト	$3CaO \cdot Al_2O_3 \cdot 3CaSO_4 \cdot 32H_2O$
モノサルフェート水和物	$3CaO \cdot Al_2O_3 \cdot CaSO_4 \cdot 12H_2O$
アルミン酸カルシウム水和物	$3CaO \cdot Al_2O_3 \cdot 6H_2O$

学ぶコラム① 木材の「欠点」

　木材は自然素材であるゆえに、厳密に言うとひとつとして同じ材料がない。同じ樹種でも生育場所や生育条件によりいろいろな性質のものができる。中には割れや節などが多いものもある。建材として利用するうえで支障になるようなものを木材の「欠点」という。

　日本農林規格（JAS）では木材の欠点の現れ方、量により等級づけしている。主な欠点の種類と特徴には以下のようなものがある。

①節：樹の幹の中に残された枝の基部が表面に現れたもの。生節、死節、抜節がある。生節は生きている枝の付け根にあるもので、周囲の組織と密着していて強度への影響は比較的に少ない。死節は枯れ枝の付け根にある節で、周囲の組織と連続性がなく抜けやすい。抜けてしまっているものを抜節という。死節、抜節の部分は断面欠損となり強度への影響が大きい。
　節のない材を得るためには、幹から出た枝を切り落とす「枝打ち」を行わなければならない。切口は樹木の肥大成長とともに組織に取り込まれて見えなくなり、無節材となる。

②丸身：材の角が丸く欠損して断面不足のもの。木口や材の中央部などに現れる。

③割れ：目廻りは年輪に沿って割れ目が入るもので、心材の収縮や強風で組織が剥がれたもの。また乾燥によって生じる割れを干割れという。心材の中心部に入る星割れや貫通割れ、木口割れなどがある。

④目切れ：材の長手方向に対する繊維方向の傾きをいう。このように繊維を斜めに断ち切るように製材されたものを目切れ材という。特に根太など小断面の材では折れやすくなる。

⑤入り皮：切り傷などが原因で樹皮の一部が材内に入り込んだもの。

⑥アテ：傾斜地で成長した樹木の湾曲部の木部に生じるほとんど晩材（秋材）のみからなる部分。材質が硬く、カンナ削りなどの加工が困難なだけでなく、狂いやすい。針葉樹は幹の谷側部分に、広葉樹は山側部分にアテが現れる。

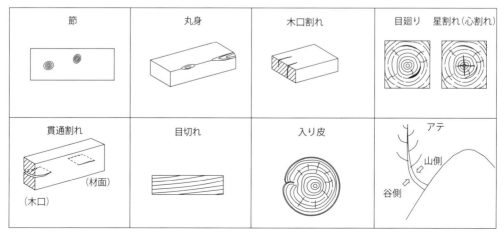

図1　木材の欠点の種類

学ぶコラム② コンクリート強度の決め方

打設後、温度20℃で水中養生した4週目の材齢28日の圧縮強度をもってコンクリート強度とする。設計に際し採用する圧縮強度を「設計基準強度（F_c）」といい、構造計算はこれによる。

現場で実際につくられるコンクリートは、設計基準強度を下回らないように、さまざまな要因を付加して調合が計画される。

経年による劣化を考慮した強度を「耐久設計基準強度（F_d）」という。つまり構造強度と耐久性の双方を満たすような強度設定が必要で、これを「品質基準強度（F_q）」と呼ぶ。$F_q \geqq F_c$、$F_q \geqq F_d$ となる。

次に施工時の気温や施工条件などを考慮するため構造体強度補正を行う。標準養生された供試体と建築物に実際に打設されたものとでは、温度や湿度などの条件が異なるため、強度に差が生じるということを想定して補正を行うものである。

この補正後の強度を調合管理強度 F_m という。調合管理強度にコンクリート製造時のばらつきを示す標準偏差 σ を加えたものが「調合強度（F）」である。調合強度 F は下記5の2式のいずれか大きいほうの値とする。

①設計基準強度 F_c を決める
　18　21　24　㉗　30　33　36

②耐久設計基準強度 F_d を下表から選ぶ

計画供用期間の級	耐久設計基準強度（N/mm²）	大規模補修不要予定期間
		供用限界
一般	18	約30年
		約65年
標準	㉔	約65年
		約100年
長期	30	約100年
超長期	36	約200年

③品質基準強度 F_q を算定する
　設計基準強度 F_c 耐久設計基準強度 F_d
　のうち大きいほうの値とする

④調合管理強度 F_m
　$F_m = F_q + {}_mS_n$
　${}_mS_n$：構造体強度補正値
　標準養生した供試体の材齢 m 日目における圧縮強度と構造体コンクリートの材齢 n 日における圧縮強度の差による構造体強度補正値（N/m²）
　（参考）普通ポルトランドセメントの${}_{28}S_{91}$の値

セメントの種類	打ち込みから28日までの期間の予想平均気温 θ の範囲	
普通ポルトランドセメント	5℃ ≦ θ	0℃ ≦ θ < 5℃
${}_{28}S_{91}$ (N/mm²)	③	6

⑤調合強度 F　下式③④の大きい方をFとする
　$F \geqq F_m + 1.73\sigma$ (N/mm²) … ③
　$F \geqq 0.85F_m + 3\sigma$ (N/mm²) … ④
σ：使用するコンクリートの圧縮強度の標準偏差（N/mm²）
レディミクストコンクリート工場の実績から定める。実績がない場合は$\sigma = 2.5$、または、$0.1F_m$の大きいほうの値とする。

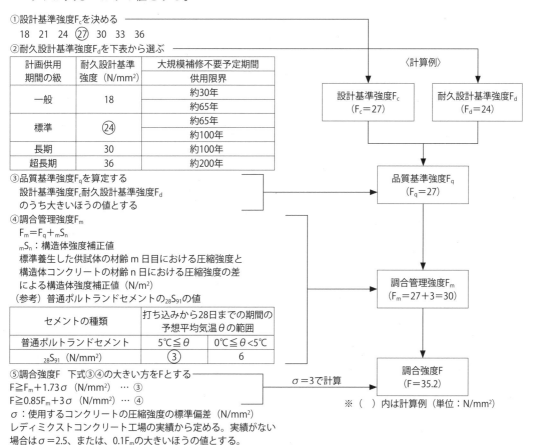

〈計算例〉

設計基準強度 F_c （$F_c = 27$）　　耐久設計基準強度 F_d （$F_d = 24$）

品質基準強度 F_q （$F_q = 27$）

調合管理強度 F_m （$F_m = 27 + 3 = 30$）

$\sigma = 3$ で計算

調合強度 F （$F = 35.2$）

※（ ）内は計算例（単位：N/mm²）

3.1 鉄と鋼材

考えるポイント
鉄が建築構造用に使われ出したのは明治以降19世紀末から20世紀初頭にれんがやコンクリートを鉄で補強したのが始まりといわれている。建築では適度な軟らかさのある炭素鋼が使われる。鉄は鉄骨や鉄筋など構造用として使われるだけでなく、素材感を活かした建築の表現として利用されることも多い（写真1）。

1 鉄と鋼

1) 炭素の影響

私たちが「これは鉄製である」というときの「鉄」には、実はいろいろな種類がある。

鉄は含まれる不純物や炭素の量で呼び方や性質が変わってくる（表1）。炭素の含有量が多ければ強度は高くなるが硬く脆くなり、少ないと逆に強度は弱いが軟らかく粘りが出る。主に炭素の含有量の違いによって鉄の種類が分けられている。

2) 鉄の種類

溶鉱炉で鉄鉱石から取り出された鉄を**銑鉄**という。銑鉄は炭素含有量が3～5%と大きく不純物を多く含み組織が粗い。一部は鋳物用の**鋳鉄**として利用されるが、大半は鋼をつくるための原料となる。鋳鉄は、結晶が緻密で断面が白色を呈する「白銑」と、結晶が粗く断面がねずみ色を呈する「ねずみ銑」に大別される。鋳鉄とは主にこのねずみ銑のことをいう。銑鉄を繰り返し鍛錬して炭素やケイ素などを除いたものを**錬鉄**という。多量のスラグが含まれるが、炭素含有量は0.1%以下と少ない。鋼との違いは不純物の有無のみである。軟らかく加工性が良いので、手すりやフェンス、門扉などに工芸的に使われることが多い。炭素含有量が2%以下のものを鋼というが、工業的には1.2%以下のものが多い。建築や自動車、家電製品などに使われる鉄はほとんどが鋼である。ステンレスなどの合金鋼と区別するため**炭素鋼**とも呼ばれる（表2）。H形鋼などの建築用鋼材には軟鋼が使われる。表3に鋼の物性を示す。比重の大きな材料だが、比強度が高く、この点で建物の軽量化に寄与する。線膨張係数*はコンクリートとほぼ等しく、コンクリートとの相性が良い（2.2節参照）。熱伝導率が大きいので熱橋*には注意が必要である。

2 鉄と建築

1) 鋼材の長所と短所

鉄鋼製品は工業材料として品質管理が行き届いた工場で製造され、品質や寸法精度が良いため使いやすい材料といえる。大量生産ができて高強度であること、また用途に応じて材質や形状などの種類が多いのも優れた点である。鋼材の長所と短所を表4にあげる。火に弱く（図1）錆びるという点については不燃材による耐火被覆、防錆塗料やめっきによる防錆対策がなされる。

2) 鋼材の用途

鉄骨造では主としてH形鋼や構造用鋼管（写真2）が、鉄筋コンクリート造では棒鋼（鉄筋）が主要構造部材として用いられる。また鋼材は躯体用としてだけでなく、内外装仕上げ材や下地・補強材、さらに装飾用途などあらゆるところに使われている。釘、ボルトなどの接合部材、木造建築用の補強金物、コンクリートやモルタル埋設用の補強金網類、PC鋼線、床用鋼板、軽量鉄骨壁・天井下地などがある。鋼製建具としては主にドアやドア枠の用途が多い。内外装用としては壁や天井材としてパネル状にしたものなどがある。

3) 経済的に使う

構造材料としてはコンクリートに比べてかなり高価である。高強度という特質を活かして使用量をなるべく少なくすることで、経済性が保たれている。形鋼や鋼管で部材の応力の大きい部分に鋼材を当てて、その他の部分を中空にするのはそのためである（図2）。鉄筋コンクリートにおいてもコンクリートで負担しきれない引張力が加わる部分にだけ鉄筋を配することが行われている。

表1　鉄の種類

名　称 （炭素含有量）	説明
銑鉄（3〜5%）	溶鉱炉で鉄鉱石から取り出された鉄のことで、炭素や不純物を多く含む。
鋳鉄（2%以上）	鋳物用の鉄。材質は硬くて脆い。いろいろな形に鋳込むことができる。ルーフドレンやグレーチングなどに使われる。
錬鉄（0.1%以下）	銑鉄を繰り返し鍛錬して炭素やケイ素などを除いたもの。多量のスラグ（精錬で生じた不純物）が含まれるが、軟らかく加工しやすい。
鋼（2%以下）	銑鉄を精錬して得られる。炭素鋼ともいう。

表2　炭素鋼の種類

鋼の種類	炭素含有量	用途
極軟鋼	0.12%以下	薄鋼板、ブリキ板、溶融亜鉛めっき鋼板など
軟鋼	0.12〜0.30%	棒鋼、形鋼、鋼板、釘など
硬鋼	0.30〜0.50%	車軸、歯車などの機械部品、ばねなど
最硬鋼	0.50〜0.90%	車軸、レール、ピアノ線、ばねなど

表3　鋼の物性

種類	鋼（C：0.03〜1.7%）	備考
比重	7.79〜7.87	コンクリート：2.3〜2.35
融点（℃）	1425〜1530	—
比熱（J/kg・K）	427〜452	木材：1300 コンクリート：800
熱伝導率（W/m・K）	36〜60	木材：0.12 コンクリート：1.6
線膨張係数（1/℃） （20〜100℃）	$10.4〜11.5 \times 10^{-6}$	コンクリート： 約 10×10^{-6}

表4　鋼材の長所と短所

鋼材の長所	鋼材の短所
1. 強度が大きい。 2. 靭性が大きい（粘り強い）。 3. 材質が均質で一定している。 4. 寸法精度が良い。 5. 解体・リサイクルが可能。 6. 建物重量を軽減できる。	1. 炎熱に弱いため、耐火被覆を必要とする。 2. 錆びる。 3. 熱を通しやすい（木材の約400倍）ため熱橋を生じやすい。

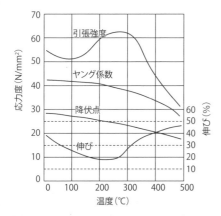

- 引張強度：250〜300℃で最大を示し、それを超えると500℃で常温時の1/2、600℃で1/3と温度の上昇とともに低下し融点で溶解する。
- 降伏点、ヤング係数：温度の上昇に従って下降する。
- 伸び：約250℃で最小。

図1　高温度における鋼材の性質

写真2　鋼管（柱）とH形鋼（梁）からなる鉄骨構造

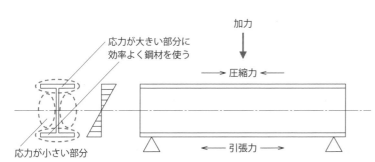

図2　形鋼の原理。応力が集中する上下のフランジをウェブでつなぐ形になっている

写真1　ジョン・ハンコック・センター（設計：SOM）

3・1　鉄と鋼材

3.2 鉄の製法

考えるポイント
鉄は近代的材料であるが、古代からある材料でもある。鉄の製造の歴史は古い。制御技術を駆使して、製法は近代化されてはいるが、基本的な製造方法は昔からそう変わっていない。高炉製品だけでなく、資源を有効利用するため、使用済みのスクラップからでも良質の鋼材が製造できるようになった。

1 鉄の原料

1) 鉄鉱石

鉄（Fe）は地球の地殻内で酸素と結び付いた酸化鉄の状態で約6.71％存在する。鉄を大量に含む鉱石が鉄鉱石で、鉄分は約60％含まれる。

鉄鉱石には赤鉄鉱（Fe_2O_3）、磁鉄鉱（Fe_3O_4）、褐鉄鉱（$2Fe_2O_3・3H_2O$）などがあるが、すべて輸入による（オーストラリア約61％、ブラジル約28％、その他11％、2014年）※。鉄鉱石から鉄を取り出すためには鉄鉱石、コークス、石灰岩を炉内で加熱して鉄の成分を溶出させる（図1）。

2) コークス

鉄鉱石は直径5mm以下の粉末状のものであるため、そのまま投入すると炉内で目詰まりを起こす。そのため少量の**コークス粉**、石灰粉を混入して焼き固めた（焼結）**焼結鉱**（図1❶）を使う。

高炉用のコークスは粘結性のある石炭をコークス炉で蒸し焼きにしてつくる（❷）。コークスには高温を発生させるための燃料として、また鉄から酸素を取り除く還元剤としての役割がある。炉内を溶けた鉄が移動したり、燃焼で生じた還元ガスの上昇を妨げないように、隙間が必要になるので、簡単につぶれないような強度も必要になる。

石灰石（❸）はケイ酸など岩石質の物質やその他の不純物を取り除く作用がある。

2 鉄の製造

1) 高炉

鉄の製造に用いられる**高炉**（❹）は、高さが50m以上にもなる円筒状の溶鉱炉である。鉄鉱石とコークスを高温下で化学反応をさせて鉄鉱石の酸素を取り除くとともに、溶解プロセスを経て鉄（銑鉄❺）を取り出す。コークスの燃焼で生じた一酸化炭素や水素などの高温ガス（還元ガス）は炉内を上昇し鉄鉱石の鉄を溶かしながら酸素を奪う。こうして溶出した銑鉄は炉底にたまる。

2) 転炉

高炉で溶け出した銑鉄は転炉（❻）に送られ酸素を吹き付けて炭素を取り除くとともに酸化物、リン、硫黄など不純物を取り除き鋼とする（❼）。

3) 電気炉

鉄は再資源化に向いている材料であり、使用済みの鉄を再び鋼材として再利用している。鉄スクラップ（❽）を溶かして、酸素や硫黄を取り除いて鋼を製造するのに使われるのが電気炉（❾）である。高炉材（高炉→転炉）に比べて、一般に電炉材の生産・設備規模は小さいので、サイズの小さい製品や小ロットに向いている。

3 製品化の流れ

1) 半製品（鋼塊）の製造

溶けた鋼が冷えて固まる前に成形して鋼材にするが、一気に鋼材として製品化するのではなく、連続鋳造設備（❿）に送って、ある程度の鋼の塊にした鋼片をつくる。この鋼片を切り分けて**ビレット**、**ブルーム**、**スラブ**という形状の異なる半製品にする（⓫）。

これらの半製品はいわば**形鋼**や**鋼管**などを製造するための原料といってもよく、再加熱して使用目的に応じた形に成形して製品とする（図2）。

2) 半製品から製品に

鋼材の成形方法にはロールに材料を挟んで圧し付けて伸ばす「圧延」、たたいて所要の形に成形する「鍛造」、所定の断面形状に押し出す「押し出し」などがあるが、形鋼や鋼管などほとんどの建築用鋼材は圧延成形による（写真1～3）。

※財務省貿易統計、2015年

3・2 鉄の製法

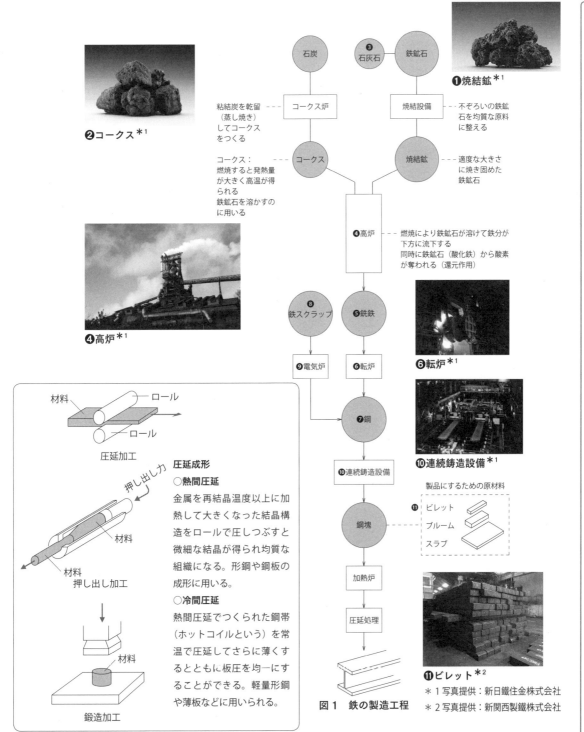

粘結炭を乾留（蒸し焼き）してコークスをつくる

コークス：燃焼すると発熱量が大きく高温が得られる
鉄鉱石を溶かすのに用いる

不ぞろいの鉄鉱石を均質な原料に整える

適度な大きさに焼き固めた鉄鉱石

燃焼により鉄鉱石が溶けて鉄分が下方に流下する
同時に鉄鉱石（酸化鉄）から酸素が奪われる（還元作用）

❶焼結鉱＊1
❷コークス＊1
❹高炉＊1
❻転炉＊1
❿連続鋳造設備＊1
⓫ビレット＊2

製品にするための原材料
ビレット
ブルーム
スラブ

＊1 写真提供：新日鐵住金株式会社
＊2 写真提供：新関西製鐵株式会社

図1　鉄の製造工程

図2　成形加工

圧延加工 / 押し出し加工 / 鍛造加工

圧延成形

○**熱間圧延**
金属を再結晶温度以上に加熱して大きくなった結晶構造をロールで圧しつぶすと微細な結晶が得られ均質な組織になる。形鋼や鋼板の成形に用いる。

○**冷間圧延**
熱間圧延でつくられた鋼帯（ホットコイルという）を常温で圧延してさらに薄くするとともに板圧を均一にすることができる。軽量形鋼や薄板などに用いられる。

写真1　薄板製品＊1

写真2　H形鋼＊1

写真3　鋼管＊1

3.3 鋼材の組織

考えるポイント
鉄の熱処理には興味深いものがある。なぜなら温度によって組織が変わってしまうからである。木やコンクリートなど他の材料には見られない鋼材特有の性質である。なぜこのようなことが起きるのだろうか。焼き入れや焼きなましで、組織や性質がどのように変わるのだろうか。

❶ 鉄の組織

金属を加工、加熱や冷却すると硬度や錆、磁性などの特質が変化する。これは金属の原子同士のつながり方が変わることで起きる現象である。

分子や原子が規則正しく配列されている状態を結晶といい、鉄を含む多くの金属は格子状の結晶構造をもっている。金属の結晶構造は図1の3種類に大別される。

鉄の標準組織を表1にあげる。「**フェライト**」は、常温で体心立法格子構造を有する鉄の組織のことで、この状態の鉄を α 鉄（アルファてつ）という。一般に炭素含有量が0.02％以下のものを純鉄と呼ぶことが多く、α鉄は純鉄とほぼ同義で用いられる。純鉄は磁性が強く軟かくよく伸びるが、建築材料としては強度的に実用にならない。α鉄は910℃までは安定しているが、それ以上の温度になると結晶構造は面心立方格子に変わってしまう。これをγ鉄（ガンマてつ）といい、組織としては**オーステナイト**になる（図2、3）。オーステナイトは炭素を最大2％程度まで固溶（固体中に元素を溶け込ませることが）でき、焼き入れが可能になる。オーステナイトは1400℃までは安定した状態を保つが、これ以上の温度になると、また体心立体格子に戻る。このように結晶構造が変化することを**変態**といい、そのときの温度を変態点という。

❷ 加工硬化

圧延、鍛造、押し出しなどの塑性（そせい）加工によって金属材料を変形させると、各部分が等しく同じように変形することが難しく、組織にゆがみが生じ、材質が硬くなる。この現象を**加工硬化**という。硬化が進行してゆがみが増してくると、最終的に割れなどの欠陥が現れることがある。加工硬化した材料を再加熱すると結晶が大きくなり、蓄積したゆがみが解消して規則正しい結晶構造に戻る。これが**再結晶**で、そのときの温度を再結晶温度という。

❸ 鉄の熱処理

鉄を加熱して冷却すると、もとと異なる性質が現れる。この現象を起こさせる操作を熱処理という。使用目的に応じて焼きなまし、焼きならし、焼き入れ、焼き戻しなどの熱処理がある（表2）。

1）焼きなまし

金属を加熱して一定時間保持した後に炉内でゆっくり冷やすと結晶が大きく成長し鋼材が軟化する。機械加工などで硬化した組織を軟化させるとともに、加工により生じた内部応力や成分の偏りを除去して組織を均質にする効果がある。

2）焼きならし

鉄の組織を標準状態に戻す（normalizing）目的で行う熱処理。加熱した金属を空気中で自然に冷やす。金属組織と結晶粒の微細化・均一化に効果がある。

3）焼き入れ

鉄を強くし、硬くする目的で行う熱処理。加熱してオーステナイト化（γ鉄）させた後に急冷するとマルテンサイト変態（表1）が起こり、極めて硬い材質が得られる（半面脆くなる）。この現象が焼き入れ硬化である。

4）焼き戻し

焼き入れでマルテンサイト化した鋼材は靭性（じんせい）（粘り強さ）がなく、脆く破損しやすい材質になる。これを適当な温度に再加熱してゆっくり冷やすことで、内部応力を解消しながら、強靭な材質を得ることができる。

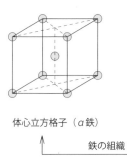
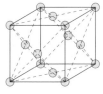

体心立方格子（α鉄）　　面心立方格子（γ鉄）　　最密六方格子（参考）

←――― 鉄の組織 ―――→

図1　立方格子（金属の結晶構造）

表1　鉄の標準組織

フェライト	炭素を微量含む固溶体のことで、α鉄と呼ばれる（固溶体：個体の中に他の固体が溶け合った状態のもの）。
セメンタイト	炭化物（鉄と炭素の化合物）で Fe_3C で表される。
パーライト	フェライトとセメンタイトが層状に混在した組織。
オーステナイト	γ鉄の炭素固溶体。α鉄を910℃以上に加熱すると現れる組織。
マルテンサイト	炭素を過飽和に固溶したα鉄の固溶体。オーステナイトを急冷したときに現れる組織。熱処理中最も硬く脆い。

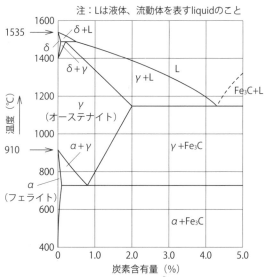

図2　鉄―炭素平衡状態図

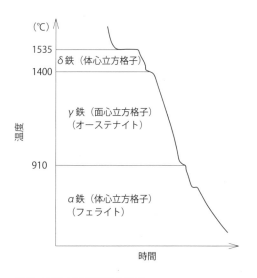

図3　純鉄の冷却曲線と変態

表2　鉄の熱処理

熱処理の種類	熱処理の方法	熱処理の効果
焼きなまし	加熱後に炉内でゆっくり冷やす。	成分の均一化、内部応力の除去。
焼きならし	オーステナイト組織になるまで加熱後に空気中で自然に冷やす。	組織を均一化する。得られた組織は標準組織という。
焼き入れ	γ鉄状態から急冷する。	マルテンサイト組織になる。非常に硬く脆い組織になる（マルテンサイト変態＝γ鉄からマルテンサイトになること）。
焼き戻し	再加熱後ゆっくり冷やす。	マルテンサイトから安定組織に変化。靭性が回復する。焼き戻し温度の違いで性質の異なる鋼材が得られる。マルテンサイトからトルースタイト（刃物など）、ソルバイト（バネなど）、パーライト（ピアノ線など）などの組織に変わる。

3・3　鋼材の組織

3.4 鋼材の防食と表面処理

考えるポイント
鉄の最大の弱点は錆びることである。錆びないようにするためにはどうしたらよいだろうか？ ひとつの解決法は錆に強い鉄をつくるというもので、これがクロムとニッケルを混ぜて合金化したステンレスである。もうひとつは鉄を何かで覆ってしまう方法である。これが防食技術や表面処理技術である。

1 鉄を錆から守る

鉄は水と接触すると錆びる。酸性雨や大気汚染も鉄の錆を促進する要素である。錆から鉄を守るために表面に何らかの処理を施さなければならない（図1）。

2 亜鉛めっき

鉄のめっきで最もよく使われるのが**亜鉛めっき**である。亜鉛は鉄よりイオン化しやすく鉄より先に酸化して溶け、結果として鉄を錆から守る。亜鉛が鉄の犠牲になって防食することから**犠牲防食**と呼ばれる（図2）。亜鉛そのものの腐食速度が鉄よりも遅いことも被覆材に適している。

1）溶融亜鉛めっき

溶融亜鉛めっきは「ドブ漬け」ともいい、溶かした亜鉛のめっき槽に材料を浸して表面に亜鉛を付着させる方法で、付着量を多くすることができる（表1）。亜鉛の融点が低い（419℃）こともエネルギーコストのうえで有利で、これも被覆材として亜鉛が優れている一因である。

写真1、図3に溶融めっき設備の例を示す。熱間圧延や冷間圧延によりコイル状に製造された鋼板を原板にして、溶融亜鉛めっきライン上でめっきを連続的に施された後、化成処理などの後工程を経て建築用や自動車用、家電用などの鋼板製品ができる。建築用の手すりや階段部品などを溶融亜鉛めっきする場合の注意点には、①めっき槽に入りきらないような大きな部材はいくつかの部材に分けておくこと、②薄板は加熱により変形することがあること、③現場で取り付ける際についためっき層の傷への対処が必要になることなどがある。

2）電気亜鉛めっき

めっきする金属イオンを含む水溶液中で鋼板の両側に電極（陽極）を置いて、陰極となる鋼板の表面に亜鉛を付着させる方法である（図4）。溶融めっきのように厚い皮膜にならないが、通電量により亜鉛の付着量をコントロールしやすい利点がある。

屋内など錆の恐れの少ない部分に適用する。

3）亜鉛・アルミめっき

亜鉛（43%）とアルミニウム（55%）などの合金をめっき金属として、アルミの不動態皮膜と亜鉛の防食性をバランスさせて全体として高い防食性を有するのがガルバリウム鋼板である。

鋼板は断熱性がほとんどなく、また雨滴の打音がすることなどもあって、防音、断熱材を裏打ちしたものが製品化されている（写真2）。

従来屋根や外壁材として多用されてきた亜鉛鍍鉄板（トタン）にかわり木造住宅の屋根材、外壁材の用途に普及している。

3 化成処理

1）リン酸塩処理

リン酸亜鉛、リン酸鉄などのリン酸塩溶液を用いて鉄や亜鉛の表面に金属塩の薄い皮膜（1μm以下）を生成させる化成処理のこと。防食性の向上のほか、塗料の密着性がよいため塗装下地としても優れている。パーカライジング法*、ボンデライジング法*などがある。鋼製建具などに使われるボンデ鋼板は電気亜鉛めっきの上にボンデ処理を施した鋼板のことである。

2）クロム酸塩処理

クロメート処理ともいう。亜鉛めっきを施した上に耐食性を付与し、塗装をしやすくするために行われる。近年は六価クロムを使用しないクロムフリー処理法が普及している。

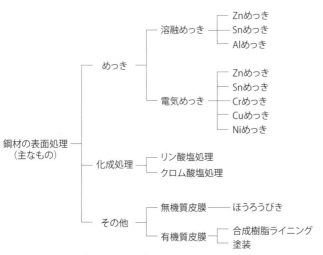

図1　鋼材の表面処理の種類

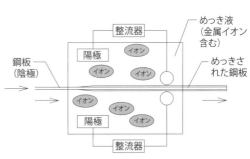

図4　電気亜鉛めっきの仕組み

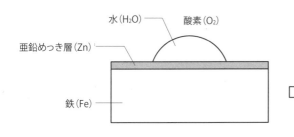

亜鉛めっき層が鉄と水が接触しないようにして鉄を錆から保護している。

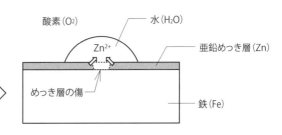

ひっかき傷などで亜鉛めっき層が剥がれた場合は鉄より先に亜鉛が溶け出して鉄を錆から守る。

図2　亜鉛の犠牲防食

表1　亜鉛めっき付着量
（出典：「公共建築工事標準仕様書」平成28年版より作成）

種別	表面処理方法	亜鉛付着量（参考）		適用板厚の制限
		重量(g/m^2)	膜厚(μm)	
A種	溶融亜鉛めっき	550	76	6.0mm 以上
B種		450	63	3.2mm 以上
C種		350	49	1.6mm 以上
D種	電気亜鉛めっき	144	20	—
E種		86	12	—
F種		57	8	—

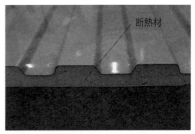

写真2　断熱材を裏打ちしたガルバリウム鋼板

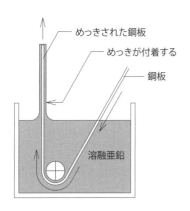

図3　溶融亜鉛めっきの仕組み

写真1　鋼板の溶融亜鉛めっき設備
（写真提供：新日鐵住金株式会社）

3.5 建築用鋼材の種類

考えるポイント
躯体構造用鋼材としては、長い間 SS 材が使用されてきたが、現在は主役の座は SN 材に変わった。その理由とは何か？ 以前に比べて溶接技術が向上していることもあって、溶接性の良い鋼材への需要も多い。粘り強くて強度の高い鋼材の開発は超高層建築の軽量化に貢献している。

1 建築用鋼材の性質（強度と靭性）

建築の躯体構造に用いられる鋼材には、強度が高く粘り強い性質（靭性）が求められる。さらに加工性や溶接性が良いことも必要条件になる。使用目的別に TMCP 鋼（高性能鋼）、高張力鋼、低降伏点鋼、耐候性鋼、耐火鋼（FR 鋼）、耐摩耗鋼板などがある（表1）。

鋼に含まれる炭素の量が多いほど強度が高くなるが、多すぎても逆に強度が低下する性質がある。

強度と硬さには相関関係があり、硬さを測定することで強度を推定することができる。鋼材の硬さ試験には**ビッカース硬さ***、**ブリネル硬さ***試験がある。鋼の特性に及ぼす炭素の影響を図1に示す。図2は横軸がひずみ度（材料の伸び）、縦軸が応力度（引張応力）を表す。引張り試験機で鋼材を引っ張ると、いきなりぽきんと破断せず、飴のように伸びきって破断するのが鋼材の粘り強さである。加力を中止したときにもとの長さに戻る限界を**弾性限度**というが、それを超えて加力し続けると、もはやもとの長さに戻ることはなく変形したままになる。このもとに戻らない性質が**塑性**で、地震などにより建物に加わった力はこの塑性変形で吸収される。つまり構造体全体が制振ダンパー*と同じ働きをすることになる。炭素が多いと材質が脆くなるため、形鋼などの建築用鋼材としては軟鋼と呼ばれる含有炭素量が 0.3%以下の鋼が使われる。主な鋼材の機械的性質を表2に示す。

2 構造用鋼材

建築基準法第 37 条では鉄骨構造用として以下の 3 種類の使用が認められているが、新耐震設計*に移行後は SN 材が普及している。

1）建築構造用圧延鋼材（SN 材）JIS G 3136

従来は SS400、SM490 が建築構造用途に主として用いられてきたが、1981 年に新耐震設計法が導入されたことで、塑性変形により地震エネルギーを吸収させて建物の安全性を確保する、つまり降伏後の変形能力が重要になった。これらの理由で新たな建築構造用鋼材の規格がつくられた。

SN 規格は使用部位により A、B、C の区分がある。

- A 種：溶接のない補助部材
- B 種：主要部材または溶接する部材
- C 種：厚さ方向特性が要求される部材（耐ラメラテア性能*）

2）一般構造用圧延鋼材（SS 材）

SS400、SS490 などと表示され、従来最も多く用いられてきた鋼材である。400、490 の数値は引張強度の下限が $400N/mm^2$、$490N/mm^2$ であることを示している。SS 材は化学成分でも不純物であるリンとイオウが規定されているだけで、炭素の上限値や溶接性に関する規定がなく、現在では重要な建造物には使用されていない。

3）溶接構造用圧延鋼材（SM 材）

溶接性に優れた鋼材で、従来は SS 材同様広く建築構造物に適用されてきたが、新たに建築構造用の SN 規格が制定されたため、現在は SS 規格（JIS G 3101）および SM 規格（JIS G 3106）の適用範囲から「建築用途」は削除されている。

4）鉄筋コンクリート用棒鋼

鉄筋コンクリート用の棒鋼は JIS G 3112 に規定されている。**丸鋼**は SR235、**異形棒鋼**は SD295 などと表示される。熱間圧延で製造される。異形棒鋼は D10（直径 9.53mm）、D13（直径 12.7mm）などと呼ぶ。

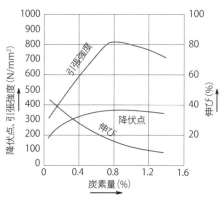

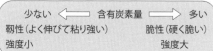

図1 鋼の特性に及ぼす炭素量の影響
(出典:日本建築学会編『建築材料用教材』2013年より作成)

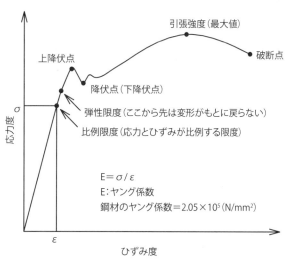

図2 鋼材の応力とひずみの関係

表1 用途別鋼材

鋼材	特徴
TMCP鋼	TMCP（Thermo-Mechanical Control Process）鋼は高精度の圧延制御や加速冷却によりミクロ微細組織を改善することで、高強度、低降伏比（表2参照）、優れた溶接性を備えた鋼材。従来は板厚が厚くなると溶接性が損われ、降伏点が低くなるため設計用強度を低減する必要があったが、TMCP鋼はそれらを解消するために開発された。
高張力鋼	高層化大規模化にともない鋼材はサイズが大きく板厚が厚くなり溶接性も低下する。また一般に高強度になるほど降伏比が大きくなるが590（N/mm²）級の高張力鋼でも80%以下に抑えることが可能になった。高張力鋼を使用することにより板厚やサイズを抑え、鋼材重量を軽量化できるメリットがある。
低降伏点鋼	添加する元素を極力低く抑え、純鉄に近い組成をもった降伏点の低い鋼材。軟鋼よりも軟らかく、強度も低く延びやすい性質がある。塑性変形によりエネルギー吸収量が大きいので制振用部材として使われる。
耐候性鋼	銅が腐食して生じた緑青が錆から銅を守る皮膜として作用するように、鋼の表面の錆が保護層の役割を果たすのが耐候性鋼である。保護性皮膜を生成するのに寄与するCu、P、Niなどの耐候性元素が含まれる。耐候性鋼の表面の錆色は経年により黄褐色から茶、黒褐色へと変わり、渋く重厚な色合いを呈する。普通鋼の4〜8倍の耐候性があるといわれ、鉄のもつ素材感をそのまま表現できる利点がある。ただし、当初の黄褐色の色合い、初期の錆による建物の汚れなど注意すべきことがある。
耐火鋼（FR鋼）	鋼材の耐熱性を向上させるためにモリブデンなどの合金元素を添加し、耐熱性を付与した鋼材。一般の鋼材が500℃で強度が半分近く低下するのに対して、耐火鋼（Fire Resistant Steel）は600℃で2/3の強度維持が保証されている。FR鋼の使用により耐火被覆の低減または省略が可能になった。

表2 構造用鋼材の機械的性質の例

鋼種	降伏点または耐力（下限/上限）の値[注1]（N/mm²）				引張強度の下限/上限（N/mm²）	降伏比[注2]の上限（%）	0℃シャルピー衝撃吸収エネルギー[注3]の下限（J）
	鋼板の厚さ t (mm)						
	6≦t<12	12≦t≦16	16<t≦40	40<t≦100			
SS400	245/		235/	215/	400/510	—	—
SN400A		235/		215/	400/510	—	—
SN400B	235/		235/355	215/355		80	27
SN400C	—		235/355				
SN490B	325/		325/445	295/415	490/610		
SN490C	—		325/445				
SM490A		325/	315/	295/	490/610	—	—
SM490B						—	27
SM490C						—	—

注1：表内の数値（235/355）とあるのは、下限が235、上限が355ということを表す。
注2：降伏比＝降伏強度/引張強度。一般に降伏比が小さいほど塑性変形能力（粘り強さ）が大きい。
　　　（例）降伏強度245N/mm² 引張強度400N/mm²の場合の降伏比：245/400＝0.61（61%）
注3：シャルピー衝撃吸収エネルギーは材料の破壊にともなって吸収されたエネルギーをいう。靭性を評価する指標になる。この値が大きいほど粘り強いことを意味する。同じ材料でも温度が低くなると数値が低下する。

3.6 鋼材の種類と形

考えるポイント H形鋼は主に躯体構造用だが、鋼管は躯体構造から手すりのような造作部材まで広範囲に使われている。鋼板は汎用性があり、棒鋼は主に鉄筋用である。建築用鋼材製品にはなぜいろいろな形状のものがあるのだろうか。材質や表面の性質はどうなっているのだろうか。

1 形鋼類

形鋼は熱間圧延によりつくられる。

①**H形鋼**：H形の断面をもち、建築や橋梁など幅広い分野で使われる基本的な鋼材である。

②**山形鋼**：L字形断面をもつ。二辺の幅が等しい等辺山形鋼、幅が異なる不等辺山形鋼がある。**アングル**とも呼ぶ。材質は普通鋼のほかに高張力鋼のものもある。建築では特に部材の取り付け用の下地などに用いられることが多い。

③**I形鋼**：I形の断面をもつ。フランジの内側にテーパーをつけてH形鋼と区別している。建築のほか橋梁や車両などに使われる。

④**溝形鋼**：コの字形断面をもち、フランジにテーパーがついているものと、ついていないものがある。テーパーのない直角のものは背中合わせにして柱や梁材にすることもある。

⑤**軽量形鋼**：熱間圧延薄板や帯鋼（板状の鋼板）を常温（冷間）で曲げてL形やC形などに加工成形した鋼材。最大肉厚は6mmだが普通は4.5mm程度までのものが使われる。軽量で低コストという利点があるが、外部で使う場合は腐食による断面欠損*に注意する必要がある。

2 棒鋼、線材類

①**棒鋼**：断面が円形や多角形の棒状の鋼材で、約8割は鉄筋用の丸鋼と異形棒鋼。ボルト・ナットの素材にも使われる。異形棒鋼は表面に突起をつけてコンクリートとの付着を良くしたもの。

②**線材**：直径5～50mm程度の細長い針金状に熱間圧延して、コイル状に巻き取った鋼材。軟鋼および極軟鋼の普通線材と特殊線材があり、普通線材は鉄線、針金、釘、金網、ねじ、ボルト・ナットなど二次製品の素材になる。特殊線材は強靭性が要求される鋼索などに使用される。

3 鋼板・鋼管類

①**厚中板**：薄板と異なり船体や自動車のフレームなどの構造用途に用いられる鋼板。一般用と溶接構造用がある。高強度で溶接性に優れるTMCP鋼板や、高温特性に優れる耐火鋼などもある。床用鋼板は仕上げの段階で表面に縞模様や鋲形などの凹凸をつけた鋼板である。建築物や船舶、車両などの段差やステップなどの滑り止め床材に使われる。

②**薄板**：熱間圧延された厚さ3mm未満の鋼板を熱延薄板類という。冷延鋼板や表面処理鋼板、溶鍛接鋼管、軽量形鋼などの原板としても使われる。冷延鋼板は熱延薄板類より薄く、厚さ精度が高く、加工性にも優れている。ブリキや亜鉛めっき鋼板の素材としても使われる。

③**表面処理鋼板**：表面処理を施した鋼板。亜鉛めっき鋼板のほかアルミニウム、クロム、ニッケルなどの合金元素を加えた、複合合金めっき鋼板、環境負荷を低減するクロメートフリー亜鉛めっき鋼板も開発されている。ポリエステルなどの樹脂フィルムを貼ったり、樹脂塗料を焼き付け塗装した鋼板はプレコート鋼板と呼んでいる。塗装亜鉛めっき鋼板は、主に耐食性に優れた亜鉛アルミニウム合金めっきを下地に、合成樹脂塗料を塗装・焼き付けた鋼板。

④**鋼管類**：断面形には円形、楕円形、角形などがあり、直径数メートルのものから注射針のように口径の細い管まで各種ある。ロール成形機などで鋼板を曲げて、継ぎ目を溶接や鍛接*で接合してつくる溶鍛接鋼管と圧延機や引き抜き加工でつくる、継ぎ目のない継目無鋼管がある。

表1 鋼材の種類と特徴

鋼材	種類	特徴・形状	用途	形状
形鋼類	H形鋼	H形断面をもち、フランジの内外面が平行な（テーパーがない）鋼材	・鉄骨造の柱や梁などに用いられる。建築物や橋梁などの構造物用のH形鋼と、基礎杭用のH形鋼（H形鋼杭）がある。	
	山形鋼	L字形断面。二辺の幅が等しい等辺山形鋼と、幅が異なる不等辺山形鋼がある。	・部材を取り付けるための下地など	
	I形鋼	I形断面。H形鋼よりもフランジの幅が狭く、テーパーがついている。	・橋梁、機械、車両などの産業用 ・一般の建築物にはあまり用いられない。	
	溝形鋼	コの字形断面。フランジにテーパーがあるものとないものがある。	・船舶、車両、建築、機械用など	
	軽量形鋼	熱延薄板や帯鋼を常温で加工・成形した鋼材。鋼材の断面積が小さい割に強度が大きく経済性が大きい。	・軽量鉄骨構造の主要材料 ・胴縁、下地など補助的な構造用材など。	
棒鋼・線材類	棒鋼	・丸鋼：円形断面の棒鋼 ・異形棒鋼：表面に突起のついた棒鋼	丸鋼は鉄筋以外の用途があるが、異形棒鋼は異形鉄筋ともいい、コンクリート補強用につくられた製品。	
	線材	熱間圧延により針金状にした鋼材。低炭素量の軟鋼、極軟鋼の普通線材と高炭素の特殊線材がある。	・金網、釘、ボルト・ナットの素材 ・鋼索（ワイヤーロープ）など	
鋼板類	厚中板	板厚と呼称は以下のように分けられる。 　3mm ≦中板＜ 6mm 　6mm ≦厚板 　150mm ≦極厚板	・船舶用（船体外板や甲板など） ・自動車用（フレーム、バンパーなど） ・ボイラー、圧力容器用（各種圧力容器など） ・床用（縞鋼板など）	
	薄板	熱延薄板類（板厚 3mm ＜） 　・切り板 　・帯鋼（コイル状）	・建築、自動車、産業機械 ・冷延鋼板製造のための原板など	
		冷延鋼板：熱延薄板からつくる切り板、帯鋼（コイル状）	・鋼製家具、自動車、電気機器などの材料 ・亜鉛めっき鋼板、ブリキなどの素材	
	表面処理鋼板	亜鉛めっき鋼板：溶融亜鉛めっき、電気亜鉛めっきを施した鋼板	・鋼製建具、家電製品、自動車など	
		プレコート鋼板：樹脂被覆または塗料を焼き付けた鋼板で色の種類が多い。	・家電製品、建材など	
		錫めっき鋼板（ブリキ）	・缶詰、食品容器など	
鋼管類	溶鍛接鋼管	厚中板や帯鋼をロール成形機などを使って管状に成形した後に、継ぎ目を溶接、鍛接でつないだ鋼管。	・建築一般構造用鋼管 ・ガス管、水道管 ・化学プラント ・発電プラントなど	
	継目無鋼管	鋼塊や棒状の鋼材の中心部に孔をあけて圧延や引き抜きにより中空部を広げながら、肉厚の薄い鋼管に仕上げたもの。		

3・6 鋼材の種類と形

4.1 ガラスと建築

考えるポイント
透明ガラスで建物のファサードを構成できるようになったのはそう古いことではない。透明感だけではなく、ゆがみのない透過像や反射像が得られることにより建築の表現の幅が拡がることとなったが、それらを可能にするために必要な、板ガラスの機能や性能とは何だろうか。

1 板ガラスと建築

壁に開口を設けて室内に光を入れ、ルーバーやブラインドなどで光の量を加減する。日本建築では外部に面した開口部に障子紙を用いることで、光を室内に採り込んでいた。光をどのように採り込むかは建築を設計するうえで重要なテーマのひとつである。ガラスの製造技術の進歩は、現代建築のつくり方に大きな影響をもたらした。

1) 平滑なガラスの出現

素材としてのガラスの歴史は古代にさかのぼるが、建築物に用いられる板ガラスの歴史は意外と浅い。わが国で板ガラスが本格的に工業製品として製造され始めたのが明治42（1909）年（旭硝子の兵庫県尼崎市工場）からであった※。

工業製品といってもいわゆる「手吹き」によるもので、今のような平滑なガラスではないため、透過像や反射像にゆがみが目立つものであった。1952年に英国で**フロート法**が発明され、完全な平面の板ガラスが製造できるようになった。日本では1965年に最初のフロートラインをもつ工場が完成し、フロート板ガラスの生産が開始された。

2) ガラスの構法の発展

大きな開口部にガラスを入れようとすると、かつては小さな板ガラスを枠を介して連続させる方法しかなかった。ガラスは枠（サッシ）にはめ込んで固定する（グレイジングという）ため、隣り合ったガラスの取り付け精度が悪ければガラスに反射する風景などがゆがんで見える。美しい反射像を得るには、ゆがみのないなるべく大きなサイズの板ガラスを精度良く取り付ける必要がある。

現代では枠のかわりにガラスに孔をあけて金属で支持する**DPG構法**や、フレームをガラスの裏面に隠して表面に見せない**SSG構法**などが開発されている。こうした新構法やカーテンウォールの技術などにより、大きなサイズのガラスが使えるようになり建築物のファサード全面をガラスにすることも多くなっている（写真1、2）。

3) 拡がる用途

ガラスは光線や視線の透過を主目的とするが、そのほかにもさまざまな用途に用いられている。いわゆる窓ガラスにとどまらず、外壁や間仕切り壁として、さらに屋根材や床材、手すりなどへと拡がりつつある（写真3、4）。それとともに、性能が多様化・高度化がするようになった。インテリア素材としても、各種の鏡や**サンドブラスト加工**したもの、ガラス内部に模様のあるフィルムを挟み込んだ**合わせガラス**など多様なものがある。

2 板ガラスの性能

建築用板ガラスの物性値を表1にあげる。ガラスの製造技術や構法の進展で大きな開口部や壁面に使われることが多くなったため、一般の外壁と同じような性能が求められるようになった。使用するガラスの選定に当たり、通常検討すべき性能項目には以下のようなものがある。

①光学的性能：光線の透過や反射、紫外線の透過、反射、吸収率などについての性能。
②熱的性能：日射熱の取得や遮断および建物内外の熱の移動に関する性能。
③強度・安全性：風圧や人体などの衝撃による破損、防犯性に関する性能。
④防音性能：騒音防止のための遮音性能。
⑤防火性能：火災時の燃え抜けを防止する性能。

これらの性能はいずれもガラスそのものについてのものである。実用上はグレイジングと一体で性能が評価される。

※森哲「板ガラス製造技術発展の系統的調査」（『国立科学博物館技術の系統化調査報告 第9集』2007年3月30日）

写真1　4ワールド・トレード・センター（設計：槇文彦）

写真3　シアトル中央図書館（設計：レム・コールハース）

写真4　成蹊大学図書館のガラスの手すり（設計：坂茂）

表1　建築用板ガラスの物性値
（出典：日本建築学会編『建築材料用教材』2013年、「旭硝子　板ガラス建材総合カタログ技術資料編」2012年7月発刊より作成）

項目	数値[注1]	備考
屈折率	約1.52	
反射率（垂直入射）	片面で約4%	
比熱	837J/kg・K（0〜50℃）	0.2cal/g・℃
軟化温度[注2]	720〜730℃	
熱伝導率	1W/m・K	0.86kcal/mh℃
線膨張係数	$8.5〜9 \times 10^{-6}$/℃（常温〜350℃）	
比重	約2.5	
硬さ	約6度（モース硬さ）	
ヤング係数	7.16×10^4Mpa（N/mm^2）	730000kgf/cm^2
ポアソン比	0.23	
平均破壊応力[注3]	約49MPa（N/mm^2）	約500kgf/cm^2
耐候性	変化なし	

注1：各種資料による一般的な数値を示す。
注2：ASTM C338-57による測定値。ガラスには、明確な融点はなく、温度の上昇とともに連続的に粘度が低下する。この数値は4.5×10^7Poise（粘度の単位）の粘度を示す温度である。
注3：ガラスは常に表面の引張応力によって破壊される。

写真2　メゾンエルメスのガラスブロック（設計：レンゾ・ピアノ）
（撮影：畑拓）

4.2 ガラスの製造方法

考えるポイント
同じ透明ガラスでも、フロート板ガラスと磨き板ガラスは、何が違うのだろうか。板ガラスの種類は多様であるが、基本となる板ガラスは3種類で、その他の品種は、これをもとに製造されている。3種類の板ガラスとは何か。なぜ3種類なのか。また網や線はどうやってガラスに入れるのだろうか。

1 板ガラスの製造方法

1) 原料

建築用板ガラスはソーダ石灰ガラスという種類のガラスである。主原料はケイ砂（SiO_2）、ソーダ灰（Na_2O）、石灰石（CaO）で、主成分のケイ砂が全体の約7割を占める。ソーダ灰はガラスの融点を下げて原料を溶解しやすくし、石灰は耐水性を向上させるなどのために加えられる。

ガラスに着色する場合は、これらの原料に酸化コバルトなどの金属類を微量加える。加える金属の種類により青色（コバルトなど）や緑色（クロムなど）のガラスをつくることができる。

2) 製造工程

ガラスの原料を調合して粉状にしたものを約1600℃で溶解し、高温のガラス素地とする。これが徐々に冷却する過程で板ガラスがつくられる。製造方法に**フロート法**と**ロールアウト法**がある。

3) フロート法

溶解槽内で溶解されたガラスは高温で粘性の低い液状になる。このガラス素地をガラスより比重の重い金属（錫）を溶かしたプール状の平面の上に流し拡げる（図1）。これを徐々に冷却する過程で速度と温度を制御して所定の厚みをもった帯状の板ガラスにする。この方法でつくられたガラスが**フロート板ガラス**である。

1枚の板ガラスの最大寸法は幅3m×長さ10mとなっている。幅は製造ラインの幅で規定され、長手方向については原理的には長尺製品が製造可能だが、運搬することを考えて決められている。

4) ロールアウト法

溶解したガラス素地を2本の水冷ロールの間を通して板ガラスにする方法。片方のロールに型模様を彫り込んで連続した帯状の**型板ガラス**をつくることができる（図2）。

5) 網・線入り磨き板ガラスの製法

ロールアウト法により板ガラスを製造する過程で、ガラスの内部に金属線を挿入して**網・線入り板ガラス**とする方法。そのままではフロートガラスのような平滑な表面は得られないため、製造後に両面を磨く工程が加わる。この方法でつくられた板ガラスが**網・線入り磨き板ガラス**である。

以上3種類の方法で製造したガラスがガラスの基本製品である。これらの基本製品から**複層ガラス**や**合わせガラス**などの2次加工製品がつくられる。2次加工製品の例を表1にあげる。

2 板ガラスの汎用製品

一般によく使われている板ガラスに、**透明板ガラス**、**すり板ガラス**、**型板ガラス**がある（表2）。

1) 透明板ガラス

透明板ガラスは製造方法によって**フロート板ガラス**と**磨き板ガラス**の2種類ある。フロート板ガラスは板ガラスの中で最も一般的な透明ガラスである。研磨による傷がつきやすい磨き板ガラスよりも強度が大きい。磨き方式はフロート法の出現以前は透明板ガラス製造法の主流であったが、現在ではフロート法で製造できない網・線入り板ガラスに主に用いられている。

2) すり板ガラス、型板ガラス

両方とも光を採り入れながらも視線透過性がないガラスであるが、見え方に違いがある。

すり板ガラスは、視線を柔らかく遮る効果がある。型板ガラスはすり板ガラスと同様、光を通して視線を遮る効果があるが、すり加工に比べて型模様による凹凸が大きいという特徴がある。

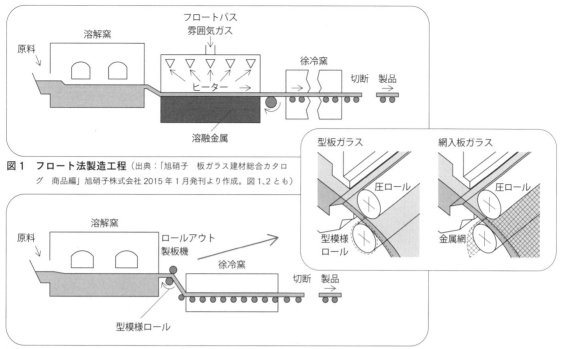

図1 フロート法製造工程（出典：「旭硝子 板ガラス建材総合カタログ 商品編」旭硝子株式会社 2015年1月発刊より作成。図1、2とも）

図2 ロールアウト法製造工程

表1 2次加工製品の例

製造方法と製品	フロート法	ロールアウト法	ロールアウト法（網・線入り）
基本製品	フロート板ガラス 熱線吸収板ガラス	型板ガラス	網・線入り磨き板ガラス 網・線入り型板ガラス
2次加工	熱処理加工（強化ガラス、倍強度ガラス） 合わせ加工 コーティング加工（スパッタリング[注1]、オンラインコート[注2]、銀引き[注3]）		
3次加工	2次加工製品の合わせ加工、基本製品や2次加工製品のペア加工		
その他	塗装、すり、サンドブラスト[注4]、エッチング[注5]、フロスト[注6]、フィルム貼り		

注1：スパッタリング：真空中に不活性ガスを注入し、電圧をかけて金属の薄膜を生成する技術。めっきのようなもの。フロート板ガラス製造後にオフラインで加工する。
注2：オンラインコート：フロート法の製造ライン上で金属薄膜を生成すること。
注3：銀引き：鏡の反射面をつくるために、ガラスの片面に銀幕を生成する加工法。
注4：サンドブラスト：特殊な砂を高速で吹き付けて素材表面を切削する加工法。
注5：エッチング：薬品で表面を腐食させて凹凸をつくる加工法。
注6：フロスト：サンドブラストで表面を細かく削り、フッ酸で半透明にする加工法。

表2 板ガラスの汎用製品

板ガラスの種類		説明	厚さの呼び寸法（mm）
透明板ガラス	フロート板ガラス	フロート方式によって製造した透明な板ガラス。製造法の特徴でもあるが、フロート板ガラスは平滑性に優れており、透視や反射で像がゆがむことはほとんどない。	2、2.5、3、4、5、6、6.5、8、10、12、15、19、22、25（JIS R 3202）
	磨き板ガラス	いったん製造された板ガラスの両面を、研磨する磨き方式によって製造した透明な板ガラス。	
すり板ガラス		フロート板ガラスまたは磨き板ガラスの表面をサンドブラスト、エッチングなどでつや消し処理した板ガラス。	2、3、5（JIS R 3202）
型板ガラス		ロールアウト法によって、ロールに彫刻された型模様を、ガラス面に熱間転写して製造された、片面に型模様のある板ガラスをいう。	2、3、4、6 製品は2、4、6（JIS R 3203）

4.3 板ガラスの防火性能

考えるポイント 網入り板ガラスとフロート板ガラスとではどちらが強いだろうか。網入り板ガラスに防火性能がある理由とは何だろうか。また網のない防火用のガラスとはどういうもので、なぜ防火性があるのだろうか。防火用のサッシでなければならない理由とは何だろうか。

1 防火性能と板ガラス

建築物の延焼のおそれのある部分*に設ける窓などの開口部にガラスを使用する場合、普通のガラスでは火災の熱で割れて、火炎や煙を通してしまうため、防火性能のある板ガラスを使用しなければならない。

建築基準法では開口部の防火性を担保するため、窓やドアなどの建具に一定の防火性能を義務づけている。防火性能の良いものから**特定防火設備**（旧甲種防火戸）、**防火設備**（旧乙種防火戸）の２種類がある。網入り板ガラスはサッシと組み合わせることで防火設備になる。

かつては**線入り板ガラス**も防火戸用途に認められていたが、その後防火性能が不足することが判明したため、1983年10月1日をもって認定が取り消されている。したがって、既存の建物を改修する際には注意する必要がある。

線入り板ガラスはガラス破損時の脱落防止用として使われている。網入りの場合よりも線が目立たずデザイン的には優れている。線入り板ガラスは防火戸用にはならないが、火災時に煙の伝搬を防ぐために天井に設置する防煙たれ壁には、法的に使用可能である。

網入り板ガラス以外の「防火性能を有するガラス」は個別に認定*を取得したもののみが使用可能となる。金属線のない防火ガラスに**耐熱強化ガラス**や**低膨張防火ガラス**などがある。耐熱強化ガラスは網入り板ガラスにかわり防火設備用途に、低膨張防火ガラスは特定防火設備の用途に使用することができる。防火設備に使用できるガラスを表1にあげる。このほかに耐火間仕切り用途として、板ガラスとケイ酸ソーダ系樹脂を積層した「耐火・遮熱積層ガラス」がある（図1）。

2 網・線入り板ガラス（JIS R 3204）

線径0.4mm以上の金属製の網を、ガラス内部に挿入した板ガラスである。表2に網・線入り板ガラスの種類をあげる。金属製の網は品質向上のため、めっきを施す場合もある。圧延ロールによる成形の後、磨き工程を経て網・線入り磨き板ガラスとなる（4.2節参照）。

金属線は格子形状の**網入り板ガラス**と平行線形状の**線入り板ガラス**がある（図2）。

網入り板ガラスは火災の際にガラスが割れても脱落せず、火炎が燃え抜けるのを防ぐ効果がある。この防火性能により、天窓や防火戸用ガラスとして使用されている。

金属線が挿入されているため強度はフロート板ガラスに劣る。またガラスのエッジをきれいにカットするのが難しく、エッジの強度はフロート板ガラスの半分程度となる。さらにエッジ部分に水が浸入して金属線に錆が発生すると、膨張してガラスが割れる原因になる。こうしたことからフロート板ガラスに比べて熱割れを起こしやすい。エッジの弱点を小さくする方法として、極力現場での切断は避ける、エッジ部に防錆処理を施す、水抜き機構つきのサッシを使用することなどがある。

網入り板ガラスの防火性はJISに規定がある（図3）。アルミサッシと組み合わせた防火戸は火災時に火炎が通る亀裂や隙間を生じないこと、容易にガラスが脱落したり、枠との間に隙間ができないことなどが求められる。そのためにはかかりしろを深くするとともにセッティングブロックやはめ込み材料には高い耐熱性が求められている。

ガラス単体ではなくサッシおよび**グレイジング**の仕様との組み合わせで、防・耐火性能が発揮されるということに留意する必要がある。

表1 防火設備に使用できるガラス
（出典：JASS17 より作成）

品種		特徴
網入り板ガラス	菱網入り板ガラス	ロールアウト法により製造時に金網を入れたガラス。透明な磨き板ガラスと型模様の入った型ガラスがある。
	角網入り板ガラス	
耐熱板ガラス	耐熱強化ガラス	ソーダ石灰ガラスまたは特殊ソーダ石灰ガラスで、原寸切断してエッジに特殊研磨をした後に、特殊な加工処理をして耐熱強度を高めたもの。一般建築用板ガラスの5〜6倍程度の曲げ強度をもち、破損しても粒状になる。現場での切断加工はできない
	低膨張防火ガラス	ホウケイ酸ガラス。原寸切断してエッジに特殊研磨を施した後に特殊な加工処理をして熱による膨張を低減したもの。一般建築用板ガラスの2倍以上の曲げ強度がある。破損した場合は普通のガラス同様、鋭利な破片になる。現場での切断加工はできない。
	耐熱結晶化ガラス	リチウムアルミナケイ酸系ガラス。素板を再加熱処理してガラス全体に微細結晶を均一に析出させ、熱による膨張をほとんどなくして耐熱強度を高めたもの。破損した場合は普通のガラス同様鋭利な破片になる。現場で切断加工が可能。

表2 網・線入り板ガラスの種類
（出典：JIS R 3204）

網または線の形状および板の表面の状態による種類			厚さの呼び寸法（mm）
網入り板ガラス	網入り磨き板ガラス	角網入り磨き板ガラス	6.8
		菱網入り磨き板ガラス	6.8、10
	網入り型板ガラス	角網入り型板ガラス	6.8
		菱網入り型板ガラス	6.8
線入り板ガラス		線入り磨き板ガラス	6.8、10
		線入り型板ガラス	6.8

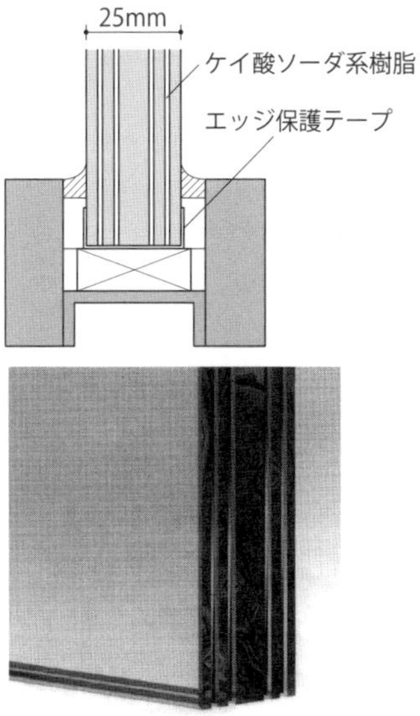

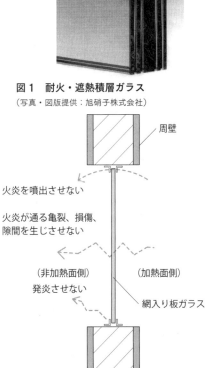

図1 耐火・遮熱積層ガラス
（写真・図版提供：旭硝子株式会社）

 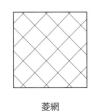

角網　　　　　　菱網　　　　　　線

図2 網または線の形状

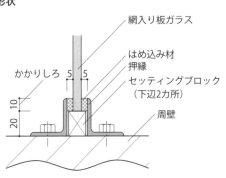

防火試験時の網入りガラスの取付け方法

注1：はめ込み材は1000℃以上において加熱減量ができるだけ少なく、かつ弾性率ができるだけ高いセラミック繊維の成形品などとする。
注2：セッティングブロックはケイ酸カルシウム板など、1000℃以上で変形することなくガラスを支持できるものとする。

図3 網入り板ガラスの防火試験

4・3 板ガラスの防火性能

4.4 板ガラスの省エネルギー性能

考えるポイント　省エネのために Low-E ガラスが優れているといわれるのはどのような理由によるものだろうか？　複層ガラスに断熱性がある理由は、2 枚のガラスの間に空気層を挟んでいるからである。空気層はいつまでも密封されていなければならない。そのために注意することは何だろうか？　また、ガラスに着色する理由とは？

1 熱・省エネ性能と板ガラス

近年は建築物を覆うガラスの面積が大きくなる傾向が顕著であるため、省エネルギーという観点からも熱的性能の改善は不可欠である。

ガラスの熱伝導率は 1.0W/m・K であり、コンクリートの 1.6W/m・K よりも小さいが、天然木材の約 8 倍、ALC 板の約 5 倍となっており、板厚が薄いこともあって建築材料の中では熱を通しやすい素材ということができる。

可視光線を最大限透過しつつ、日射熱の透過を抑え、ガラスにこもった熱の再放熱も小さくするのがポイントになる。夏季には日射熱の侵入を避け、冬季には日射熱を効率よく取り込む必要がある。日射がない夜間などはもっぱら断熱性能に依存することになる。

2 省エネ用板ガラスの種類

1) 熱線吸収板ガラス（JIS R 3208）

冷房負荷を低減するために、ガラスの原料成分に微量のニッケル、コバルト、鉄などの金属を加えて着色した板ガラス。色調はブルー、グレー、ブロンズ、グリーンがある。

ガラス面に入射した日射は一部が反射し、そのほかは透過・吸収される。JIS では板厚 5mm 換算で日射熱取得率（表 1）0.8 以下を 1 種、0.7 以下を 2 種としている。熱線吸収板ガラスは日射熱を多量に吸収して高温になるため、枠周辺部など低温部との温度差による熱割れが生じやすいので、設置場所、施工方法などに注意が必要である。

2) 熱線反射板ガラス（JIS R 3221）

日射熱の遮蔽を主目的とし、ガラスの片側の表面に熱線反射性の極薄の金属膜をコーティングした板ガラスをいう。ハーフミラー効果があり、金属膜の種類により光学的、熱的性能が異なり、色調もシルバー系、ブルー系、シルバーグレー系などがある。日射熱の遮蔽性区分は 1 種～3 種があり、最も優れている 3 種では日射熱の除去率（表 1）は 60% 以上になる。また熱線反射ガラスは表面の金属膜の劣化により遮蔽性能が低下するため、耐久性の区分も定められていて、膜面の耐摩耗性、耐酸性、耐アルカリ性能により性能の良いほうから A 類、B 類の 2 種類がある。

3) 複層ガラス（JIS R 3209）

複数枚の板ガラスの間を（大気圧に近い）乾燥空気で満たして、周囲を密閉したガラスである。結露しにくく断熱性に優れている。複層ガラスの厚さは**中空層**の厚さ（一般に 6、10、12mm）とガラス厚さを加えたものになる。複層ガラス周囲の封着部は紫外線や水分の影響で劣化する恐れがある。このため、封着部は十分なかかりしろを確保することや、水抜き機構のあるサッシを使用するなどして止水、排水性の高い納まりにするなどの注意が必要になる。

4) Low-E 複層ガラス

Low-E とは低放射（Low-Emissivity）を意味する。Low-E ガラスとは表面に遠赤外線を反射するなどの波長選択性と、熱の放射を抑制する性質のある特殊な金属膜をコーティングした低放射ガラスのことである（図 1）。日射反射率も高く複層ガラスと組み合わせて、遮熱・断熱ガラスとして使用される。日射熱取得率の改善率の高いタイプにはメーカー共通の「エコガラス」という呼称がある。コーティングは複層ガラスを構成するガラスの内面に施されているが、外側のガラス面か内側のガラス面かによって、若干の熱的性能が異なるので用途により使い分けるようにする。

表1 板ガラスの熱的性能

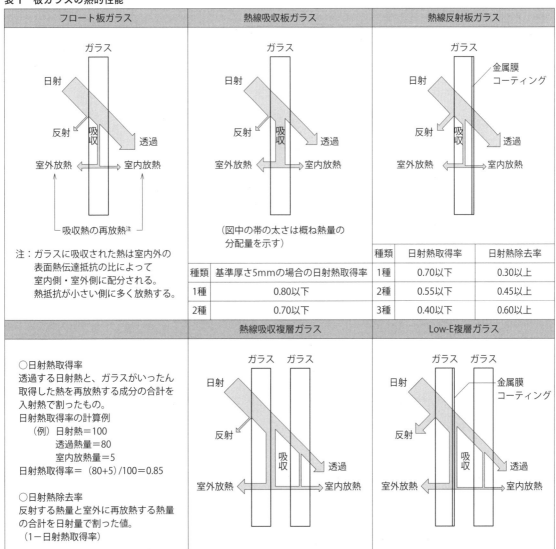

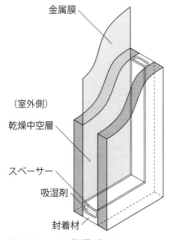

図1 Low-E複層ガラス

4.5 板ガラスの強度

考えるポイント　ガラスはもともと破損しやすい材料である。一方で現代の都市にはいたるところにガラスが使われている。私たちはガラスが容易に破損しないように、また破損しても人体に危険が及ばないようにしなければならない。板ガラスの強度設計は何を目標に行えばよいのか。考慮すべき事柄は何か。

1 板ガラスの強度設計

　ガラスに作用する外力には風圧力、衝撃力などがある。強度設計は外力に対して破損しない、破損しても二次的被害を生じないことを目標にする。

　板ガラスの安全性については表1のような事柄を考慮する必要がある。衝撃力については主に人体とガラスの衝突を想定したショットバッグ試験における落下高さ（図1）を目安にしている。開口部まわりは特に安全性が求められる（図2）。耐風圧設計は外部の窓ガラスを選定するのに必要になる。建物の高さや地域、周囲の地上面が平たんであるか、建物などが多い場所であるかなどを勘案して設計荷重を求め、適切なガラスを選定する（図3）。

2 板ガラスの種類

1）強化ガラス（JIS R 3206）

　板ガラスを熱処理してガラス表面に強い圧縮応力層をつくり、破壊強さを増加させ、かつ破損したときに細片となるようにしたもの。板ガラスを軟化温度近く（650～700℃）まで加熱した後、ガラスの両面に常温の空気を吹き付けて急冷して、表面に圧縮応力を生じさせる方法で製造する。

　フロートガラス、磨き板ガラス、型板ガラス、熱線吸収・反射板ガラスなどを強化ガラスに加工できる。またガラスの種類によっては曲面加工することもできる。

　強化ガラスは人体の衝突などで破損しても鋭利な破片が飛散しないので学校など安全性を重要視する施設やガラスドア、自動ドアなどに使用されることが多い。耐風圧強度は同じ厚さのフロートガラスの約3倍以上あるが、熱処理の影響で通常の板ガラスに比べて反射像のゆがみが大きくな

る。また強化加工後のガラスは切断できない。

　使用上の注意として、何らかの原因で一部に破損が起きると、表面の圧縮応力層と内部の応力のバランスが崩れて、一瞬に粒状に全面破砕することがある。開口部が開放状態になるため破損時に人が転落する可能性のある場所に使用しないことと、合わせ加工をするなどの配慮が必要である。

2）倍強度ガラス（JIS R 3222）

　強化ガラスと同様な方法でつくられるが破損時には粒状にならずに通常のガラスに近い割れ方になる。同じ厚さのフロートガラスの約2倍の耐風圧強度、熱割れ強度がある。用途としては、主に高層ビルの外装で特に熱割れの生じやすいスパンドレル部や、同じガラス厚さで強度の異なるガラスを組み合わせる場合などがある。

3）合わせガラス（JIS R 3205）

　2枚以上の板ガラスの間に接着力の強い合成樹脂中間膜を挟み、圧力窯に入れて高温（120～130℃）で全面圧着したもので、破損しても、破片の大部分が飛び散らないようにしたものである。

　中間膜を挟むことで衝撃物が貫通しにくく防犯ガラスとして使用できる。中間膜にはPVB（ポリビニルブチラール）という軟質の樹脂フィルムを使用し、厚さは30、60、90mil[※]というものが多い。

　降雨などでガラスの端部が長時間水に浸かると中間膜が白濁したり剥離する恐れがあるので、シーリングなどで止水するとともに水抜き機構を備えたサッシを使用する。

4）ポリカーボネート樹脂板（JIS K 6735）

　押し出し成形したポリカーボネート（PC）製の板で、衝撃に強いことが最大の特徴である。浴室のドアなどにガラスの代替品として使われることも多い（表2）。

※ mil：ミル、1ミルは1000分の1インチ≒0.025mm

表1　板ガラスの安全性について考慮する事柄
（写真提供：旭硝子株式会社）

種類	内容	対策
飛散防止	破損時の破片を飛散させない。	合わせガラス、網・線入り板ガラスなど。
耐貫通性	ガラスを破壊した加撃物が貫通しない。	合わせガラス、網・線入り板ガラスなど。
破片	破壊時のガラスの破片を鋭利にしない。	強化ガラス
破損防止	衝撃に対するガラスの強度を増す。	強化ガラス、合わせガラス、倍強度ガラスなど。
衝突安全性	人体や物がガラスに衝突しない対策を施す。	開口部周辺の設計上の配慮。
破片落下対策	破片が落下した場合の安全対策を施す。	建物周囲および庇設置などの配慮で防止する。
脱落防止	地震などで枠がゆがんでもガラスが脱落しない。	枠への止め付け方（グレイジング）に配慮する。

フロートガラス

網入りガラス

合わせガラス

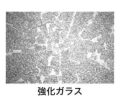
強化ガラス

板ガラスの破壊形状と貫通イメージ

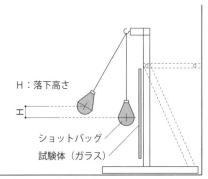

図1　ショットバッグ試験

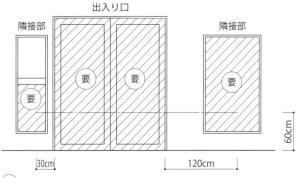

要：安全設計を必要とするガラス

図2　安全設計を必要とするガラスの部分の例
（出典：日本建築防災協会「ガラスを用いた開口部の安全設計指針」より作成）

表2　ポリカーボネート樹脂板の特徴

種類	一般用、耐候用、耐摩耗用
形状	平板、型板、波板
光線透過率	厚さ4mmのもので85％以上。同じ厚さのフロートガラスは約90％。
比重	比重は1.2で板ガラス（2.5）の約半分。
耐衝撃強度	極めて大。人体や飛来物の衝突、ハンマーなどの衝撃に対してほぼ割れることがない。
加工性	板ガラスよりも切断や穴あけの加工がしやすい。
線膨張係数	$68 \times 10^{-6}/℃$と板ガラス（$8.5〜9 \times 10^{-6}/℃$）の約8倍。
耐候性	耐候性に劣り経年により黄変することがある。紫外線で劣化する。
硬さ	表面に傷がつきやすい。
防火・耐熱性	難燃性があり着火しても自己消火する。150℃以上で軟化する可能性がある。
用途	簡易な建築物の屋根材、トップライトや手すりの腰板、スケートリンクのフェンスなど耐衝撃強度が求められる場所に広く使用されている。

①使用したい窓の見付面積 A（m²）を求める

②設計風圧力 W（N/m²）を求める

③設計荷重 N（N）を求める
　設計荷重＝$A \times W$（N）

④設計荷重が検討対象ガラスの許容荷重（N）以下となるように、ガラスの板厚を選定する

図3　耐風圧設計の手順

学ぶコラム③ 鉄の錆

　金属は純金属のままで存在するのは難しく、大気や水に触れて、酸化物、硫化物、塩化物などの形で存在する。鉄も自然界では鉄鉱石中に酸化鉄として安定的に存在している。私たちは溶鉱炉で鉄鉱石を溶かしながら、酸素を取り除いて（還元）、さらにいくつかのプロセスを経て最終的に鉄鋼製品としているのである。鉄は水分と接触すると空気中の酸素と水の化学反応によって鉄イオンが溶け出し、酸素と結び付いて固形の錆（Fe_2O_3）が生じる。これが腐食（錆）である。言い換えると腐食とはもとの安定した酸化物の状態に戻ろうとする現象だともいえる。表1と図1は鉄が錆びる流れを表している。

　環境条件と鋼材の腐食の関係を表2に示す。写真1はピロティの柱を塗装鋼板で仕上げたもので、経年により錆が発生している。写真2は化学工場内部の激しい腐食の例。

表1　鉄が錆びるメカニズム

	鉄－水－空気→錆の発生	化学式
①	空気中の酸素が水に吸収される。	$2H_2O+O_2$
②	水と酸素は電子を鉄から取り込んで OH イオンを生成する。	$2Fe \rightarrow 2Fe^{2+}+4e^-$ $2H_2O+O_2+4e^- \rightarrow 4OH^-$ （$F^+ \rightarrow F^{2+}$）
③	Fe^{2+} は電子を取られ Fe^{3+} に変化して水に溶け込む。	$2Fe^{2+} \rightarrow 2Fe^{3+}+2e^-$
④	鉄と水酸基が結合して水酸化鉄が生成する。	$Fe^{3+}+3OH \rightarrow Fe(OH)_3$
⑤	水酸化鉄が水を失い酸化鉄（錆）が生じる。	$Fe(OH)_3=FeO(OH)+H_2O$ $2FeO(OH)=Fe_2O_3$（錆）$+H_2O$（水）

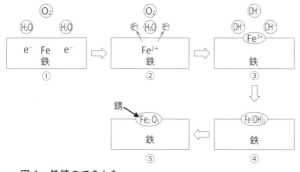

図1　鉄錆のできかた

写真1　柱の塗装鋼板の腐食

表2　環境条件と鋼材の腐食

環境	無処理鋼材の年間平均減厚[注] （mm/年）
空気清浄な田園・山岳地	0.01～0.03
一般市街地、軽度の工業地帯	0.03～0.06
海岸近接地、工業地域	0.06～0.12
化学工業地域	0.12～0.30

注：厚さが年々減ってゆくこと

写真2　H形鋼柱脚部の腐食

学ぶコラム④　ガラスはどうやってはめる？

　ガラスをサッシなどの枠にはめ込むことをグレイジング（glazing）という。ガラス開口部の性能はガラスの材質とサッシなどへの取り付け方で決まるといってよい。サッシの溝にガラスをはめ込む方法には板ガラスの種類ごとに基本的な納め方があるが、いずれもサッシとガラスが直接接触しないようにして、サッシの変形などの挙動を直接ガラスに伝えないようクリアランスがとられている。地震で建物が変形してサッシがゆがんでもガラスが割れたり落ちたりしないのは、このクリアランスがあるからである。弾性シーリング材構法で基本的な事柄を説明する（図1）。

　まずクロロプレンゴム製のセッティングブロックをサッシの溝の下辺に設置してガラスの重量を支える（図2）。そしてサッシとガラス面との間にはポリエチレンフォームなどのバックアップ材を挿入してガラスを固定するとともにシール受けとする。さらにシーリング材は弾性シーリング材とし、雨水や結露水が溝内に入らないようにする。溝内には適宜水抜き孔を設けるようにする。防火戸用には単に網入りガラスとするだけでなく、防火戸認定サッシ、防火戸用副資材（バックアップ材、シーリング材）を組み合わせなければならないので注意する。サッシ用のグレイジング構法の特徴を表1にあげるのでよく見ておこう。

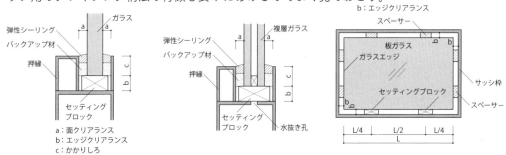

図1　弾性シーリング材構法　　　　**図2　セッティングブロックの位置**

表1　グレイジング構法の種類と特徴

構法	不定形シーリング構法	グレイジングガスケット構法	
材料	弾性シーリング材	グレイジングチャンネル	グレイジングビード
図	（バックアップ材、弾性シーリング、押縁、セッティングブロック）	（ガラス、グレイジングチャンネル）	（ガラス、グレイジングビード、セッティングブロック）
特徴	金属、プラスチック、木材の枠に適用。止水性、排水性が高い。溝内に水の滞留を許容しない場合に適用する。	金属、プラスチックの枠に適用。複層ガラス用孔あきグレイジングチャンネルを除き、一般に止水・排水性が劣る。住宅や簡易な集合住宅に適用する。	金属、プラスチックの枠に適用。一般に止水・排水性はあまり高くないため、簡易な建築物に限定して適用する。

5.1 建築と石材

考えるポイント 石材を使用している建築物は都市部に多く見られる。特に都心の高層ビル群の外壁の多くには花崗岩が張られており、内部ではエントランスの床、壁のほとんどに大理石や花崗岩が使われている。石材は限りある資源であるため、石材のもつ良さを活かした、無駄のない使い方をする必要がある。

1 建築材料としての石材

1) 建築における石材の利用

日本では石材は古墳や石垣の積み石や建築物の基礎石として使われてきた歴史がある。主に河川や台地などに自然にある石塊（転石という）に加工を加えて利用することが多かった（写真1、2）。

石垣の場合はひとつひとつの石の形が違っていても、積み方を工夫してしっかりと組み上げることができる。そうした技術の発達により、城郭建築などで堅固な石垣が築かれてきた。石垣や基礎には花崗岩や安山岩などが主に用いられた。

一方で石やれんががかつては建築物の上部構造に使われることもあった。石材を上部構造用に使用する場合、加工のしやすさも重要な要素となる。凝灰岩の一種の大谷石は、材質が軟らかく加工が容易なため基礎や塀、あるいは防火性に着目して蔵などに多用されてきた。しかし、地震の多い日本では石造建築のような組積造で耐震性を確保することが困難なため、建築物への利用は規模の小さな「蔵」程度にとどまる（写真3）。石材は、現在ではもっぱら床や壁の仕上げ材料として使われるようになっており、躯体の構造材として石材を使用する例は見られなくなった。

長い年月を経て形成された石材は、他の材料に比べて経年変化が少なく、丈夫で長もちする飽きの来ない天然材料として、重要な建造物には欠かせないものとなっている。古代の建造物にはもちろんのこと（写真4）、近代的な超高層ビルのカーテンウォールの構成材（写真5）として、またホテルなどの華麗な内装材として都市空間を豊かに彩る高級かつ高価な素材である。

2) 石材選定の注意点

石材の選定に当たっては、石材に内在する欠点や、水分の影響、経年変化による劣化や汚れへの配慮などが必要になる。とりわけ適正な板厚や寸法、取り付け方法について十分に検討しなければならない。また石材は美観が重要な要素を占める材料でもあるので、素材感を活かして美しく仕上げなければならない。

床面や壁面など石をつないでひとつの面として美しく見せるには、石材の配置や目地に気を配る。石材は木材などと同様、天然素材であることから、同じ産地のものでも表面のテクスチャー、模様、色合いなどが異なる。したがって、施工の前には必ず、仮並べをして見え方や模様の方向を確認するなど慎重を期する必要がある（写真6）。

2 石材の産地

建築用石材の大部分は板状に加工して床や壁の仕上げ材料として使用されている。花崗岩と大理石が種類も多く代表的な石材である。そのほかにも砂岩、石灰岩、粘板岩、凝灰岩などもよく使われる。もとは地球の地下に大量に眠っている石だが、山から切り出して、運搬、加工する過程でコストが積み上がり、建築現場に達するころには建築材料の中でも最も高価な材料のひとつになっている。石には産地の名前がついたものも多い（表1）。御影石（花崗岩）、稲田石（花崗岩）、大谷石（凝灰岩）、十和田石（凝灰岩）などがよく知られている。大理石は中国雲南省の大理地区に由来する名称といわれている。国会議事堂には多種多様な石材が使用されたが、すべて国内産石材でまかなうことができた。しかし、現在では国内で流通している石材は、稲田石など一部のものを除き、大部分はイタリア、中国、インド、スペインなどから輸入している。

写真1 転石を加工して石垣とした

写真2 石場建てによる柱脚部。石は自然のままで、柱の下端を石の形に合わせて削って密着させた

写真3 地震で崩れた大谷石積み

写真4 石造建築の街並み（イタリア）

表1 主な国内産石材名と産地

石材名	産地	石種
稲田石	茨城県	花崗岩
大谷石	栃木県	凝灰岩
十和田石	秋田県	凝灰岩
沢田石	静岡県	凝灰岩
房州石	千葉県	凝灰岩
玄昌石（雄勝石）	宮城県	粘板岩
寒水石	茨城県	大理石
あぶくま大理石	福島県	大理石
多胡石	群馬県	砂岩
小松石	神奈川県	安山岩
万成	岡山県	花崗岩
北木石	岡山県	花崗岩
阿波鉄平石	徳島県	緑泥片岩
武蔵鉄平石	埼玉県	緑泥片岩
伊予鉄平石	愛媛県	緑泥片岩
議院石	広島県	花崗岩
伊豆青石	静岡県	凝灰岩

注：現在国内で消費される建築用石材はほぼ100％外国産となっている。

写真5 花崗岩張りの高層ビル

写真6 壁の大理石張り（模様がそろえられている）

5.2 石材の種類と用途

考えるポイント
石の種類はその成り立ち方から、火成岩、堆積岩（水成岩）、変成岩に大別される。
一般に岩石中にはさまざまな鉱物（造岩鉱物）が含まれており、同じ種類の石でも組成により色や性質が異なる。岩石の成り立ちから石材の性質を類推することができる。建築材料としては花崗岩と大理石は最も基本的な石材である。

1 石材の種類

自然石は以下の3つに大別される（図1、表1）。

①**火成岩**（花崗岩、安山岩など）：地球の深い地殻内のマグマが冷えて固化した**深成岩**と、地表近くまたは地表に流出した後に固化した**火山岩**とがある。深成岩が地殻変動により地表に露出した場所が花崗岩の生産地になっている。国内有数の花崗岩の産地の茨城県笠間市稲田もこうした地域のひとつである。

②**堆積岩**（砂岩、凝灰岩など）：風化して砕けた岩石や動植物性の物質などが地表や水中に堆積し、固化したもので、**水成岩**ともいわれる。堆積岩の中には化石が保存されているものもある。

③**変成岩**（大理石、蛇紋岩など）：火成岩や堆積岩が長い年月の間、高熱と高圧を受けて変質してできた岩石。大理石は堆積岩系、蛇紋岩は火山岩系から変成したものである。

2 建築によく使われる石材

1）花崗岩

深成岩の一種で結晶質の岩石である。灰色、ピンク、赤茶、黒色などがある。

主成分は石英、長石、および雲母で主に長石の結晶の形状や色により外観や性質が異なる。

石英は風化しにくい透明性のある鉱物で、ガラスの原料としても知られている。黒雲母を多量に含むものは黒御影と呼ばれている。花崗岩は緻密で硬く、磨けば光沢が出る。耐久性、耐摩耗性に優れ、吸水性は極めて小さい。花崗岩に含まれる鉄分により錆色が生じるものもある。

耐火温度は約500℃で一部が剥落し始め圧縮強度を失う。主に外部の床や壁材として、また建物内部の用例も多く、最も汎用性のある石材といえ

る（写真1、2）。

光沢のある**本磨き仕上げ**は豪華な表情を得られ、**バーナー仕上げ**はざらざらした感じとなる。滑りにくいので、階段への使用例も多い。

2）大理石

変成岩の一種で、石灰岩に高温高圧が加わり、中に含まれていた方解石が再結晶してできた結晶質石灰岩である。主成分は炭酸カルシウム（$CaCO_3$）で、含まれる鉱物質の種類により乳白色、ベージュ、灰色、緑色などの色があり、模様も無地や縞模様など種類が多い（写真3）。

材質は緻密で研磨により光沢が出る。花崗岩に比べて軟らかく加工が容易だが、耐摩耗性に劣る。酸やアルカリに弱い。酸性雨にさらされると光沢を失うので外部の用途には向かない。

色や模様が美しく建物内部の床や壁、キッチンやテーブルの甲板などにも使用されるが、酸性の物質に長時間触れると炭酸カルシウムが酸と反応して部分的に「塩」を形成して白色化する。また、不燃性ではあるが熱に弱いため火気に直接当たるような部位への使用は避ける。

なお、堆積岩の一種の石灰岩は、独特の穏やかな風合いをもつところからライムストーンの呼び名で内装用の壁材として使われることが多い。流通上「大理石」と扱われることもある。化学成分は大理石と同じ（$CaCO_3$）だが、結晶質のものが大理石で透明度が高い。石灰岩は大理石よりも材質は軟らかく強度も小さいものが多いので、使用に当たっては物性データを確認する。

3）安山岩

地表に噴出した火山岩の一種で、材質は緻密なものから粗いものまである。灰色、淡褐色、淡緑色などがあり、磨いても光沢は得られない。

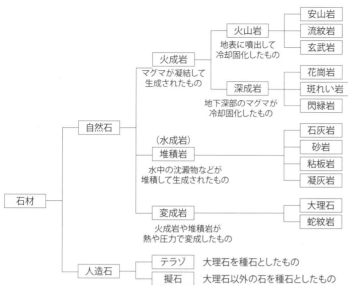

図1 石材の分類

表1 石材の適用表

分類	石種	屋外床	屋内床	外壁	内壁	屋根	階段石	石垣	基礎
火成岩	安山岩	○	○	○	○	—	○	○	○
火成岩	花崗岩	○	○	○	○	—	○	○	○
堆積岩	石灰岩	—	○	—	○	—	○	—	○
堆積岩	砂岩	—	—	○	○	—	○	○	—
堆積岩	粘板岩	○	○	○	○	○	—	—	—
堆積岩	凝灰岩	—	○	○	○	—	○	○	○
変成岩	大理石	—	○	—	○	—	○	—	—
変成岩	蛇紋岩	—	○	—	○	—	—	—	—
人造石	テラゾ	—	○	—	○	—	—	—	—

写真3 大理石（床）

写真1 花崗岩（外壁）

写真2 花崗岩（洗面カウンター）

写真4 砂岩

5・2 石材の種類と用途

地味な外観だが、強度、耐久性、耐摩耗性に優れ、吸水性は小さいため性能重視の使い方ができる。耐火温度は 700 〜 800℃と石材中では最も熱に強く、1000℃に達しても圧縮強度は $100N/mm^2$ を維持し続ける。用途としては、石垣をはじめとして内外の床や壁の仕上げ用から塀や基礎石、間知石まで適用範囲は広い。

4）蛇紋岩

黒色と緑色の蛇皮に似た模様からこの呼び名がある。大理石の一種として扱われ、磨けば光沢が出る。高級感を演出する。

酸やアルカリには弱く、カウンターなどに使用する場合は酢やレモンなどの酸性食品は早めに拭き取るなど注意が必要である。

5）砂岩

堆積岩の一種で、砂が凝結したものだが通常砂粒だけでなく他の鉱物質や岩粉を含むことが多い。花崗岩や大理石に比べて吸水率が極端に高い。材質は軟質で研磨しても光沢はなく、色合いは淡い色か灰色で冴えた色調は得られない（写真 4）。

表面に微妙な凹凸があるものや、パステル調の色彩やソフトなテクスチャーが好まれ外壁にも使用されるが、吸水率が高いため、凍結融解、汚れなどへの対策が必要である。特に北向きや日陰になるところでは、内部に浸入した水分が乾き切らないため、藻類により汚染される例が見られる。

防水剤による表面処理は必ず行う必要があるが、長期間防水効果を維持することは難しく、やはり使用部位には十分な注意が必要になる。

6）粘板岩

堆積岩の一種。粘土が圧力を受けて凝結したものを泥板岩といい、泥板岩がさらに圧力を受けて変質したものが粘板岩である。黒色、グレー、緑色の色調を呈し、材質は緻密で硬く吸水性が小さい。一定の方向に沿って剝離しやすいため、薄板にして屋根葺き材として使用される。雄勝石（玄昌石）などがあり、天然スレートと呼ばれる。

7）凝灰岩

堆積岩の一種。火山噴出物である火山灰・火山砂・火山礫片などが陸上または水中に堆積凝固したもの。色調は灰白色、淡灰色、緑灰色などがある。光沢はなく時間の経過で変色する。強度は小さく吸水性は大きいが、石質が軟らかいので採石や加工が容易である。耐火性があるが風化しやすい。凝灰岩には**大谷石**、房州石、沢田石などがある。中でも大谷石が最も有名で古くから親しまれている（写真 5）。建築物の外壁、門扉や塀、腰壁などの使用例が多い（写真 6）。

3 人造石

1）テラゾ（precast terrazzos）

自然石の砕石を利用したものや、まったく自然石を使用しない樹脂系のものまで人造石と呼ぶ。テラゾとは大理石、蛇紋岩、花崗岩などの砕石粒、顔料などを練り混ぜたコンクリートが硬化した後、表面を研磨、つや出しして仕上げたものである。

テラゾブロックとテラゾタイルの 2 種類がある。テラゾブロックは、主に壁、間仕切り、階段および床に用いるもので、内部に補強鉄線が入っている。テラゾタイルは主に床材で、内部に補強鉄線のないもののことをいう（表 2）。

テラゾは製造方法によって図 2 に示すように積層のテラゾと単層のテラゾがある。間仕切りなど両面仕上げが必要なものは単層テラゾにする。

砕石には粒径 15mm 以下のものが用いられ、結合用には普通（または白色）ポルトランドセメントが用いられる。

表面に現れる砕石の割合（**出石率**）は 50％以上必要となる。図 3 のような長さ 200mm の直線が砕石上を通る部分の寸法の合計を測定して、求める。計 5 本の直線の平均値を最終的な出石率とする。壁や間仕切りとしての使用例は多くないが、自然石よりも低価格なこともあり、床用としては大規模な商業施設や駅舎、駅のホームなど大量に使用する場所に適している（写真 7、8）。

2）現場塗りテラゾ

左官工事として現場で施工するもので、コンクリートの上にモルタルで下地を整えて厚さ 15mm 程度のテラゾを仕上げ塗りする。硬化後に表面を研磨・つや出しして仕上げる工法である。

写真5 大谷石の外部敷石の使用例。屋外では不適とされるが、必ずしも適用表どおりとは限らない使い方がある

表2 テラゾの種類

(出典：JIS A 5411)

種石	ブロック・タイルの区分	寸法による区分	補強鉄線	用途
大理石（蛇紋岩含む）または花崗岩	テラゾブロック	—	あり	壁、間仕切り、階段、床、甲板など
	テラゾタイル（厚さ25mm以上）	300mm × 300mm 400mm × 400mm その他	なし	床

写真6 伊豆青石（凝灰岩の一種。洗い場の床、腰壁）

積層テラゾ
（砕石粒は表面層のみ）

単層テラゾ
（全体に砕石粒を混入）

図2 製造方法による分類

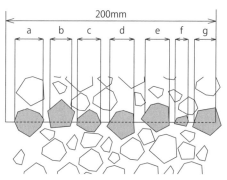

出石率の計算例（テラゾブロック）

$$出石率 = \frac{a+b+c+d+e+f+g}{200} \times 100 \,(\%)$$

図3 テラゾブロックの出石率の計算方法
（5本の直線を分散してとる）

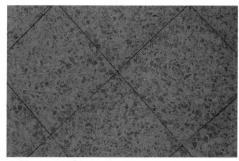

写真7 テラゾタイル

写真8 テラゾタイルの使用例
（駅のホーム）

5・2 石材の種類と用途

5.3 採石と加工

昔の人は重くて大きな石を運び出し建築材料にしてきた。それは石の見立てや加工を専門にする石工といわれる職人たちの知恵や経験によっていた。山から切り出された石は、どのようにして割ったり鋸で挽いたりして、壁や床材になるのだろうか。

1 石目を利用した採石法

石を岩山から切り出すには、**節理**や**石目**といった自然にある石の割れ目や割りやすい部分を知り採石する方法がとられている。

1）節理（joint）と石目（rift）

火成岩の生成過程で、マグマの冷却にともなう収縮と圧力によって自然に割れ目が入る。この割れ目を節理といい、採石は節理を利用して行う。

同じ火成岩でも花崗岩は安山岩よりも節理の間隔が比較的大きいので大材を得やすい。節理には柱状節理と板状節理があり、板状節理が著しく発達したものが安山岩の一種の鉄平石で、薄く剥がれるように割れる。鉄平石はアプローチなどの敷石としてよく使われている。このように節理の間隔や方向で、切り出す石塊の最大サイズが決まる。

石を割るためには節理だけでなく石目を活用する方法がある。石目とは石材を加工する際の割れやすい面（劈開面）のことで、主成分の長石の劈開面に相当する方向に現れる。花崗岩は比較的、石目がわかりやすいといわれており、節理のある方向と一致する場合が多い。

石目というのは石工職人が経験的に使用している用語である。石目の位置や方向は一見してわからないことが多く、判別には熟練を要するといわれている。石目を見極めながら加工することで、無駄を減らし歩留まり*が良くなる。

石目に沿って複数の小孔をあけて鉄製のくさび（矢という）を打ち込んで所要寸法に割ることを**矢割**と呼んでいる。

2）石理（texture）

石材表面の構成組織の状態を**石理**という。石理は石材の見栄えの良しあしに関係する。花崗岩は結晶質の石理となり、結晶質の大きさの違いによって大（中、小）御影などと呼んでいる。同じ火成岩でも玄武岩は非結晶質の石理でつや消しの鈍い光り方になる。堆積岩の石理は成因の関係から凝灰岩（大谷石など）のような粗い目のものから砂岩のように砂質のもの、粘板岩（玄昌石など）のように微粉質のものなどがある。

2 原石の加工

採石場は**石丁場**とか単に**丁場**ともいう。巨大な岩石はいくつかの工程を経て床や壁の建材になり、建築用ではそのほとんどが板材になる。採石場で小割りにされた石塊は消費地に運ばれ、原石としてストックヤードに保管される。原石は通常野積みされるが、大理石のように酸性雨などに侵される石材は屋内に保管される。

原石から現場のニーズに応じてさまざまに加工される。かつては加工はつるはし、矢、のみなどを用いてすべて手作業で行われていたが、現在は工程の大部分が機械化されるようになっている。大鋸などで所要の厚さに切断して各種の表面仕上げを施す。大鋸には図1のようなギャングソーのほかに丸鋸、ワイヤソーなどを使うことがある。原石からとれる挽き割り材の最大寸法は石種にもよるが、概ね3m×1.2m〜1.5mが目安である。最終製品としての石材の寸法はこれらの寸法の何等分という決め方をすると、材料が無駄なく使えることになる。したがって、設計の際には使用する原石の大きさを確認しておく必要がある。

所定の厚さにした板の表面仕上げは**磨き仕上げ**と**粗面仕上げ**に大別される。その後石材は設計図に基づき所定の寸法に切断して現場で取り付けられるが、取り付け方法によって穴あけなどの加工が必要になるものもある（5.4節参照）。

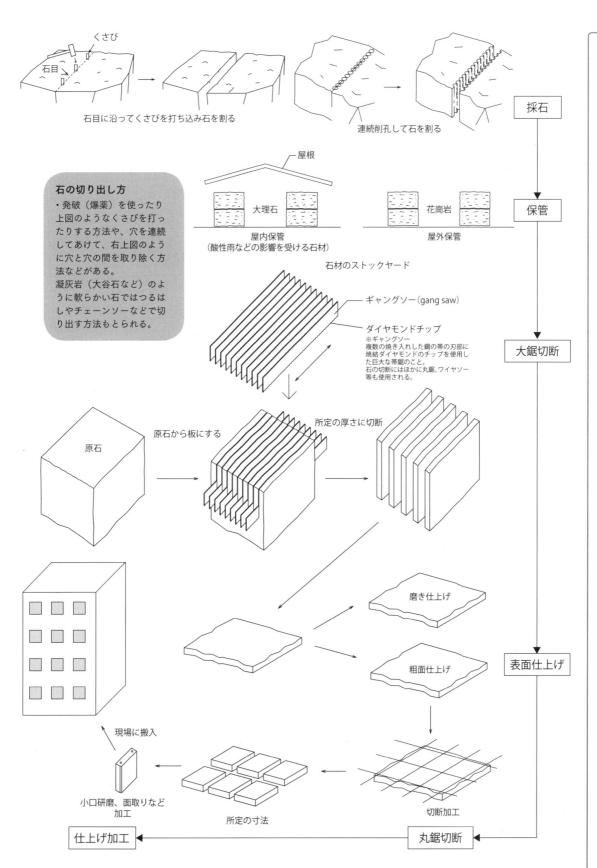

図1　原石から建材になるまでの流れ

5.4 石材の仕上げ加工

考えるポイント

石材の仕上げには表面の美観やテクスチャーにかかわるものと（写真1〜3）、吸水などの性質を改善するための防水処理がある。また継ぎ目やコーナーの納まりにともなう石材端部の意匠的な加工、壁面やプレキャスト板などに取り付ける際に石の重量を支えるために必要な穴あけや切り欠きといった加工もしなければならない。

1 石材の表面仕上げ（表1）

1）磨き仕上げ

磨き方で鏡のように光沢のあるものからつや消し仕上げまであり、ダイヤモンド砥石の目の粗さや磨き工程の重ね方で違いが出る。挽き石を粗削りした後に砥石の番手を目の粗いものから細かいものに変えながら中砥ぎ、仕上げ砥ぎと進む。

本磨きの場合は最後に**バフ研磨**で光沢を出す。水磨きは本磨きよりつやが少なく、反射を嫌がる場合などに採用される。また、バフとは皮や布などの柔らかい素材のことで、バフ研磨とは円盤に取り付けられたバフに研磨材を塗布し高速回転させて研磨する方法である。現在は粗削りからバフ研磨まですべての工程を自動研磨機で行っている。

2）粗面仕上げ

粗面にする場合は**割り肌仕上げ**が最も荒々しく自然の凹凸が出る。この凹凸を**コブ**という。割り肌仕上げはコブが大きいのと「割る」という作業があるので、薄石では割れてしまう恐れがあるためできない仕上げである。最も「石」を強調する仕上げ方である。壁に張る場合は継ぎ目の板厚を隣接する石にそろえる必要があるので、板材の四周のコブをハンマーでたたいて板厚を整える。

割り肌仕上げに次いで荒々しいのはハンマーでのみをたたきながら粗面にする**のみ切り仕上げ**である。10cm四方の中にいくつののみを打つかで大のみ、中のみ、小のみに分かれる。厚さが50mm以下の板には向かない仕上げ法である。びしゃんという工具でたたいて仕上げるのが**びしゃんたたき仕上げ**で、のみ切り仕上げより細かい粗面が得られる。びしゃんとは先端に細かい突起のついたハンマーで、突起の数が25目（5×5）のものを5枚びしゃん、64目（8×8）のものを8枚びしゃんといい、目の数が多いほど繊細な仕上げとなる（図1）。

薄板の粗面仕上げの代表は**ジェットバーナー仕上げ**で、花崗岩の粗面仕上げはほとんどこの方法による。大理石はあまり粗面で使用することはないが、粗面にする場合は**サンドブラスト**などでつやを消す。サンドブラストには石板の表面に文字や模様を浮き上がらせて表現するという利用法もある。そのほか大谷石などでは鋸で挽いたままの状態を仕上げとする挽き肌仕上げもよく使われる。

3）防水処理

汚れ防止や材質劣化を防ぐ目的で表面または裏面に防水処理を施す。裏面に浸透性防水剤でコーティングすることも行われているが、継ぎ目の小口から石材に浸透した水が表面を汚す事例もあるため、表面からコーティングする場合もある。主な石材の吸水率を表2に示す。砂岩など吸水率の大きな材料を外壁など雨がかりに使用する場合は藻類やカビなどが繁殖する可能性を考慮しておかなければならない。しかし、同じ砂岩でも産地で性質が異なるので、品種ごとに確認する。

2 表面仕上げ以外の加工

1）コーナーなどの意匠的加工

板状の石材の小口面は意匠の要求で段差をつけたり、面をとることが行われる（図2）。

2）取り付けに必要な加工

石材を取り付けるために穴あけや溝掘り加工をする。石張壁（湿式、乾式）構法の例を図3に示す。PC板構法（プレキャストコンクリートに石を先付けしたカーテンウォール）の場合にはコンクリートと石をつなぐシアコネクター（shcar connector）用の穴あけが必要になる。

表1　表面仕上げの種類（●一般的　○採用できる）

	仕上げの種類	特徴	花崗岩	大理石
磨き仕上げ	本磨き	6工程の砥石を使って鏡面のような光沢が得られるまで磨き上げた仕上げ。	●	●
	水磨き	4工程の砥石による磨き仕上げ。表面の反射やつやは抑えられるが、石の色調は不明瞭になる。	○	○
	粗磨き	荒目の砥石で磨く仕上げ。	○	○
粗面仕上げ	ジェットバーナー	花崗岩の表面をバーナーで熱した後に、散水し急冷すると線膨張係数の違いにより表層の石英と長石が割れて剥離する。微妙な凹凸のあるざらざらした肌になる。通常ポリッシュ（磨き）工程が含まれる。加工前板厚27mm以上に適用。	●	—
	ウォータージェット	高圧水を噴射して表面の微細な石片を弾き飛ばし、滑らかな粗面仕上げになる。火を使わないのでジェットバーナーなど他の粗面仕上げと異なり石本来の模様がきれいに出る特徴がある。	○	—
	サンドブラスト	細かい砂や鋼球を高圧で吹き付けて表面を荒らす仕上げ。小たたきやジェットバーナー仕上げより目が細かい。階段の踏み面などに用いられる。	○	○
	こたたき	びしゃんたたきの表面を、先端がくさび状のハンマーで約2mm間隔の平行線になるようにたたいて仕上げる。加工前板厚30mm以上に適用。	○	△
	びしゃんたたき	多数の突起をもつびしゃんという工具でたたいて粗面を得る仕上げ。突起の数によって荒目、細目がある。	○	△
	のみ切り	加工前板厚が50〜60mm以上の厚板に用いられる、のみを使用した粗面仕上げ。のみの密度により目の粗さに大、中、小がある。	○	△
	割り肌	厚石をくさびやシャーリングなどで割ったままの大きな凹凸のある仕上げ方。加工前板厚120mm以上に適用。	○	—

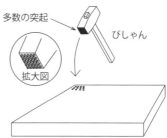

図1　びしゃん（仕上げの粗さは目の数による）

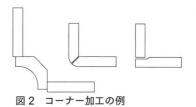

図2　コーナー加工の例

表2　石材の吸水率
（出典：「建築用石材総合カタログ第3版」全国建築石材工業会、2008年より作成）

	平均吸水率（%）	吸水率の幅（%）	備考
花崗岩	0.24	0.03〜0.62	92種類の平均値
大理石	0.55	0.03〜6.55	67種類の平均値
砂岩	4.59	2.70〜9.60	7種類の平均値

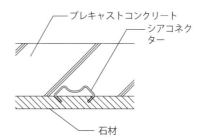

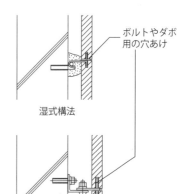

図3　石の取り付け方

写真1　花崗岩の割り肌仕上げ

写真2　ジェットバーナー（上：色調が薄くなる）と本磨き（下：本来の色調が得られる）

写真3　花崗岩ののみ切り仕上げの例（ジェットバーナーよりかなり粗い）

5・4　石材の仕上げ加工

学ぶコラム⑤ 石は何からできているか

　地球の表層部分を構成する地殻は大洋部では地表から数kmと浅く、大陸部では30〜60kmとされている。地殻を構成する化学物質の割合は深さによって異なるが、大陸部の地殻の平均的な構成比率は表1のようになっている。

表1　地殻を構成している化学物質

成分	化学式	構成比
二酸化ケイ素	SiO_2	60.6%
酸化アルミ	Al_2O_3	15.9%
酸化鉄	FeO	6.71%
酸化カルシウム	CaO	6.41%
酸化マグネシウム	MgO	4.7%
酸化ナトリウム	Na_2O	3.07%

（出典：国立天文台編『理科年表』丸善、2013年）

表2　岩石を構成する造岩鉱物（花崗岩の例）

岩石	花崗岩		
造岩鉱物	石英	長石	雲母
化学物質	ケイ酸 SiO_2	Al、Na、Ca、K等のケイ酸化合物	Al、K、Fe、Mgのケイ酸化合物
石の表面			

　これらの化学物質が鉱物のもとになっていて、その鉱物が集まったものが花崗岩や大理石などの岩石ということになる。鉱物とは地殻内にもとからある石英などの無機質かつ結晶質の物質のことで、単独の化学物質からなるものもあるが、多くは複数の化学物質で構成されている。われわれが日ごろ目にする石や岩は多かれ少なかれ、これらの鉱物の集合体ということができる。岩石を構成する鉱物を造岩鉱物という。表2は花崗岩を構成している造岩鉱物と化学物質の例である。造岩鉱物の種類を表3に示す。こうしてみると、岩石の性質はこのような化学成分に由来するということも理解しやすい。たとえば大理石が酸に接触して白く変色するのは、主成分の炭酸カルシウム（$CaCO_3$）が酸と反応して塩を形成するからである（$CaCO_3 + 2HCl \rightarrow CaCl_2 + H_2O + CO_2$）。

表3　造岩鉱物の種類
（出典：堀紫朗著『建築材料』丸善、1953年より作成）

鉱物石	化学成分	色	含まれる岩石の種類
石英	二酸化ケイ素（ケイ酸）SiO_2	無色透明または白色不透明	花崗岩、安山岩、ほかすべての岩石
長石	Al、Na、Ca、Kなどのケイ酸化合物	白色、ただし微量の鉄分のため桃色その他多色	花崗岩、安山岩その他すべての岩石
雲母	Al、K、Fe、Mgのケイ酸化合物	無色または淡色黒色	花崗岩、安山岩その他の岩石
輝石、角閃石	Al、Ca、Fe、Mgのケイ酸化合物	黒色または褐色、緑色	花崗岩、安山岩
カンラン石	Fe、Mgなどのケイ酸化合物	黄緑色、黄褐色	安山岩、玄武岩
蛇紋石	Mg、Feなどのケイ酸化合物	暗緑色	蛇紋岩、蛇灰岩
方解石	炭酸カルシウム（炭酸石灰）$CaCO_3$	無色、白色または淡色	石灰岩、蛇紋岩、大理石
白雲石	Ca、Mgなどのケイ酸化合物	白色、雑色	白雲岩、石灰岩、大理石
石膏	$CaSO_4 \cdot 2H_2O$（硫酸石灰）	白色、まれに他色	単独に存在

Ⅱ

主に建築の機能を支える材料

屋根や床、壁などの表面に現れるのが
仕上げ材料である。
内外の空間を豊かに彩るとともに、
熱や水、また経年の腐食から
躯体構造を保護する。
また、防水・防音・断熱・防火など
建築の性能を発揮するためにも
機能性材料は重要な役割を担う。

6.1 セラミックタイルの種類と特徴

考えるポイント 粘土を成形して焼成した建築材料を粘土製品と呼んでおり、材料的にはセラミックスに分類される。単にタイルというと建築分野では陶磁器タイルのことであるが、ビニルタイルのように張り付けて使用する小さな板状の材料もタイルと呼んでいる。陶磁器タイルには陶器、磁器、せっ器が含まれる。

1 セラミックスとは

セラミックス（ceramics）とは無機物を焼成して固めたもののことで、一般に、硬くて耐熱性、耐食性、電気絶縁性などに優れる性質がある。天然の鉱物や粘土を原料としたものに陶磁器、瓦、れんが、ガラス、ホーロー、セメントなどがある。一方、高純度の天然材料や人工材料を原料にして、半導体や電子部品などに使われるものをファインセラミックスという。

2 建築用セラミックスの種類

1) 粘土

粘土とはケイ酸、アルミナ（酸化アルミ：Al_2O_3）を主成分とする鉱物が集まったものである。水分の存在により粘性と可塑性をもち、高温で熱すれば硬く焼き締まる性質がある。花崗岩などが風化して変質したもので、岩の位置にとどまって風化したものは粘土として純度が高い。純粋な粘土をカオリン（$Al_2O_3・2SiO_2・2H_2O$）と称し、カオリンはケイ酸アルミナ90％以上を含む。一方で、水などで流されて岩から離れて沈積したものは、鉄分その他の不純物を多く含むようになる。

2) 粘土製品

粘土製品では**土器**の製造が最も古く、**陶磁器**は紀元7世紀ごろ中国にて製造され、その後13世紀になって日本に伝わったとされる。

粘土製品は**土器**、**陶器**、**せっ器**（炻器）、**磁器**に分類される（表1）。粘土の質が良く高温で焼成したものは高強度で、吸水率が小さい。逆に低品質の粘土で低い温度で焼成したものは低強度で、吸水率が大きい傾向がある。粘土焼成品は一般に焼成により変形や、縮小する性質がある。

3 セラミックタイルの種類・形状

JIS A 5209では粘土やその他の無機質原料を板状に成形して高温で焼成した厚さ40mm以下のものをセラミックタイル（以下タイルという）としている。

1) 種類

通常建築材料として使用するタイルは陶器質、せっ器質、磁器質の3種類である。またJISでは成形方法、吸水率、釉薬（うわぐすり）の有無により表2のように区分する。磁器と陶器との大まかな相違点には表3のようなものがある。陶器は吸水しやすいため、釉薬を施すが、磁器質のものは施釉・無釉両方ある。せっ器は磁器と陶器の中間の性質をもつ。釉薬はガラス質で吸水性のある素地を保護する役割がある。

2) 形状

タイルの形状には平物と役物があり、それぞれ定形タイルと不定形タイルがある。単に平板状のものを「**平物**」、壁や床などの角（隅角部）に用いるL字型などのものを「**役物**」という（図1）。

3) 裏あし

タイルの裏面にモルタルなどの接着を良くするために設けるリブ状の凹凸を**裏あし**と呼んでいる（図2）。モルタルによるタイル張り工法で施工するタイルには裏あしを設けなければならないが、有機系接着剤で張り付ける場合はなくてよい。

4) ユニットタイル

施工しやすいように、台紙などに多数のタイルを並べて連結したもの。目地部分を含め10cm×5cm、5cm×5cmなど小さめのタイルはこの方法で施工する。タイルを張り付けた後で、紙を剥がす方法をとる。連結には紙の台紙（一辺が30〜40cm）のほか、ネットや樹脂製のものがある。

表1　セラミック質の建築材料 （出典：堀紫朗著『建築材料』丸善、1953年、日本建築学会編『建築材料用教材』2013年より作成）

種類	素地の原料	吸水性	焼成温度	素地の特性	施釉	製品例
土器	砂質頁岩、黄土など不純物を含む低級粘土	大 ↕ 小	800～950	粘土質、不透明	ほとんど施釉しない	瓦、れんが、土管、楽焼など
陶器	花崗岩の変質したもので石英粒子が残る		1000～1200	粘土質、白色、有色	ほとんど施釉する（フリット釉[注]）	タイル、テラコッタ、瓦、衛生陶器、粟田焼、薩摩焼など
せっ器	鉄分を多く含む低級粘土		1200～1300	ケイ石質、有色	無釉 施釉（食塩釉、マンガン釉、ブリストル釉）	れんが、タイル、テラコッタ、瓦、土管、常滑焼、備前焼など
磁器	磁土、陶土ともいう。ケイ酸アルミナを多く含む良質粘土		1300～1450	ケイ石質、半透明、純白色	無釉 施釉（石灰釉、タルク釉）	タイル、衛生陶器、瀬戸焼、清水焼など

注：ガラス粉末のこと

表2　セラミックタイルの種類 （出典：JIS A 5209）

成形方法による種類	・押し出し成形 ・プレス成形
吸水率による種類	・Ⅰ類 ・Ⅱ類 ・Ⅲ類
うわぐすりの有無による種類	・施釉 ・無釉

表3　磁器質と陶器質の大まかな相違点（せっ器質は中間の性質）

	吸水性	打音	透明度	傷のつきやすさ	釉薬の有無
磁器	小	清音	有	無	無釉、施釉
陶器	大	濁音	無	有	施釉

写真1　滑り止めを意匠化した2枚一組の長方形床タイル

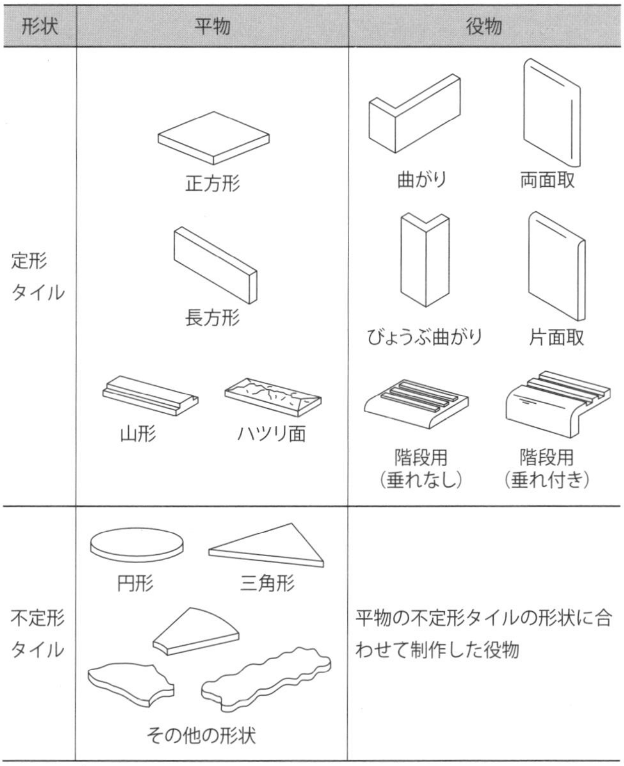

形状	平物	役物	
定形タイル	正方形 長方形 山形　ハツリ面	曲がり　両面取 びょうぶ曲がり　片面取 階段用（垂れなし）　階段用（垂れ付き）	
不定形タイル	円形　三角形 その他の形状	平物の不定形タイルの形状に合わせて制作した役物	

写真2　いろいろな形のタイルの組み合わせ

図2　裏足の形状例

注：定形タイルの隅角部は、円弧状とすることができる。
　　ただし、円弧の半径が5mmを超えるものは、不定形タイルとする。
図1　タイルの形状の例 （出典：JIS A 5209）

6・1　セラミックタイルの種類と特徴

6.2 セラミックタイルの製法と使用法

考えるポイント　床や壁に張るタイルを選定する際には、色柄や形状・寸法のほかに、吸水率や強度などの性能や、施工のしやすさや、剥離に対する確実性といったことにも配慮しなければならない。またタイルは水濡れした床に使われることも多いが、滑りに対してどう考えたらよいのだろうか。使用部位と性能との関係、施工法とタイルとの関係についても考えてみよう。

1 タイルの製造方法

タイルの製造は概ね、原料の成形→乾燥→（施釉）→焼成の工程をたどる（図1）。押し出し成形（湿式）とプレス成形（乾式）とがある。

1) 押し出し成形

水分を含む素地原料を練って押し出し成形機で所定の形状・寸法に成形する方法である。湿式法による製品は、形状や肌合いに繊細な表現が得られる、吸水率が大きいのでモルタルの付着が良い。

2) プレス成形

粉末状原料（坏土（はいど））を高圧プレス成形機で所定の形状・寸法に成形する方法。乾式法は湿式法に比べて形状・寸法が正確で吸水率が小さく、型押しによって表面に型模様をつけることができ、品質やコスト面に優れている。

2 タイルの性能

タイルの性能項目は強度（曲げ破壊）、耐摩耗性、耐衝撃性、耐貫入性、耐凍害性、耐薬品性、鉛・カドミウムの溶出性、耐滑り性がある。

1) 吸水率

JISでは陶磁器タイルを吸水率によりⅠ～Ⅲ類に区分している（表1）。寒冷地など凍結融解の恐れのある場所ではⅠ類が適している。

2) 強度

タイルの強度は曲げ破壊荷重により、使用部位ごとにタイル1枚の面積とそれに対する最小曲げ破壊荷重がJISで定められている（表2）。

3) 滑り性

濡れた外部床（靴履き）と浴室（素足）を想定した試験方法（JIS A 1509-12）によって求められるC.S.R値、C.S.R.B値*が材料選定の目安になる。数値は大きいほど滑りにくいことを示す。数値と安全性に対する心理学的尺度との関係は図2のようになる。左側のグラフは、靴履きの場合は床が滑らなすぎても危険であることを示す。

3 タイルの使用部位

①屋内壁：寸法精度の良いプレス成形の施釉陶器質タイルが適する。

②屋内床：水ぬれがなく乾燥した状態で使用するため、磁器質またはせっ器質タイルが適する。

③浴室床：水ぬれによる防滑抵抗性の高いもので吸水率の小さい磁器質タイルが適する。

④屋外壁：吸水性が小さく、耐汚染性のあるものを使用する。

⑤屋外床：吸水率が小さく滑りにくいもの、さらに摩耗や衝撃に強く汚れがつきにくいものなどが適している。

4 タイルの施工方法

コンクリートなどの下地が完成した後に施工する方法として**接着剤張り工法**、**モルタル張り工法**がある。型枠に先にタイルを張り付けておいて、コンクリートを後から流し込む方法には工場で行う**先付けプレキャストコンクリート工法**と、現場打ちによる**型枠先付け工法**がある。ほかに木造住宅などの外壁用として特殊に成形された下地板などに乾式工法で止め付ける工法がある。

1) 接着剤張り

有機系接着剤によるタイル後張り工法。接着剤は下地（表3）の動きに追従しやすい弾性のあるものとする。

2) モルタル張り

セメントモルタルによるタイル後張り工法で表4、図3に示す種類がある。

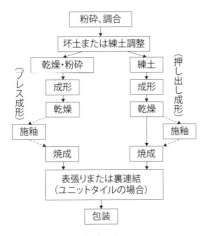

図1 タイルの製造工程

表1 吸水率による用途区分 （出典：JIS A 5209 より作成）

	吸水率	該当タイル	用途	成形方法
I類	3.0%以下	磁器質タイル	内外装 床・壁	乾式・湿式
II類	10.0%以下	せっ器質タイル	内外装 床・壁	乾式・湿式
III類	50.0%以下	陶器質タイル	内装壁	乾式・湿式

表2 使用部位による表面積と曲げ破壊荷重 （出典：JIS A 5209）

使用部位		タイル表面の面積[注]	曲げ破壊荷重（N）
屋内壁		—	108 以上
屋内床・浴室床		—	540 以上
屋外壁	モルタル張り用 タイル先付けPC用 接着剤張り用	60cm² 未満	540 以上
		60cm² 以上	720 以上
屋外床		60cm² 未満	540 以上
		60cm² 以上	1080 以上

注：複数の面で構成された役物の場合、大きいほうの面積を採用。

表3 接着剤張りの下地

外壁の下地	内壁の下地
コンクリート、ALC板、押し出し成形セメント板など	合板、石膏ボード、ケイ酸カルシウム板などのボード類

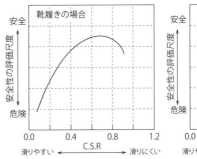
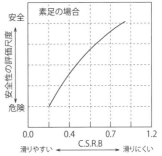

図2 滑り性と安全性の評価の例

表4 モルタル張り工法の種類

施工法	施工法の説明
改良圧着張り（図3a）	張り付けモルタルを下地面に塗り、モルタルが固まらないうちにタイル側にも張り付けモルタルを薄く塗り付けて張る工法で、外装タイルに適用する。下地とタイルの両面に張り付けモルタルを塗り付けるため、接着の仕方にばらつきが少なく良好な接着面が得られる。
改良積上げ張り（図3b）	精度の良い下地に対して、タイル裏面に5〜10mmの厚さで張り付けモルタルを塗り、タイルを張る工法。タイルは下段から積み上げて施工するので、外装の大型タイルの施工に適している。
密着張り（図3c）	下地に張り付けモルタルを塗り付け、専用の振動工具（ヴィブラート）を用いてタイルをモルタル中に埋め込むように張り付ける工法。目地部に盛り上がったモルタルをこて押さえして、目地も同時に仕上げることができる。ただし、目地深さがタイル厚さの2分の1より深くなる場合には、後目地施工（タイルを張り終えた後に目地詰めをすること）とする。
ユニットタイル張り（モザイクタイル張り）	下地に張り付けモルタルを塗り、表面に台紙を張ってユニット化したタイルをたたき板などでたたき押さえて張り付ける工法。張り付けモルタルは2度塗りとしその合計塗り厚は3〜5mm程度とする。乾かない間に作業を行う必要があるので、塗り置き時間の管理が重要になる。

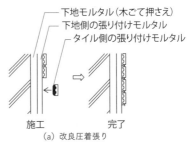

(a) 改良圧着張り

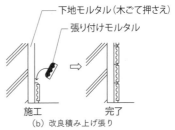

(b) 改良積み上げ張り

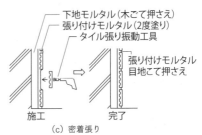

(c) 密着張り

図3 モルタル張り工法の例

6.3 テラコッタ、れんが、瓦など

考えるポイント セラミックスは地球上で最も多く存在するケイ素類を主原料とするため、原料の粘土は比較的容易に入手できる。製品は燃えたり腐食したりすることもなく耐久性があり、建築材料としては良い条件が整っている。タイル以外にはどのようなものがあるだろうか。

1 テラコッタ

石膏の原型に粘土を押し付けて彫塑形状に成形して焼成した、内部が空洞の大型の粘土製品で、建物の外部装飾に用いる（図1）。テラコッタという語は本来「素焼き」という意味をもつ。材質はせっ器質と陶器質のものがある。多くは施釉してつや消しとすることが多い。

2 れんが

れんがの発祥は古く、日本でも明治以降洋風建築の構造材料として使用されてきた（写真1）。人手で積み上げて建築物をつくれるという点では大変に優れた材料である。しかし、鉄筋コンクリートの出現により構造的用途を失った。

1）れんがの種類、形状、寸法

普通れんが、化粧れんが、耐火れんが、建築用セラミックメーソンリーの4種類がJISで規定されている。耐火れんがは煙突や暖炉などの内張りに用いられる。普通れんがと化粧れんがの寸法、用途、性能を表1、2にあげる。基本となる形状・寸法は210×100×60mmの直方体である。穴あきれんがは軽量化や断熱性向上のために、れんがの内部に空洞を設けたものである（図2）。

2）れんがの製法

原料はほとんど粘土だけだが、色を加減するために石灰などを加えることもある。焼成後赤色を呈するのは粘土に含まれる鉄分によるものである。手生産の場合は木型に鋳込む方法がとられるが、工場生産では、原料の調合→練り混ぜ→成形→乾燥→焼成を連続的に行う。

3 セラミックメーソンリーユニット

RM（Reinforced Masonry）工法といい、鉄筋で補強した組積造のことである。これに使用されるのがセラミックれんがおよびセラミックブロックで、寸法や形状などにJIS規格がある（図3）。

モジュール長さが300mm未満のものをセラミックれんが、300mm以上のものをセラミックブロックと区分している。

4 瓦

瓦は粘土を主原料として、混練、成形、焼成したもので、粘土瓦といいJIS A 5208に規定される。

1）製法による分類

①**釉薬瓦**：美観や耐候性を付加する目的で施釉焼成したもの。

②**いぶし瓦**：焼成終了時に、美観や耐候性を補強する目的で松葉、松枝などでいぶし（燻化）、表面に炭素皮膜を固着させたもの。

③**無釉瓦**：施釉も燻化もせずに焼成したもの。粘土は産地により成分が異なるので発色の仕方もそれぞれ異なる。粘土に着色料を混入したものや、焼成終了時に炎や空気を加減して素地の発色を変化（窯変）させたものも含む。

2）形状と寸法

瓦の形状にはJ形、S形、F形の3種類がある（図4）。それぞれに基本となる**桟瓦**と特定の部位に使用する**役瓦**がある（図5）。J形は和瓦ともいい、以前からある一般的な瓦である（写真2）。S形、F形は主として洋風建築に使用される。

瓦1枚の重量はJ形2.3〜3.5kg、S形3.2〜3.7kg、F形は3.4〜4.0kgとなっている。瓦の寸法は長さ、幅、働き寸法（瓦を葺く際に瓦が重なる部分を除いた寸法）による。J形は6種類、S形は2種類、F形は1種類がJISで寸法が区分されている。

図1 テラコッタの断面
（出典：堀紫朗著『建築材料』丸善、1953年より作成）

写真1 東京駅の赤れんが外壁（左）と内部の壁（右上）、鉄骨れんが造の名残（右下）

表1 れんがの寸法と用途
（出典：JIS R 1250）

種類	長さ(mm)	幅(mm)	厚さ(mm)	用途
普通れんが	210	100	60	建築や土木、造園用などの一般的用途。
化粧れんが	210	60	60、65、76	外断熱工法、れんが積み張り工法などの非耐力の外壁仕上げ用など。
	210	100	60	
	215	102.5	65	
	230	110	76	

表2 れんがの性能による区分
（出典：JIS R 1250）

種類	区分	吸水率（%）	圧縮強度（N/mm²）
普通れんが	2種	15以下	15以上
	3種	13以下	20以上
	4種	10以下	30以上
化粧れんが	a種	20以下	15以上
	b種	9以下	20以上

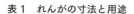

図2 れんがの形状
(a) 中実　(b) あなあき例　(c) あなあき例
（出典：JIS R 1250）

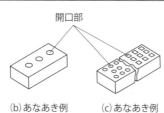

図3 建築用セラミックメーソンリーユニットの断面形状
（出典：JIS A 5210）

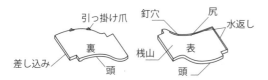

J形桟瓦　　S形桟瓦　　F形桟瓦

図4 瓦の形状の種類
（出典：JIS A 5208）

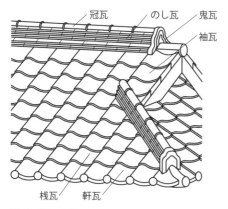

図5 瓦の名称

写真2 瓦の家並

6・3 テラコッタ、れんが、瓦など

7.1 ステンレス

考えるポイント　構造用の金属材料としては主に炭素鋼が用いられるが、内外装仕上げなどにはステンレスやアルミニウムなどの金属素材がよく使われている。建具の多くはアルミニウムやステンレスであり、金物類には黄銅や青銅などがよく使われる。どのようにしてこれらの金属材料を使い分けたらよいのだろうか。

1 金属材料の種類と用途

1）構造用の金属材料

柱や梁などの躯体を構成する主要な金属素材としては、H形鋼に代表されるように炭素鋼が用いられる。ステンレス鋼も構造用途として使用できるが、高価なこともあり、高度な耐食性が必要な施設など特別な場合に限定的に使用されているのが現状である。近年アルミニウム素材も構造用として使用可能となっているが、耐火性や強度、コストなどに課題も多く、躯体の主要部材として普及するまでにいたっていない。

2）主に仕上げや造作などに用いられる金属

鉄や鉄の合金を除く金属類を非鉄金属という。代表的なものに銅やアルミニウム、またはそれらの合金などがある。それぞれに耐食性、美装性、加工性に優れるなどの特徴がある。仕上げや造作用の金属部材や部品としても、一般には廉価な鉄製品を用いることが多いが、錆を嫌ってアルミやステンレスにすることも少なくない（写真1）。

3）金属材料の特徴

金属材料の比重は建築材料の中でも最も重い部類に入るが、比強度＊が大きく材料の厚みや使用量を少なくできるため、総じて部材を軽量化することが可能である（表1）。また曲げたり、伸ばしたり、鋳込んだりといったように形態加工の自由度が高いため、意匠的にも機能的にも自在な形がつくれるというのも長所といえる。

たとえば鉄骨製の階段などではコンクリート製のものに比べて、施工精度、短い工期、軽量化という利点に加え、金属の特徴を活かした精緻な意匠を凝らしたものも多い。金属材料はデザイン的な見せ場になるところに使われることも多いので、表面仕上げや納め方などに工夫が必要になる。

2 ステンレス

1）種類

ステンレス鋼は、鉄が50％以上でクロム（Cr）を10.5％以上含む合金のことで、通常クロムのほかにニッケル（Ni）が添加される。クロム、ニッケルとも、銀白色の光沢があり、クロムは耐食性増大に、ニッケルは靭性を増す効果がある。ステンレスとは「ステイン＝汚れ」がない、つまり「錆」がないという意味だが、正確には不動態皮膜を形成することにより錆びにくくしたもので、まったく錆びないわけではない。耐食性のほかに、ステンカラーと呼ばれる現代的な美しい金属色を有し、表面仕上げの意匠性に富むなどの長所がある。主成分が鉄とクロムであるフェライト系、マルテンサイト系と、クロムとニッケルを含有したオーステナイト系がある。建築用としては普通フェライト系（SUS430）、オーステナイト系（SUS304、SUS316）が用いられる（表2）。ステンレス板の製造寸法は表3のようになっている。

2）表面仕上げの種類

主なステンレスの表面仕上げを表4にあげる。建築工事には主に**ヘアライン仕上げ、鏡面仕上げ、2B仕上げ**が使われる。

ヘアライン仕上げはステンレスの代表的な仕上げ法であり、一方向に筋状に研磨跡がある（写真2）。バフ研磨（5.4節参照）で仕上げた鏡面仕上げは反射像のゆがみが目立ちにくいサッシの枠など、比較的小面積で用いられる（写真3）。それほど美装性が必要でない水切りや見切り材、カウンター甲板など一般的な仕様の場合は2B仕上げとする。単にステンレス張りなどと図面にあれば、通常は2B仕上げを指す。

表1 主な金属材料の特徴

金属名		比重	引張強度 (N/mm²)	線膨張係数 ($\times 10^{-6}$/℃)	融点 (℃)	板材価格の目安 単位面積（同じ厚さ）で比較
スチール（冷間圧延鋼板）		7.8	400〜510	11.7	1530	1として
ステンレス板	SUS430	7.7	450〜	10.4	1430	2.5
	SUS304	7.9	520〜	17.3	1400	3.5
	SUS316	7.9	520〜	16.0	1370	5.5
アルミニウム板		2.7	120〜285	23.5	643	2.1
チタン板		4.5	294〜686	9.0	1668	23
銅板		8.9	195〜	16.7	1083	8.8
黄銅板		8.9	325〜	16.7	1083	8.2
青銅鋳物		8.9	195〜	16.7	1083	3.7

表2 ステンレスの種類と用途

種類	耐食性	用途	一般的な呼び名
SUS430	小 ⇅ 大	それほど高度な耐食性が必要ない場所に使用される。建物外部には適さない。	13クロム鋼 （フェライト系）
SUS304		耐食性に優れる。内外装すべてに適用可。最もよく使用されている。	Cr18-Ni8
SUS316		SUS304にモリブデンを加え、さらに耐食性を高めたもので、工業地帯や海岸に近い場所など過酷な環境に適している。	18-8ステンレス鋼 （オーステナイト系）

表3 ステンレス板の寸法

（出典：JIS G 4305）

板厚（mm）	0.3、0.4、0.5、0.6、0.7、0.8、0.9、1.0、1.2、1.5、2.0、2.5、3.0、4.0、5.0、6.0（以後省略）
サイズ	1000×2000、1219×2438（4×8）、1219×3048（4×10）、1524×3048（5×10）

注：（ ）内は尺貫法表示。（4×8）は4尺×8尺に準拠している。

表4 ステンレスの主な表面仕上げの種類

名称	表面仕上げの状態	主な用途
2B	冷間圧延後、熱処理、酸洗いなどの処理を行った後、適切な光沢を得る程度に冷間圧延で仕上げたもの。鈍い灰色の光沢がある。	一般用建材の大部分
BA	冷間圧延後、光輝処理を行ったもの。鏡面に近い光沢がある。	美観を重視する装飾用
HL（ヘアライン）	適当な粒度の研磨ベルトで髪の毛のように長く連続した研磨目をつけたもの（研磨目が無方向に入っているものはバイブレーション仕上げと呼ぶ）。	建具などの建材の最も一般的な美装仕上げ
鏡面	ガラス鏡のような高い反射性がある。順々に細かい粒度の研磨材で研磨した後、鏡面用バフにより研磨したもの。	建具、反射鏡、装飾用
その他	エンボス、エッチング、化学発色などメーカーにより数多くの仕上げ方がある。	

写真1 ステンレスサッシ

写真2 ステンレスヘアライン仕上げ

写真3 ステンレス鏡面仕上げ（建具枠）

7.2 銅および銅の合金

考えるポイント　銅は古来、貨幣に使われるなど身近なところで、われわれの生活に役立ってきた金属である。腐食しにくい性質（腐食が進まない性質）や、加工しやすい性質があって、使いやすく便利な金属である。純粋な銅に亜鉛や錫などを混ぜて新しい性質を付加したものがブラスやブロンズである。銅や銅の合金はどのようなところに使われているのだろうか。

1 銅と銅合金

1）銅と銅製品

建築用途として銅が使用されるのは、江戸時代に屋根葺き材として銅板が使われたのがはじまりといわれている。明治以降になって伸銅品をつくる技術が西洋から導入され、さまざまな銅製品が建築用途として製造されるようになった。

伸銅品とは銅や銅の合金を溶解、鋳造、圧延、引き抜き、鍛造などの熱間または冷間の塑性加工によって板や管、線などの形状に加工した製品のことである。銅とその合金は屋根、建具、建築金物、家具、装飾用から配管や配線類まで設備関係の用途も広い。代表的な表面処理法を表1に示す。主な銅合金には黄銅、青銅、洋銀などがある。

2）銅の特徴

純粋な銅（Cu）は赤銅色というように赤っぽい色をしていて、常温で展延性がある。展延性とは一般に薄く板状に延ばしても破断しにくい性質のことを指す。破断しにくい半面で引張強度は鋼材の約半分である。熱伝導率は銀の432W/m・Kに次ぐ420W/m・Kで鉄（99W/m・K）の4倍以上も熱を通しやすい[※]。電気をよく通すので電線として使用される。

空気中で徐々に酸化して赤褐色の酸化銅Ⅰ（Cu_2O）となり、加熱すると酸化が進み黒色の酸化銅Ⅱ（CuO）に変わる。湿気の多い大気中に長期間さらせば、炭酸ガスの作用により塩基性炭酸銅などからなる安定した皮膜（**緑青**）を生成する。緑青は銅板の錆の進行を妨げる効果があり、これが屋根葺き材として銅板を使用する利点になっている（写真1）。銅は希薄な酸には侵されにくいがアルカリ、アンモニア、濃硫酸、硝酸には侵される。銅板の寸法を表2にあげる。

2 銅の合金

1）黄銅（Cu-Zn合金）

銅（Cu）と亜鉛（Zn）の合金。**ブラス**（brass）または**真鍮**と呼ばれる。銅と亜鉛の含有比率が7：3（七三黄銅）や6：4（六四黄銅）のものがよく使われる。亜鉛が増すと強度が大きく黄色みを帯びる。純銅とともに建具金物や装飾用、給排水設備のバルブなどに広く使われている（表3）。

2）青銅（Cu-Sn合金）

銅（Cu）と錫（Sn）の合金。**ブロンズ**（bronze）と呼ばれる。青銅は強度が大きく硬くて錆びないという3つの性質を備えた金属である。青銅の成分には銅、錫のほかにも亜鉛（Zn）、鉛（Pb）が含まれる。そのうち銅は80〜90％で、残りを他の成分が占める。青銅製品は銘板や飾り金物など装飾性が必要な部分などに用いられる。また鋳物（鋳造品）として利用されることも多い。銅像、梵鐘、矢尻などが長年月の風雪に耐え今日まで残っているのを見てもわかるように、空気中・水中・海水中でも腐食に耐える長もちする材料である。

鉛の含有量が少なく錫が多いものは強度が大きく、靭性、耐摩耗性に優れるため、かつて大砲の製造に用いられたことから「砲金」の名がある。現在は軸受け、歯車、バルブ類のほかに硬さを必要とする建具金物にも使われる。

3）洋銀（Cu-Ni-Zn合金）

銅（Cu）とニッケル（Ni）、亜鉛（Zn）の合金。銀色を呈し、銀よりも硬く耐摩耗性が大きいため、銀の代用として食器や医療機械などに用いられる。建築では建具金物や手すり、照明器具など美装を要する部分に用いられる。洋白、**ホワイトブロンズ**（white bronze）とも呼ばれる。

※国立天文台編『理科年表』丸善、2014年

表1　銅とその合金の表面処理（出典：日本建築学会編『建築材料用教材』2013年より作成）

種類			表面処理の方法
人工緑青	化学処理 （発色）	現場処理	自然緑青促進剤と調色安定剤を吹き付け
		工場処理	発色剤で発色させた後にアクリルエマルションクリヤー塗装
	塗装 （焼付塗装）		工場で化成処理後ポリエステル塗料、アクリル樹脂塗料焼き付け
			工場で前処理後、塩基性炭酸銅塗布後特殊樹脂にて焼き付け塗装
硫化着色	湿式		前処理（研磨など）→着色処理（硫化カリ溶液塗布）→後処理（重曹でブラッシングした後にクリヤー塗装）
	乾式		前処理（研磨など）→着色（五硫化アンチモンペーストを塗布）→後処理（着色剤拭き取り後にクリヤー塗装）
金箔貼り			前処理（脱硫、脱脂）→金箔貼り

表2　銅板および銅合金板の標準寸法（出典：JIS H 3100）

厚さ（mm）	0.15、0.2、0.25、0.3、0.35、0.4、0.45、0.5、0.6、0.8、1.0、1.2、1.5、2、2.5、3以上省略
寸法（mm）	365×1200、1000×2000

表3　建築に用いられる黄銅の種類と特徴

種類	亜鉛含有量	特徴
丹銅 (Tombac)	4～22%	レッドブラス、ゴールドブラスともいう。特に錫を微量含むものは最も黄金色に近く、建築装飾用、金ボタンや金管楽器などに使用される。
七三黄銅	28～32%	冷間加工性、展延性、鋳造性に優れる。板、線、管など代表的な加工用黄銅製品。
六四黄銅	37～43%	強度が大きく、熱間鍛造や打ち抜き性、鋳造性に優れる。建築金物に適している。

写真1　銅板で葺いた屋根（緑青に覆われている）

（c）建具金物

（a）水栓金具類（クロムめっき）　　（b）連結送水設備　　（d）床点検口

写真2　さまざまな銅合金の用途

7・2　銅および銅の合金

7.3 アルミニウムとその合金

考えるポイント アルミニウムは酸化アルミの形で地殻内に約16％存在する。元素としては数ある金属元素の中で第1位を占め、埋蔵量は豊富であるが、私たちが実用できる形にするためには膨大なエネルギーを必要とし、多量の炭素を排出するため地球環境への影響が大きい。無駄なく上手に使う必要がある。

1 アルミニウムの製造方法

アルミニウムは地殻中に広く分布していて多くの岩石にAlの成分が含まれている。しかしAlの成分を取り出すことのできる鉱石は限られていて、工業的には酸化アルミニウム（アルミナともいう）（Al_2O_3）を多量（45～70％ともいわれる）に含む**ボーキサイト**（$Al_2O_3・H_2O$）を原料にしている。ボーキサイトから**アルミナ**（Al_2O_3）を取り出し電気分解をしてアルミ地金を製造する。この地金から圧延・押し出し・鍛造・鋳造（3章参照）などの工程を経てさまざまな製品をつくっている。しかしアルミニウム1トン精錬するのに15000kWhの電力量を必要とすることから、製品価格に占める電気料金が過大となり、現在国内で精錬せずに、アルミ地金はすべて海外から輸入している。

2 アルミニウムの性質

アルミニウムは工業用の金属では最も比重が軽く、展延性に富み熱や電気をよく通す良導体である。ガスまたは電気溶接可能だが、ろう付け（母材以外の金属を溶かして接合する方法）はやや難しく、ろう付けで部分に電気的腐食が起こることがある。アルミニウムは空気中にさらされると表面に酸化皮膜を生成する。この皮膜によりアルミは錆から保護されている。しかし海水や塩分に接すれば腐食し、セメントなどのアルカリには弱い。また硫酸や稀酢酸などの酸に容易に侵される。電解法でアルミナの薄膜を表面に生成させ耐食性をもたせたものを**アルマイト**という。アルマイトは酸やアルカリに耐性があり、硬度も増す。

純アルミニウムは強度が小さいため一般には他の元素を加えた合金としての利用が多い。

3 アルミニウム合金

アルミニウムの合金は一般に軽合金と呼ばれている。添加する金属の種類や量によって合金番号がつけられている。主なアルミニウムの合金の特徴を表1に示す。

1）1000系
純度99％以上の純アルミニウムでカーテンウォールパネル、反射板や線材として利用される。

2）2000系（Cu、Mg、Mn）
ジュラルミンと呼ばれ航空機用材に用いられる。強度は大きいが耐食性が悪い。

3）3000系（Mn）
板に加工される。耐食性は良く、引張強度はやや大きい。板金加工に適し、屋根材やサイディングなどのアルミニウム建材に多く用いられている。アルミ缶などの日用品にも用途がある。

4）5000系（Mg）
板、棒、線、管、形材などに加工される。特に海水に対する耐食性に優れる。

5）6000系（Mg、Si）
耐食性、加工性、溶接性が良い。乗用車や車両の構造材やアルミサッシ用として用いられる。

4 アルミニウム合金の加工と表面処理

1）アルミニウムの表面処理
アルミニウム建材の表面処理の方法には陽極酸化皮膜と塗装によるもの、および両者が複合したものがある（表2）。

2）アルミニウム建材の加工
アルミニウム建材の加工方法には、圧延加工、押し出し加工、鍛造、鋳造がある。また曲げ加工や絞り加工など製品は用途によって使い分けられている。切断加工は現場でも行うことができる。

表1 主なアルミニウム合金の特徴

合金系統	合金番号	特徴	用途
純アルミニウム系（1000系）	1100	Al純度99％以上の一般用途のアルミニウム。耐食性、溶接性、加工性が良い。	カーテンウォールパネル反射板、線材など
Al-Cu-Mg-Mn系（2000系）	2017	強度が大きいが耐食性は悪い。	航空機用ジュラルミン
Al-Mn系（3000系）	3003	1100より強度が10％高く、成形性、溶接性、耐食性に優れる。	屋根材、壁材その他の一般建材、日用品、容器など
Al-Mg系（5000系）	5052	中程度の強度をもった最も代表的な合金。疲労強度、耐海水性に優れる。	建築、船舶、車両用
Al-Mg-Si系（6000系）	6063	代表的な押し出し用合金。押し出し性に優れ、複雑な断面形状が得られる。耐食性表面処理も良好。	アルミサッシほか建築用

表2 アルミニウムの表面処理
（出典：「建築用アルミニウム板材　ご利用の手引き」日本アルミニウム協会ホームページより作成）

種類		色調	内容・特徴
陽極酸化処理（アルマイト）	硫酸皮膜	シルバー	硫酸水溶液中で電解して得られるもので、最も代表的な表面処理皮膜。透明度が良く、染色や電解着色の場合の母体皮膜としても利用される。耐食性、耐摩耗性良好。
	自然発色皮膜（電解発色皮膜）	ゴールド、アンバー、ブロンズ、グレーなど	染料や金属塩を用いず、アルミニウム合金の材質および電解条件の組み合わせにより発色させる。通常のシルバーアルマイトより一般に高電圧で処理され、その皮膜は日光堅牢度、耐食性とも優れている。
	電解着色皮膜	ブロンズ、アンバー、ゴールド、ブラックなど、淡色から濃色まで任意の色調が得られる。	シルバーアルマイトをベースにして金属塩を含む電解溶液中で二次的に電解し、アルマイト多孔層の最深部に金属を吸着析出させて着色する。その皮膜は日光堅牢度、耐食性とも自然発色皮膜と同様に優れている。
	染色皮膜（有機染色、無機染色）	特に有機染色はバラエティーに富んだ鮮やかな色調が得られる。	一般に硫酸皮膜を染料で染色する。有機染色の一部や無機染色は日光堅牢度が良く建材などにも使用される。
	複合皮膜（アルマイト＋塗膜）	塗装による。	アルマイト上にさらに塗装するもので耐食性に優れ、塗膜光沢から意匠性も高い最も一般的な方法である。
カラーアルミ（アルミニウム平板に前処理のうえ塗装したもの）	アクリル系塗料	塗装による。	耐汚染性、良質な光沢、表面硬度、耐候性、耐薬品性など優れた性質をもち、価格も比較的安いことから広く採用されてきたが、加工性に問題があり、室外用には使われなくなってきている。
	ポリエステル系塗料		印刷性、加工性、耐候性など欠点の少ない塗料で、広く採用されている。高加工性を要求されるものには高分子ポリエステルが使用されている。価格は比較的安い。
	シリコンポリエステル系塗料		耐候性に優れているが、加工性、耐食性がやや劣る。塗装ラインの汚染を起こしやすいため、使用量は減少している。
	ふっ素系（ふっ化ビニリデン系）塗料		耐候性、加工性、耐食性、対汚染性などほとんどすべての性能について最良の塗料である。欠点は高光沢ができないことと価格が高いことである。
	エポキシ系塗料		密着性、表面硬度、耐薬品性に優れているが、耐候性が劣る。主にプライマーコート[注1]やバックコート[注2]に使用されている。また、耐候性を必要としない各種キャップ類の加工塗料としても多く使用されている。

注1：プライマーコート：下塗塗料のこと。塗装の対象となる素材との密着性を高め、防錆力や肉持ち感などを保つ目的をもつ。
注2：バックコート：材料の裏面に塗られる塗料のこと。

7.4 その他の金属と合金

考えるポイント　鉄板に亜鉛めっきを施したトタン板は、簡易な建物の屋根や外壁材として長い間使われており、経済性に優れた材料である。錫もやはりブリキとして私たちの生活になじみのある金属である。鉛も放射線防護、制振、防音材など用途が拡い。各種合金の性質や用途を理解しよう（表1、2）。

1 鉛

鉛（Pb）の密度は $11.3g/cm^3$ で金の $19.3g/cm^3$ よりも小さいが、工業金属中では最も大きい。材質は軟らかく展延性、加工性に富み、鋳造性も良い。金属材料中、熱伝導率は最小の部類に入るが、線膨張係数＊は鋼材の約3倍で、熱による伸び縮みが大きい。空気中または水中の環境下で表面に炭酸塩や硫酸塩などの薄膜ができ、内部を保護する作用があり耐久性が高い。アルカリに侵されるため、セメントとの接触には注意を要する。

かつては給排水管などとして使用されてきたが、現在はほとんどステンレス管や塩ビ管に代替されている。放射線や音を遮断する性質及び可塑性があることは大きな特徴である。放射線防護（写真1）や防音材、制振材（写真2）などに使われている。そのほか合金用としての用途も広い。

2 鉛合金

鉛（Pb）と錫（Sn）、亜鉛（Zn）などの合金で融点が低く極めて軟らかい。低い融点を利用して建築用ではスプリンクラーや防火戸などの温度ヒューズに利用されている。またハンダや「ろう」（ハンダより融点の高い接合用合金）などにも使われているが、建材への利用はほとんどない。かつて鉄板にめっきして高級屋根葺き材とされたこともあるが、鉛が溶出して環境を汚染することから、現在は製造されなくなった。

3 亜鉛

灰色の光沢があり、密度 $7.12g/cm^3$、融点419℃で引張強度は鋼材の約半分である。水分や湿気に接するとゆっくり腐食する。鉄よりもイオン化しやすいのでめっき材として使われる（写真3）。亜鉛板は屋根材に利用されたこともあるが、酸やアルカリに侵されやすいこと、火に弱い（融点が低く溶けやすい）こともあって、現在では建材として単独で利用することはほとんどない。黄銅や青銅などの合金用としても用いられる。

4 錫

青白色の光沢をもち、密度 $7.28g/cm^3$、融点は231℃で金属材料では最も低い。非常に展延性が良く、厚さ0.01mm程度まで伸ばすことができる。水中や空気中では容易に錆びないが薄い酸やアルカリに侵される。**黄銅、青銅ホワイトメタル**やハンダなどの合金用に拡く使われる。食用の缶詰のめっき用にも使われている。

5 チタン

チタンの密度は $4.51g/cm^3$ で鋼材の約6割、銅の約半分、アルミニウムの1.7倍と金属としては軽いほうである。強度は鋼材並みに高いため比強度が大きい材料である。

融点は1668℃と高く、熱伝導率は鋼材の約1/3、アルミニウムの1/13と建築用の金属の中では最小である。使用例を写真4、5にあげる。

チタンの最大の特色は通常の使用環境のもとではまったく腐食しないことである。海水や腐食性ガス、酸性雨などにも侵されることがない。これはチタンが酸素と結合して生成する酸化チタンの皮膜が腐食を妨げる働きがあるからである。

もうひとつの特色は優れた意匠性にある。素地は渋みのある落ちついた銀色である。また陽極酸化法により多彩な発色が可能である。初期費用が高いことが難点である。また皮膜が経年変化で変色することがあるので注意が必要である。

表1　非鉄金属とその合金の用途
(出典：日本建築学会編『建築材料用教材』2013年より作成)

材料＼用途	構造	屋根	樋	外壁	看板・表札	間仕切	天井	床	建具	建物金具	造作金物	収納	設備	接合金物	装飾・美術	めっき・塗装
アルミニウムとその合金	○	○	—	◎	◎	○	◎	○	◎	◎	○	○	◎	○	◎	○
銅とその合金	—	◎	◎	○	○	—	○	—	○	◎	○	—	—	○	◎	○
亜鉛	—	○	○	○	○	—	○	—	○	◎	○	—	◎	○	◎	◎
鉛	—	—	—	—	—	—	◎	—	—	—	—	—	○	—	○	—
金、銀	—	—	—	—	—	—	—	—	—	○	○	—	—	—	◎	○
チタン	◎	○	—	○	—	—	—	—	—	—	—	—	○	—	◎	○

注：◎適する　○ほぼ適する　—適さない

写真1　鉛パネル
（写真提供：ヨシザワLA株式会社）

写真2　制振材（鉛）

写真3　デッキプレート（亜鉛めっき鋼板）

表2　各種金属の性質

	密度 (g/cm³)	融点 (℃)	線膨張係数 (×10⁻⁶/℃)	熱伝導率 (W/m・K)	ヤング係数 (×10³N/mm²)	引張強度 (N/mm²)
鉛	11.3	327	29	35	16	9〜23
亜鉛	7.12	419	30	113	75〜79	108〜274
錫	7.28	231	21	64	57	—
チタン	4.51	1668	9.0	17	107	294〜686

写真4　チタンの外装が美しいビルバオ・グッゲンハイム美術館　（設計：フランク・O・ゲーリー）
（撮影：Louise Bourgeois）

写真5　チタンの屋根葺き材（浅草寺）

7・4　その他の金属と合金

学ぶコラム⑥　タイルは恒久的な素材？

　タイルの歴史は紀元前にさかのぼる。古代につくられたものなのに美しい色彩が色あせずに今も残る（写真1）。こんな建築材料がほかにあるだろうか？

　タイルの素材は花崗岩などが風化してできた粘土、中身はケイ素酸化物やアルミナなどである。これらは他の多くの鉱物類のもとにもなっていて、無機質と呼ばれるものである。ガラスなど他の無機質材料と同様に、タイルは過酷な自然環境下でも長い年月にわたり劣化したり、変質、変色したりすることがない。また酸やアルカリにも侵されない極めて安定した素材である。耐熱性もあって燃えることもない。

　このようにタイルは素材としては申し分のない性質を備えているが、実際に建物に適用した場合には、タイル以外の施工面で考慮すべき問題が2つある。コンクリートなどの下地に張り付けること、タイルとタイルの間につなぎ目が出てくることである。

　具体的には接着力不足や下地の挙動によりタイルが剥がれ落ちる「剥離」である。目地材がタイルより耐久性がないことは仕方がないとしても、ほかにも問題がある。モルタルは吸水するため、エフロレッセンスや凍結の原因となる。カビや汚れの問題も多くは目地部で発生する。

　有機質のシーリング材は躯体の挙動に追従できるし、防水性もあってよいのだが、紫外線などで劣化するため、定期的な打ち直しが必要になる。

　タイルの接着力を確実にする方法のひとつが型枠にあらかじめタイルを設置しておき、コンクリートを流し込んで一体化する「型枠先付け工法」である。工法は数種類あるが、接着力とともに目地部分もカバーする工法の例を図1にあげる。高い施工技術が必要なこととコストの点を除けば、性能と美観を兼ね備えた優れた工法である（写真2）。

写真1　西暦79年のヴェスヴィオ山の噴火で滅びたポンペイに残る床のモザイクタイル

写真2　型枠先付け工法による壁面（東京都美術館、設計：前川國男建築設計事務所）

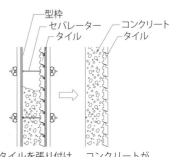

タイルを張り付けた型枠中にコンクリートを流し込む

コンクリートが硬化し、タイルと一体化する。

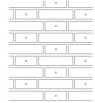

図1　型枠先付け工法の例

学ぶコラム ⑦ 金属のさまざまな耐食性

塗装も何もしていない鉄を大気中に放置した場合は必ず錆びる（写真1）。一方でステンレスは水や酸素に囲まれていても輝きを失わず錆びることもない。それはステンレスに含まれるクロムと空気中の酸素によって生成する皮膜が鋼材を錆から守るからである。生成する皮膜の種類は金属によって異なる。

1）不動態皮膜

ステンレスの表面に生成する保護性の薄膜は不動態皮膜と呼ばれる。ステンレスのほかにアルミニウムやチタンなども不動態皮膜を生成する。不動態皮膜の良いところは何らかの原因で膜が破壊されても、すぐに自己修復してしまうことである。

ただし、濃度の高い塩化物など特殊な条件下ではステンレスといえども錆びてしまう。写真2は住宅の調理台に張られたステンレス板が腐食した例である。

アルミニウムは通常の環境下では高い耐食性を発揮するが、塩分やアルカリにより侵される。電気化学的腐食（電食）にも注意が必要となる。また空気中の塵芥などが付着しても腐食の原因となる。サッシの表面に発生した点状の腐食（点食）が発生している例を写真3に示す。

2）自然化成皮膜

銅板で葺かれた屋根では、銅板の表面に炭酸銅などの皮膜が長時間かけて形成される（写真4）。この皮膜により金属の光沢は失われるが、銅板はそれ以上腐食しなくなる。生成した化合物の色調が青緑色を示すことから緑青と呼ばれている。この皮膜を自然化成皮膜といい、銅のほかに亜鉛、ニッケル、鉛なども同様の現象を示す。生成物の色調はそれぞれ異なる。

この化成皮膜を人工的につくり出す方法が、リン酸塩処理やクロム酸塩処理である。

写真1　柱脚部分に生じた錆

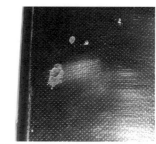

写真2　ステンレス板の腐食

写真3　アルミサッシの腐食

写真4　銅板葺き屋根の変化
（上：新築時。光沢のある銅本来の色、下：11年後の状態。7割ほどが緑青で覆われている）

8章 塗料

8.1 建築と塗料

考えるポイント
塗装や塗料についての技術の進歩には目覚ましいものがある。建物の内外装の美装材として、あるいは錆止め塗料やコンクリート打ち放し用塗料のように、素材を保護することを主目的にした塗料など、機能や性能も多種多様である。設計者は塗料をどのように選べばよいのだろうか。

1 建築と塗料

1) 拡がる塗料の用途

塗料の性能の向上にともなって、建築物における塗料の用途は拡がりつつある。過酷な条件にさらされる建築物の屋根や外壁、床などほとんどすべての部分に塗装仕上げを施すことが可能になっている。

塗装する素材への付着性も改良されており、ポリエチレンなど一部の素材を除いて塗れないものがないといってよいほど塗装技術は進歩している。塗料の分類と成分を表1にあげる。

2) 塗料と塗装仕様

塗料の適用範囲は格段に拡がったがその分、下地処理の方法や下塗り材や上塗り材の選定など、塗装の仕様も複雑になっている。

塗料の性能を十分に発揮させるためには、設計者は部位に要求される性能やコストなどを把握して、塗料の種類や性質を知り、適切な塗料と工法の選定を行う必要がある。

3) 塗装の目的

塗装の目的の第一は材料を劣化や汚れなどから保護することである。たとえば木材の腐食や黒ずみなどを防いだり、鉄を錆びにくくすることなどはイメージしやすい。錆びやすい鉄だけでなく、腐食しにくいといわれるアルミニウムやステンレス製品も保護のため塗装されることが多い。このように材料を天候や汚染物質などの外部要因から守ることは塗装の重要な役割のひとつである。

第二はこうした保護の目的に加えて木目を美しく見せるといった素材の良さを引き立たせる効果や、さまざまな色合いに塗り分けることで空間を豊かに彩るといった美装効果がある。三番目は、断熱性や防火性など新たな機能の付加である。

2 天然材料からなる塗料

これらの目的のため古来、天然にある樹脂や油類が用いられてきた。針葉樹の松からとれる松脂を蒸留すると樹脂状の残留物（ロジンという）が得られる。これを溶剤に溶かしたものは木部用の透明塗料（**ニス**または**ワニス**と呼ばれる）になる。昔から木製家具をはじめ屋内の木製壁パネルやフローリングなどの保護・美装用途に用いられてきた。

また亜麻の実からとれる亜麻仁油、桐の実からとれる桐油などは乾性油といわれ、塗布すると、空気中の酸素を吸収して酸化することで固化し塗膜を形成する。天然油を原料とした塗料のことを**油性塗料**という。塗料の原料として合成樹脂が普及する以前は、建築用塗料として広範に利用されてきた。**漆**も天然の塗料である。広葉樹の漆の木からとれる漆液は、漆器をはじめ家具や建材などの保護・美装用に用いられている。漆に似た性状をもつカシュー塗料、柿の実からとれる柿渋塗料、昆虫の分泌物を原料とする**セラックニス**なども天然から得られる塗料である。最近は環境への配慮などから天然塗料も見直されてきた。

3 合成高分子からなる塗料

上述した樹脂や油脂、樹液などは天然に存在する高分子化合物である。天然の樹脂や油脂は大量生産に不向きなこと、また塗料としての性質改善の必要から、今日では工業的に生産された合成高分子化合物からなる合成樹脂がほとんどすべての塗料の主原料になっている。

さらに工業化技術の進歩により、天然樹脂などでは得られない多様な機能を付加できるようになった（表2）。

表1　塗料の分類と成分（出典：「塗料と塗装」日本塗料工業会、2010年）

分類		塗料名称	成分	
			主成分	溶剤・希釈剤
油性塗料		ボイル油	乾性油	脂肪族系
		調合ペイント	ボイル油、顔料	
		油ワニス	乾性油、天然樹脂または加工樹脂	
		錆止めペイント	乾性油、重合油、錆止め顔料	
		ルーフペイント	重合油、顔料	
		油性エナメル	油ワニス、顔料	脂肪族系、芳香族系
		アルミニウムペイント	油ワニス、アルミニウム粉	
酒精塗料		セラックニス	セラックゴム	アルコール系
セルロース塗料		ラッカー	硝化綿、合成樹脂、可塑剤、顔料	エステル、エーテル、ケトン、アルコール、芳香族系
		ハイソリッドラッカー	合成樹脂、硝化綿、可塑剤、顔料	
		(NC)アクリルラッカー	アクリル樹脂、硝化綿、可塑剤、顔料	ケトン、エステル、芳香族系
		(CAB)アクリルラッカー	アクリル樹脂、CAB、可塑剤、顔料	
合成樹脂塗料	溶剤系塗料	フェノール樹脂塗料	フェノール樹脂、乾性油、顔料	脂肪族系、芳香族系
		アルキド樹脂塗料	油変性アルキド樹脂、顔料	
		合成樹脂調合ペイント	長油性アルキド樹脂、顔料	
		合成樹脂錆止めペイント	長油性アルキド樹脂、錆止め顔料	
		酸硬化アミノアルキド樹脂塗料	アルキド樹脂、アミノ樹脂、硬化剤、顔料	芳香族系、アルコール系
		熱硬化アミノアルキド樹脂塗料	アルキド樹脂、アミノ樹脂、顔料	エステル、ケトン、アルコール、芳香族系
		熱硬化アクリル樹脂塗料	アクリル樹脂、アミノ樹脂、顔料	
		ポリエステル樹脂塗料	不飽和ポリエステル樹脂、硬化剤、触媒、顔料	スチレンなどのビニルモノマー
		ポリウレタン樹脂塗料	ポリオール、イソシアネート、顔料	エステル、芳香族系
		エポキシ樹脂塗料	エポキシ樹脂、硬化剤、顔料	エステル、芳香族系、アルコール系
		エッチングプライマー	ビニルブチラール樹脂、リン酸、錆止め顔料	アルコール系
		塩化ビニル樹脂塗料	塩化ビニル樹脂、可塑剤、顔料	エステル、ケトン、アルコール、芳香族系
		塩化ゴム塗料	塩化ゴム、可塑剤、顔料	芳香族系
		高温焼き付けふっ素樹脂塗料	ふっ素樹脂、顔料	芳香族、エステル、ケトン
		アクリルシリコン樹脂塗料	アクリルシリコン樹脂、顔料	芳香族
		常乾ふっ素樹脂塗料	ふっ素樹脂、イソシアネート、顔料	芳香族、エステル
	水系塗料	ふっ素樹脂エマルション塗料	ふっ素樹脂、乳化剤、顔料	水
		アクリルシリコン樹脂エマルション塗料	アクリルシリコン樹脂、乳化剤、顔料	
		酢酸ビニルエマルション塗料	酢酸ビニル樹脂、可塑剤、乳化剤、顔料	
		アクリルエマルション塗料	アクリル樹脂、可塑剤、乳化剤、顔料	
		反応硬化型エマルション塗料	各種樹脂、架橋剤（硬化剤）、乳化剤、顔料	
		水溶性樹脂塗料	各種水溶性樹脂、中和剤、顔料	
		水性ワニス	アクリル樹脂、可塑剤、乳化剤	
	無溶剤系塗料	粉体塗料	エポキシ樹脂系、エポキシハイブリッド樹脂系、ポリエステル樹脂系、アクリル樹脂系など各種	なし
その他		漆	天然フェノール	脂肪族系、芳香族系
		カシュー樹脂塗料	天然フェノール、油溶性フェノール樹脂、乾性油	

注1：乾　　性　　油……………亜麻仁油、えの油、支那桐油
注2：天　然　樹　脂……………ロジン、セラック、ダンマル、コパル
注3：加　工　樹　脂……………エステルゴム、石灰ロジン（石油樹脂、クマロン樹脂）
注4：溶剤、希釈剤　エ　ー　テ　ル　系　セロソルブ
　　　　　　　　　　エ　ス　テ　ル　系　酢酸エチル、酢酸ブチル、酢酸アミン
　　　　　　　　　　ケ　ト　ン　系　アセトン、メチルエチルケトン（MEK）、メチルイソブチルケトン（MIBK）
　　　　　　　　　　ア　ル　コ　ー　ル　系　エタノール、ブタノール、イソプロパノール
　　　　　　　　　　脂肪族炭化水素　ミネラルスピリット
　　　　　　　　　　芳香族炭化水素　キシレン、トルエン、ソルベントナフサ

表2　塗料に付加される機能の例

機能分類	項目
環境対応機能	低VOC、低臭、消臭、無鉛、ホルムアルデヒド吸着など
物理的機能	防水、防滑、防塵、結露防止、調湿、着氷固着防止、凍害防止、ガラス飛散防止、貼紙防止、落書き防止など
化学的機能	ガス選択吸収、中性化防止、光触媒など
光学的機能	蛍光、蓄光、発光、遠赤外線反射、紫外線反射など
電気・磁気的機能	導電、電気絶縁、帯電防止、電波吸収、電磁波シールドなど
熱学的機能	耐熱、断熱、遮熱、防耐火、太陽熱吸収、熱線反射など
生物学的機能	抗菌、殺菌、防カビ、防藻、防虫、防汚など
その他	防音、制振、放射線防護など

〈参考：塗料についての呼び方〉
塗料にはワニス、ペイント、ペンキ、エナメルなどの呼び方があるが、一般に透明な塗膜を形成するものはワニス（単にニスともいう）またはクリヤー、顔料を含んだ有色の塗膜を形成するものをペイントまたはエナメルと呼んでいる。いわゆるペンキはペイントと同義である。

8.2 塗料の構成

考えるポイント
プラスチックなどの高分子化合物を溶剤で溶かして流動性のある物質にしたものが塗料である。実際はもう少し複雑だが、塗料を簡単に理解しようとすればこのようになる。木材や鋼材などの対象物に塗って、溶剤が蒸発した後はもとのプラスチックが残り塗膜を形成する。塗料の構成や、乾燥機構はどのようになっているのだろう。

1 塗料の構成と塗膜の性能

塗料は塗膜になる固形分と乾燥後揮発してしまい塗膜に残らない成分から構成されている。塗膜として残る成分は樹脂、添加剤、顔料である。これらに流動性を与えて塗りやすくするものが**溶剤・水**である（図1）。塗料は以下に述べる**塗膜形成主要素、塗膜形成副要素、顔料**および溶剤・水からなっている。主要素と副要素を溶剤に溶解したものは透明塗料の原料である。これに顔料を添加すると不透明塗料になる。代表的な塗料の塗膜性能を表1に示す。

2 塗膜形成要素

1）塗膜形成主要素

塗料を木材などの素地に塗布して一定の時間が経つと、乾燥固着して薄膜を形成する。この薄膜を**塗膜**といい油脂や樹脂が固化したものである。塗膜の主成分になる樹脂類を塗膜形成主要素という。主要素にはアクリル樹脂やウレタン樹脂などの合成樹脂、松脂などの天然樹脂、亜麻仁油などの油類（ワニスや油性ペイント）、セルロース誘導体（ラッカーエナメル）などがある。

2）塗膜形成副要素

添加剤は塗料の性能を向上させたり施工性を改善したりといった目的のために加えられるもので、主要素に対して副要素という。乾燥剤、可塑剤や塗料容器中で顔料の沈澱を防止するもの、塗装時の泡立ちを防止するものなどがある。

3 顔料

顔料は着色だけでなく、錆止めなどの役割を担う働きをする粉末や固体のことである。用途に応じて着色顔料、体質顔料、錆止め顔料などがある。そのほかにも防汚顔料、蛍光顔料など特殊な顔料がある。

1）着色顔料

着色に用いる顔料で大部分は無機質の固体や粉末だが、石油由来の有機質系顔料も使用される。有機質顔料は色の種類が多く発色が良い。無機質系顔料は一般に耐候性に優れるものが多い。

2）体質顔料

使用するビヒクル*に不溶の粒状または粉状で、塗料・塗膜のある種の改質を目的として配合される顔料。炭酸カルシウム、タルク*、バライト粉*など。塗料の肉付けや増量、光沢の調整などの役割がある。

4 溶剤

一般にシンナーと呼ばれているもので、**強溶剤**と**弱溶剤**に分類される。ラッカーシンナー、エポキシシンナー、ウレタンシンナーなどは溶解力が強い強溶剤で、塩化ビニル樹脂エナメル、ラッカーエナメルなどに使用する。乾燥が早い、特有の臭気（シンナー臭）がある。ただし、強溶剤には芳香族炭化水素のトルエン、キシレンなど有害な成分が含まれているため、使用が制限されつつある。弱溶剤とはミネラルスピリットと呼ばれる原油を分留して得られる脂肪族炭化水素を主成分とするもので、塗料用シンナーあるいはペイントうすめ液として油性塗料や合成樹脂調合ペイントなどに使用されている。強溶剤型に比べ環境面での悪影響が少ないが、近年は有機系の溶剤から、無溶剤型塗料、低溶剤型塗料、水性塗料、溶剤が不要な粉体塗料などに移行しつつある。溶剤は塗料の塗布後に徐々に揮発乾燥により失われる。乾燥機構の種類を表2に示す。

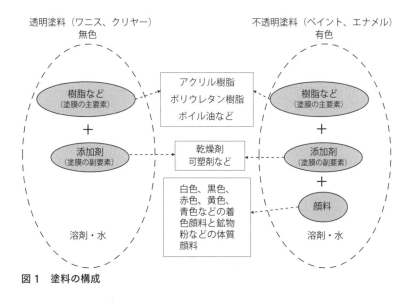

図1 塗料の構成

表1 塗膜の性能（出典：関西ペイント「建築塗装ガイドブック改訂版」2010年より作成）

塗料の一般名称	主体樹脂	塗膜の性能					
		耐候性	耐水性	耐酸性	耐アルカリ性	耐油性
アクリル樹脂エマルション塗料	アクリル樹脂エマルション	◇	○	△	○	−
つや有りアクリル樹脂エマルション塗料	アクリル樹脂エマルション	○	○	○	○	−
合成樹脂調合ペイント	長油性フタル酸樹脂	◇	△	△	×	○
フタル酸樹脂塗料	中油性フタル酸樹脂	◇	◇	△	×	○
ラッカー	硝化綿、フタル酸	◇	◇	◇	×	○
アクリル樹脂塗料	アクリル樹脂	○	○	○	○	○
ポリウレタン樹脂塗料	ポリウレタン樹脂	◎	◎	◎	◎	◎
アクリルシリコン樹脂塗料	アクリルシリコン樹脂	◎	◎	◎	◎	◎
ふっ素樹脂塗料	ふっ素樹脂	◎	◎	◎	◎	◎
エポキシ樹脂塗料	エポキシ樹脂	×	◎	◎	◎	◎
変性エポキシ樹脂塗料	変性エポキシ樹脂	×	◎	◎	◎	◎

◎非常に良い ○良い ◇普通 △やや劣る ×劣る −なし

表2 塗料の乾燥機構（出典：「塗料と塗装」日本塗料工業会、2010年）

乾燥の種類		乾燥の機構	塗料の例	乾燥時間（h）
揮発乾燥		塗膜中の溶剤や水分が蒸発後、塗膜が硬化する。	セラックニス ラッカー アクリルラッカー 塩化ビニル樹脂塗料	1〜2
融着乾燥		溶剤や水分が蒸発すると、分散していた樹脂粒子が接触、融着して連続塗膜となる。	酢酸ビニル樹脂エマルション塗料 アクリル樹脂エマルション塗料 NAD（非水分散形）塗料	1〜3
融解冷却乾燥		加熱によって融解した塗膜が冷却によって硬化する。	ホットメルト塗料	20〜30分
			溶融型路面標示塗料	2〜3分
（揮発）酸化乾燥		塗膜が空気中の酸素を吸収して酸化し、さらに重合をともなって硬化する。	ボイル油、油性ペイント 合成樹脂調合ペイント 油ワニス、エナメル フェノール樹脂ワニス、エナメル アルキド樹脂ワニス、エナメル	15〜20
重合乾燥	加熱重合乾燥	加熱によって樹脂が重合して硬化する。	熱硬化アミノアルキド樹脂塗料 熱硬化アクリル樹脂塗料 一般焼き付け塗料 工業用焼き付け塗料（粉体塗料、電着塗料）	130〜150℃ 30分
	重合乾燥	触媒・硬化剤によって樹脂が重合して硬化する。	ポリエステル樹脂塗料 酸硬化アミノアルキド樹脂塗料	0.5〜1
			ポリウレタン樹脂塗料 エポキシ樹脂塗料	5〜15
	電子線重合乾燥	電子線を照射して、活性ラジカルを生成させて重合・硬化する。	電子線硬化塗料	1〜2秒
	光重合乾燥	有効波長の紫外線の照射で重合・硬化する。	紫外線硬化塗料	数10秒〜数分

8.3 塗料の種類と用途

塗装する対象物には鉄部や木部、コンクリート、セメント製品などさまざまなものがあり、塗装対象に適した塗料が選定される。表面の仕上がり具合や耐久性なども塗料によって異なっている。塗料の種類は非常に多いが、どのような特徴があるのだろうか。

1 透明塗料

透明塗料には油性ワニス、セラックニス、ラッカーなどがある。透明なものから褐色がかった半透明のものまであるが、顔料を含まないこれらの塗料をクリヤ塗料と総称する。透明といっても木材のような吸い込みのある材料では濡れ色を呈する。木材に着色する場合は**ステイン**と呼ばれる着色材を木材素地に塗ってから中塗り、上塗りと塗り重ねて光沢のある仕上げを得る。合成樹脂系クリヤ塗料はアクリルラッカーやポリウレタン樹脂ワニス、ポリエステル樹脂ワニスなどがある。

2 ペイント、エナメル

1）油性塗料

亜麻仁油や桐油などの天然油はそのままでも塗料になるが、乾燥・固化するのに時間がかかる欠点がある。乾燥を早めるための乾燥剤を加え、加熱（ボイル）して水分や不純物を取り去ったものがボイル油である。ボイル油に顔料を加えたものがいわゆる油性調合ペイントである。価格も安く建物の内外の木部、鉄部に汎用されてきたが、現在では合成樹脂調合ペイントに代替されほとんど使われなくなった。アルカリに弱いためセメント、コンクリート面には塗れない。

2）合成樹脂調合ペイント

着色顔料、体質顔料などを主に長油性フタル酸樹脂ワニスで練り合わせてつくった塗料で、油性調合ペイントと同様の用途だが乾燥時間は約半分と短い。やはりコンクリートには塗れない。

3）フタル酸樹脂エナメル

無水フタル酸を原料とするアルキド樹脂を塗膜形成要素とする。乾燥が早く光沢、塗り肌が良く（なめらかで、緻密であること）耐候性に優れる。鋼製建具の上塗り用として用いられることが多い。

4）エマルション塗料

水と油のように互いに溶けあわないものが混合して乳濁液になったものをエマルションという。

アクリル樹脂などの微粒子を水中に均一に分散させてエマルションとしたものが合成樹脂エマルションペイントである。有機溶剤を使用しないので環境への影響が少ない。JIS K 5663「合成樹脂エマルションペイント及びシーラー」では外部用の1種と内部用の2種に区分している。つやを必要とする場合は JIS K 5660「つやあり合成樹脂エマルションペイント」とする。

5）ポリウレタン樹脂塗料

光沢があり、耐候性、耐久性、光沢、肉もち性、付着性、耐摩耗性などに優れる。**1液型**と**2液型**がある。1液型は有毒性が小さい油性溶剤（ミネラルスピリット）を使用し、主に内部の床や建具用途に使用される。2液型はトルエンなどを含む有機溶剤を使用するがコンクリート、鉄部、木部すべてに塗ることができる万能型である。本来は溶剤型の塗料だが、近年は水性のウレタン樹脂塗料が主流になりつつある。

6）ふっ素樹脂塗料

建築用では最も耐候性に優れ、耐薬品性も良く屋根や外壁などで性能を発揮する。高価なことが難点。常温タイプと焼き付けタイプがある。

3 塗装仕様の選択

建物外部に施される塗装には防水性、紫外線劣化、酸性雨などに対する耐性などが求められ、内部には有害物質を発散しないなど部位に応じた性能が必要とされる（表1）。

表1 塗装仕様の選択

(出典:「塗料と塗装」日本塗料工業会、2010年より作成)

素地の種類	塗料種別	略号(日本建築学会)	透明・光沢 注1	耐用年数 注2	部位適合性 注3 外部壁面	軒裏・庇・水平部・水まわり	屋根(金属)	内壁・天井	浴室など水がかり	塗膜性能 注4 耐候性(つやもち・チョーキング)	耐水・耐湿性	耐酸・耐アルカリ性
コンクリート(RC)	2液型ウレタン樹脂クリヤ塗り	UC	透明	7	○	○				◎	○	○
	2液型ふっ素樹脂クリヤ塗り	—	透明	10	○	○				◎	○	○
コンクリート(RC、PC) セメントモルタル ALCパネル 石膏ボード GRC 押し出し成形版 ケイ酸カルシウム板	アクリル樹脂エナメル塗り	AE	つや有	6	○	○	—	—		○	◎	◎
	2液型ウレタン樹脂エナメル塗り	2-UE	つや有	7	○	○	—	—		◎	◎	◎
	2液型アクリルシリコン樹脂エナメル塗り	2-ASE	つや有	10〜12	○	○	○	○		◎	◎	◎
	2液型常乾ふっ素樹脂エナメル塗り	2-FUE	つや有 つや無	15	○	○	○	○		◎	◎	◎
	合成樹脂エマルションペイント塗り (JIS K 5663)	EP	つや無	4				○	○	△	△	×
	つや有り合成樹脂エマルションペイント塗り (JIS K 5660)	EP-G	つや有	5	○	○		○	○	○	○	○
	アクリル樹脂非水分散型塗料 (JIS K 5670)	NAP	つや有	5	○	○		○	○	○	○	○
鉄鋼	合成樹脂調合ペイント塗り (JIS K 5516)	SOP	つや有 つや無	5	○	○	○	○		○	○	×
	2液型ウレタン樹脂エナメル塗り	2-UE	つや有	8	○	○	○	—		◎	◎	◎
	2液型アクリルシリコン樹脂エナメル塗り	2-ASE	つや有	10〜12	○	○	○	○		◎	◎	◎
	2液型常乾ふっ素樹脂エナメル塗り	2-FUE	つや有 つや無	15	○	○	○	○		◎	◎	◎
亜鉛めっき アルミ系	合成樹脂調合ペイント塗り (JIS K 5516)	SOP	つや有 つや無	4	○	○	○	—		○	△	×
	2液型ウレタン樹脂エナメル塗り	2-UE	つや有	8	○	○	○	○		◎	◎	◎
	2液型アクリルシリコン樹脂エナメル塗り	2-ASE	つや有	10	○	○	○	○		◎	◎	◎
	2液型常乾ふっ素樹脂エナメル塗り	2-FUE	つや有 つや無	10	○	○	○	○		◎	◎	◎
木質系	合成樹脂エマルションペイント塗り (JIS K 5663)	EP	つや無	3				○		△	△	×
	2液型ウレタン樹脂エナメル塗り	2-UE	つや有	4				○		◎	◎	◎
	オイルステイン塗り	OS	透明	2				○		○	×	×
	合成樹脂調合ペイント塗り (JIS K 5516)	SOP	つや有	3	○	○		○		○	○	×
	1液型油変性ウレタン樹脂クリヤ塗り	UC	透明	3				○		×	○	△

注1:つや無は一般に耐候性レベルが落ちる。
注2:国土交通省の「コンクリートの耐久性向上技術の開発:1989年」の外部環境塗膜標準耐用年数を参考にした。
注3:○:使用可、—:使用することもある、空欄:適さず、もしくは使うことはない
注4:◎:良好、○:良、△:やや不良、×:不良

9.1 左官材料① 材料の構成、モルタル

考えるポイント
左官工事は材料・施工・仕上がりが一連の流れの中で行われる特異な工事分野である。また建築物の表面を彩る重要な位置を占めてもいる。材料は自然素材からはじまり、その後はモルタルや合成樹脂へと拡がった。工法もこて塗りからローラー塗りや吹き付けまである。左官材料の構成や左官仕上げの特徴とはどのようなものだろうか。

1 左官材料と左官工事

1）左官工事とは
　土や砂、石灰など天然に存在する材料に水を加えて練り混ぜて、床や壁などに塗り付けるのが左官工事のはじまりである。材料の産出地によりその地方特有の工法や表現が発達し、建物のつくり方や景観にも影響を与えてきた。
　モルタルや漆喰、石膏プラスターや土壁など左官材料は幅広い（表1、図1）。

2）左官工事の特徴
　工事に水を使う湿式工法であるため一定の時間内に材料の練り混ぜから施工まで終わらせる必要があり、仕上がりが意匠と直結する。施工後硬化するまでに時間がかかり、仕上がり具合が職人の技能で左右され手間がかかる工法である。施工のスピード化や均質化の流れの中で敬遠されるようになり、次第にボード張りなどの乾式工法にとってかわられるようになってきた。
　しかし、近年は珪藻土などが健康素材としてクローズアップされたり、土壁が環境にやさしいなど少しずつ見直されつつある。

3）左官材料の構成
　セメントや粘土、石灰などの主成分を**結合材料**といい、これに繊維系の**補強材料**を加えたものが基本である。必要に応じて砂などの骨材、各種の**混和材料**を加える（図2）。
　主な左官材料の構成を表2にあげる。粘土、砂、石灰、漆喰、モルタル、石膏プラスターなどのほかにも合成樹脂を使用して耐水性や耐候性などを改善した製品も多くなっている。

4）左官仕上げ
　和風の伝統建築では土壁に漆喰を塗って白壁に仕上げたり、美しい色土や色砂などで仕上げるというのが一般的である。左官仕上げは材料の色や質感の違い、それと職人のこてさばきでさまざまな表情が得られる特徴をもつ（図3）。現代では耐水性の合成樹脂素材を使用することで、雨のあたる場所であっても問題なく使用できる。

5）仕上げ以外の用途
　左官材料は表面仕上げ以外にも、土壁のように壁体そのものを土でつくったり、またタイルや石を張る際のモルタル下地として、あるいは積み上げた石と石の隙間に詰める用途もある。

2 モルタル塗り

1）モルタルの配合
　モルタルはセメントと砂を空練りした後に水を加えてよく練り合わせる。接着剤の役割をするセメントに加える砂（細骨材）の量はセメント1に対して砂が3（容積比）の割合のものが一般によく使われる。セメント分が多い（富調合という）と強度は強くなるが、亀裂が発生しやすくなるので、下地との接着力が必要な下塗りには1：2.5、上塗り用に1：3のように使い分ける。
　現在は性質改善のため合成樹脂系混和剤を混入することが多い。各種仕上げの下地としてモルタル塗りをする場合は表3のような使い分けをする。

2）ラスモルタル
　木造建物の外壁仕上げに用いられる。メタルラスという亜鉛めっきした鉄線の網を補強用に入れて、20mm程度の厚さに仕上げるのが一般的である。薄鉄板に金網を溶接したラスシートもある。ラス網が錆びるとモルタルが剥落しやすくなる。そのため耐食性に優れた高耐食亜鉛めっきやステンレスのラス網なども用意されている。ラス網は単位面積当たりの質量が大きいほど強度も大きい。

表1　塗り壁の分類
（出典：日本建築学会編『建築材料用教材』2013年）

種別			塗り層	構成材料
水硬性	セメントモルタル塗り		下・中・上	普通セメント＋砂＋（混和材料）
	人造石塗り・現場テラゾ塗り		下	普通セメント＋砂＋（混和材料）
			上	普通・白色またはカラーセメント＋種石
	石膏プラスター塗り		下・むら直し・中	現場調合プラスター下塗り用＋砂または既調合プラスター下塗り用
			上	既調合プラスター上塗り用
気硬性	ドロマイトプラスター塗り		下・むら直し・中	ドロマイトプラスター下塗り用＋セメント＋砂＋すさ
			上	ドロマイトプラスター上塗り用＋すさ
	漆喰塗り		下・むら直し・中	消石灰下塗り用＋糊＋砂＋すさ
			上	消石灰上塗り用＋糊＋すさ
	日本壁上塗り仕上げ [小舞下地 下塗り＝荒壁 中塗り＝中塗土壁]	漆喰壁　下付け・上付け		消石灰上塗り用＋糊＋すさ
		大津壁（磨・並）下付け・上付け		色土＋消石灰上塗り用＋すさ
		土物壁（水ごね）		色土＋砂＋すさ
		土物壁（糊さし・糊ごね）		色土＋糊＋砂＋すさ
		砂壁		色砂＋糊
	繊維壁塗り		—	繊維質材料＋糊
	珪藻土塗り		下・上	珪藻土＋固化材（水硬性または気硬性）

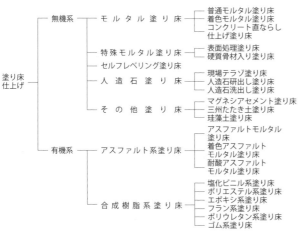

図1　塗り床の分類
（出典：日本建築学会編『建築材料用教材』2013年）

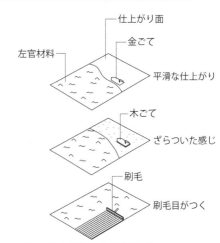

図3　仕上げ方による表面の違い

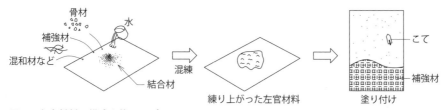

図2　左官材料の構成と施工のプロセス

表2　左官材料の構成

結合材料	ポルトランドセメント、消石灰、石膏、ドロマイト、粘土など
混和材料	糊類（メチルセルロース、海草のりなど）、減水剤、防水剤、凝結遅延剤など
骨材	砂、ケイ砂、丸石、砕石、パーライト、軽量発泡骨材など
補強材料	麻すさ、わらすさ、紙すさ、ガラス繊維など
補助材料	目地棒、吸水調整剤など

表3　モルタル塗りの工法と用途

仕上げ方の種類	平滑度	用途
金こて仕上げ	大 ↕ 小	塗装、クロス張り、ビニルタイル張り、陶磁器質タイルの接着張りなどの下地
木こて仕上げ		吹き付け仕上げ、陶磁器質タイルなどの下地
刷毛引き仕上げ		吹き付けなどの下地や外部床仕上げなど

9.2 左官材料② 石膏プラスター、漆喰ほか

考えるポイント
石膏プラスター、ドロマイトプラスター、漆喰はともに白壁に仕上がる材料であるため、設計者にとっては混同しやすい材料である。それぞれ何からできていて、どのように性質が異なるのだろうか。また使い道にはどのような違いがあるのだろうか。

1 石膏プラスター

1) 原料

天然の石膏原石の二水石膏（$CaSO_4 \cdot 2H_2O$）を長時間加熱して結晶水を減じたものが焼石膏（$CaSO_4 \cdot 1/2H_2O$）で、これが石膏プラスターの原料となる。焼石膏は半水石膏ともいう。天然石膏のほかには火力発電所などから排出される硫黄酸化物（SO_X）を脱硫して化学的に副生される副生石膏（化学石膏）やリサイクルされた石膏などがある。

2) 硬化

焼石膏に水を加えると発熱して数分間で硬化してしまうため、凝結遅延剤を添加して使用する。石膏プラスターは初期は水と水和反応して硬化するが、その後は余分な結晶水が蒸発乾燥して硬化が進む（表1）。

3) 性質

後述する漆喰よりも早く固まり硬度も大きい。弱酸性のため鉄釘などが錆びやすい。火や熱に対しては、内部の結晶水が加熱により熱分解することで、完全に水分が抜けるまで温度上昇を防ぐことができる、という性質がある。

ドロマイトプラスターよりも強度が大きく、亀裂も生じにくい。石膏独特の純白の質感が好まれ、住宅などの内装仕上げ用として用いられる。

2 ドロマイトプラスター

1) 原料

石灰岩の一種で、マグネシアを含む白雲石（ドロマイト＝$CaCO_3 \cdot MgCO_3$）を燃焼し、加水して粉末にしたもの。マグネシア石灰とも呼ばれる。

2) 硬化と性質

空気中の二酸化炭素を吸収して硬化する**気硬性**の性質を有する。同じ石灰系の漆喰と同様の用途があるが、漆喰よりも強度が大きく、糊剤も不要で扱いやすい材料である。ただし、乾燥収縮率が大きいため、亀裂を生じやすいという難点がある。保水性がありこてのびが良く作業性が良いことからよく使われる。一般にプラスター塗りというとドロマイトプラスターを指すことが多い。

3 漆喰

1) 原料

古代からある塗り壁材料で、いわゆる白壁のことである（写真1～3）。消石灰（$Ca(OH)_2$）を主原料とする。消石灰は石灰石を焼いて生石灰（CaO）とし、これに加水して製造する。

漆喰は消石灰、糊、補強材からなる。糊には角又（海草のり）やメチルセルロースなどが使用される。補強材としてはすさ類を加える。左官の補強用に混入する繊維系材料のことを**すさ**といい、稲わらのような天然のものとナイロンやグラスウールなど人工の材料がある。

2) 種類と性質

漆喰は施工後には空気中の二酸化炭素と反応してもとの石灰石に戻るという**気硬性**の性質をもつ（図1）。硬化に時間がかかるのが短所だが、耐火性があり、安価で扱いやすい材料である。

海草のりを現場で炊いてつくる伝統的な**本漆喰塗り**、発酵させた「わらすさ」から生じる粘性物質が糊の役目をして、耐久性を向上させた**土佐漆喰**、工場生産による普及型**既調合漆喰**などがある。石膏プラスターやドロマイトプラスターが主に内部に用いられるのに対して、城郭や塀など建物の外部に用いられることも多い。特に土佐漆喰は耐水性に優れている。

写真1 建物の壁はほとんど左官工事でつくられた

写真2 なまこ壁

写真3 左官の壁と下見板の組み合わせ。下見板は壁の下方部分を保護する役割がある

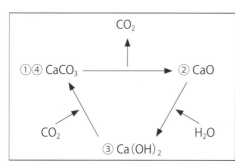

漆喰の気硬性（左図）
①石灰石（$CaCO_3$）を焼くと二酸化炭素（CO_2）を失い、生石灰（CaO）になる。
②生石灰に加水すると消石灰③（$Ca(OH)_2$）に変化する。
③消石灰は漆喰の原料である。
④消石灰は空気中の二酸化炭素を吸収して結晶化し、石灰石に戻る。

図1 漆喰の硬化の仕組み

9・2 左官材料② 石膏プラスター、漆喰ほか

表1 主な塗り壁材料の特徴

塗り壁材料の種類		モルタル	石膏プラスター	ドロマイトプラスター	漆喰
主成分		セメント	二水石膏	白雲石（ドロマイト）	消石灰
糊（のり）		不要	不要	不要	必要
硬化性		水硬性	水硬性→気硬性	気硬性	気硬性
硬化速度		早い	早い	遅い	遅い
養生		湿潤	湿潤の後通風	通風	通風
適用部位		内部・外部	内部	内部	内部・外部
酸性/アルカリ性		アルカリ性	弱酸性	アルカリ性	アルカリ性
施工	下塗放置期間	2週間以上	半乾燥後	1週間以上	10日以上
	上塗り	中塗りの半乾燥状態			

9.3 左官材料③ 土壁ほか

考えるポイント
かつて、木造建築の壁をつくる方法として、土壁はどの建物にも使われていた時代があった。やがて次第に姿を消すことになったのだが、今また別の観点から見直されている。それはなぜだろうか。また、土壁のほかにはどのような左官材料があるだろうか。

1 土壁

日本に古来ある土壁は、**小舞竹**(こまい)(小さく割った竹)を組んだ骨組みに、土を絡ませて固めたものである。荒壁と中塗りの2工程で壁体をつくり、その上から漆喰や色土、色砂などをこてで薄く塗って仕上げるのが土壁である(写真1)。

1) 原料

①壁体用：荒壁、中塗りには粘土が混ざった土砂を使う。粒度は荒壁用が15mm目、中塗り用が10mm目のふるいを通過するものとする。

　土塀などを壊したときに出たような古い土のほうが「あく」が出ず、仕上げ材への影響が少ないとされる。

　すさには**わらすさ**、**麻すさ**、**紙すさ**などがある。わらすさはもっぱら荒壁と中塗りに用い、麻は荒壁、中塗り、上塗り用として使用される。紙すさは特殊な和紙の繊維をほぐしたもので高級な仕上げ用である。そのほかにも合成樹脂素材のものなど種類が多い。

②仕上げ用：**色土**や**色砂**などで仕上げる。色土は産地により「西京土」などといったブランドがある。色砂は天然の美しい砂、石や貝殻を砕いたものなどバリエーションが多い。いずれも糊で練り混ぜて仕上げ塗り材とする。

2) 性質

土壁は湿気容量が大きく(湿気を多く含むことができる)調湿効果があるため結露などの害が生じにくいこと、天然素材であることなどが利点とされる。土壁の耐震性や防火性能についても一定の評価がされるようになっている。

日本建築学会の標準仕様書 JASS15 では土物工法として小舞壁塗り、土物仕上げ、大津仕上げ、たたき床塗り仕上げが規定されている。

2 珪藻土

珪藻土は海や湖などの藻が堆積して化石化したもので、石川県能登半島に多く産出する。多孔質で比重が 0.24 と軽く耐火性があり、乾燥収縮もほとんどない。耐火れんがや七輪の原料となる。水を加えてもそのままでは固化しないので、固化剤を加えて左官用とする。調湿性や脱臭効果を期待して住宅などの内装用途が拡がっている。

3 その他の左官材料

1) 骨材洗い出し仕上げなど

玉石や砕石などをセメントモルタルに混入して左官仕上げとするものに、**洗い出し仕上げ**や人造石塗りなどがある(写真2〜4)。玉石は丸みを帯びた那智石や錆石などが好まれる。人造石用砕石は大理石や花崗岩の砕片を種石として使用し、埋め込んで表面を磨いて仕上げる。特に大理石を種石としたものを**テラゾ塗り**と呼んで、他の人造石と区別することが多い。漆喰や白セメントに顔料を加えて色づけすることもある。顔料にはベンガラ(朱色)、酸化黄(黄色系)、油煙(黒灰系)などがある。顔料を混ぜすぎると強度低下や作業性が悪くなるなどの弊害があるので混入量は結合材の1割を超えないようにする。

2) 建築用仕上げ塗り材

セメント、合成樹脂などの結合材、顔料、骨材などを主原料とし、主として建築物の内外壁または天井を、吹き付け、ローラー塗り、こて塗りなどによって立体的な造形性をもつ模様に仕上げるのに使われる材料である。薄付け仕上げ塗り材、厚付け仕上げ塗り材、軽量骨材仕上げ塗り材、複層仕上げ塗り材、可とう形改修用仕上げ塗り材がある。種類は極めて多い(表1)。

写真1 土壁の施工例（左：荒壁、貫が見えている状態、右：中塗り壁。仕上げがのりやすいように目を荒らしておく）

表1 建築用仕上げ塗り材の種類と呼び名（出典：JIS A 6909）

種類		呼び名	用途	通称（例）
薄付け仕上げ塗り材	・外装ケイ酸質薄付け仕上げ塗り材 ・可とう形外装ケイ酸質薄塗り材 ・防水形外装合成樹脂エマルション系薄付け仕上げ塗り材など	外装薄塗り材 可とう形外装薄塗り材 防水形外装薄塗り材など	主に外装	シリカリシン、弾性リシン、アクリルリシンなど
	・内装セメント系薄付け仕上げ塗り材 ・内装消石灰、ドロマイトプラスター系薄付け仕上げ塗り材 ・内装合成樹脂エマルション系薄付け仕上げ塗り材など	内装薄塗り材	内装用	セメントリシン、漆喰、珪藻土塗、じゅらく、京壁など
厚付け仕上げ塗り材	・外装セメント系および外装ケイ酸質系厚付け仕上げ塗り材 ・外装合成樹脂エマルション	外装厚塗り材	外装用	各種スタッコ仕上げ
	・内装セメント系厚付け仕上げ塗り材	内装厚塗り材	内装用	セメントスタッコ、珪藻土塗り材、漆喰など
軽量骨材仕上げ塗り材	吹き付け用、こて塗り用軽量骨材仕上げ塗り材	・吹き付け用軽量塗り材 ・こて塗用軽量塗り材	主として天井	パーライト吹き付け、ひる石吹き付け
複層仕上げ塗り材	・ポリマーセメント系複層仕上げ塗り材 ・可とう形ポリマーセメント系複層仕上げ塗り材 ・防水形合成樹脂エマルション系複層塗り材	・複層塗り材 ・防水形複層塗り材	内外装	各種吹き付けタイル
可とう形、改修用仕上げ塗り材	・可とう形合成樹脂エマルション系改修用仕上げ塗り材 ・可とう形反応硬化形合成樹脂エマルション系改修用仕上げ塗り材 ・可とう形ポリマーセメント系改修用仕上げ塗り材	・可とう形改修塗り材	外装用	—

写真2 人造石塗りの手すり

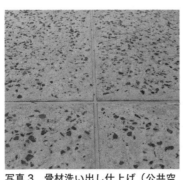

写真3 骨材洗い出し仕上げ（公共空間の歩道）

写真4 玉砂利洗い出し仕上げとモルタル金ゴテ仕上げ（住宅のアプローチ）

学ぶコラム ⑧ 日本の伝統的な塗料—漆と柿渋

　伝統的な日本建築では社寺建築に鉛丹やべんがら、朱漆などで朱色に着色することはあっても、それ以外には一般に内外装、柱、梁共塗装されることはない。外壁は漆喰塗りか板張りであったが、塗装などせずに、素材そのままの風合いを好んだものと思われる。ただし、社寺建築以外の建物に塗料を塗ることがまったくなかったわけではない。

　漆の歴史は古く、青森県の三内丸山遺跡からは縄文時代の漆器が発見されている。輪島塗で有名な石川県の輪島付近の民家では、建具を含む建物内部の木部に拭き漆の手法が見られる（写真1）。拭き漆とは木材に塗られた漆を乾いた布で拭き取る塗装法である。

　漆塗り職人は塗師といい、日用品から高級品に至るまで漆塗りを施す専門職である。食器や箸などにもよく使われている。そのほかにも指物といわれる精巧に細工された小家具や身のまわりの小物、大きなものでは箪笥にいたるまでさまざまな物に漆塗りがある。

　漆は漆の木の表面に傷をつけて採取した樹液を精製したもので、主成分はウルシオールという有機化合物である。このウルシオールには抗菌性があることが報告されている[※]。

　漆は耐水性、耐熱性、耐溶剤性、耐酸性に優れている。また付着力が強いため接着剤として使うこともある。数々の利点をもった塗料であるが、紫外線に弱いため外部には使用できない。紫外線を浴び続けると塗膜が収縮してひび割れ、やがて剥がれ落ちてしまうのである。漆に似た性質の塗料にカシュー塗料がある。カシューナッツの殻を絞った油を蒸留精製してつくられる。漆よりも塗装作業が容易なため、漆の代替品として広く使われている。

　柿渋はタンニン成分の多い渋柿を原料にしている。柿が熟す前の青いうちに摘み取って果汁を搾りとり、この液体を発酵熟成してつくられる。絞りたては灰白色だが次第に赤褐色になる。pH3〜4程度と強い酸性を示す。

　主成分はタンニンでこれが防水、防腐性のもとになる。塗布すれば赤褐色の皮膜をつくる。木材、紙、衣服などに塗布して用いる。こうした実用性以外に自然素材としての風合いを楽しむインテリア素材として使用されている。写真2は和室のふすま紙と腰張りに柿渋和紙を使った例である。

※「岩手県工業技術センター研究報告」第16号、2009年

写真1　柱、差鴨居、建具が漆仕上げ

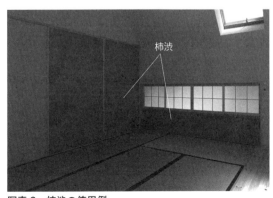

写真2　柿渋の使用例

学ぶコラム ⑨ 変遷する左官工法

　左官工事といえば京壁や砂壁など土壁を連想する人は多いと思う。土壁は柱と柱の間にかけ渡された貫に、細く割った竹を結え付けメッシュ状にしたものを骨組にし、土を絡ませてつくる。荒壁から中塗り、仕上げ塗りと塗り重ねて、最後に漆喰や色土で仕上げる。現存する木造住宅の壁を剥がしてみると、竹小舞で編んだ土壁をよく見る（写真1）。昭和30年代中ごろから住宅のつくり方が多様化したこともあって、次第に土壁が消えていくことになる。

　今、左官工事といえば、下地づくりやコンクリートなどの補修工事などが相対的に多くなっているように見える。コンクリートにモルタルを塗った上に塗装や壁紙、タイルなどで仕上げるための下地である。しかし、建物内部ではすでにモルタルのかわりにボード類を下地に使う乾式工法にとってかわられている。RC外壁の打ち放し補修工事やタイル張りの下地づくりはコンクリート工事の出来、不出来の影響をまともに受ける。精度良くコンクリートが打たれ、型枠を外した状態で直にタイルを張ることができれば、不陸調整のためにモルタルを塗る必要はなくなる。熟練が必要な左官工事は湿式工法から乾式工法への流れの中で縮小されつつある。

　しかしながら、昔の建物や町並みを見れば、伝統的木造建築の世界では左官職が重要な役割を担っていたことがわかる。建物の内外壁のほぼすべてが土壁である。

　また、洋風建築の時代にはプラスターやモルタル塗り、人造石塗り、テラゾー塗りなどに左官が活躍する。写真2は東京の下町で見かけた町工場の屋根の人造石塗りの装飾である。ごく普通の住宅でもモルタルで左官装飾が施されている例は珍しくない。写真3は東京駅丸の内駅舎の復元された北側ドームの内壁の漆喰塗りである。

　現代的な建築物において左官仕上げが見直されてきている。健康志向の流れを受けて土壁や珪藻土といった自然素材に注目が集っており、さらに均質なものから個性的なものへと人々の志向も変わりつつある。左官に限らないことだが、やはり人の手で丁寧につくられたものには、工業製品では得られないものがある。

写真1　小舞壁

写真2　人造石塗り

写真3　漆喰塗り（東京駅）

10.1 石膏ボード

考えるポイント　無機質材料は一般に防・耐火性に優れていて、板状に成形されたものは乾式工法の代表的な材料として内外装に多用されている。中でも石膏ボードは、価格が安く使いやすいため広く普及している。石膏ボードはどのようにつくられ、どのような用途に使われているのだろうか。

1 石膏ボードの原料と製造方法

　石膏ボードとは、石膏を芯として両面と長手方向の側面を石膏ボード用原紙で被覆したものをいう（図1）。図にある長手方向の端部の断面形（エッジ）は用途により使い分けられる。

1）石膏

　石膏ボード用には二水石膏を焼成して得られる焼石膏（$CaSO_4 \cdot 1/2H_2O$）が用いられる（9.2節参照）。二水石膏の内訳は天然石膏が約3割、化学石膏が約6割、廃石膏ボードなどから回収した石膏が約1割となっている。

2）ボード用原紙

　石膏ボード用につくられた紙で、石膏との接着性、寸法安定性などのほか、用途に応じ印刷適性なども備えた紙である。石膏と原紙の接着は接着剤ではなく、石膏が水和する際に生成する針状の結晶が紙に刺さることによる。

3）石膏ボードの製造方法

　焼石膏を粉砕して石膏粉とする。これに水、混和材、添加剤、および起泡剤で生成した気泡を混入してミキサーで練り合わせる。こうしてできたものを**石膏スラリー**という。石膏スラリーを上下2枚の石膏ボード用原紙の間に流し込み、そのまま成形機にかけてボードの厚さ、幅を整えて帯板状のボードとする。その後、帯板状のボードを粗切断して乾燥機で乾燥させた後、所定の寸法に裁断して完成品にする（図2）。

2 石膏ボードの性能

　標準的な石膏ボードの性能を表1にあげる。

1）防火性

　石膏には結晶水が約21％含まれており、火炎に接しても結晶水がすべて分解され蒸発するまで、石膏の温度が一定以上上昇しない。この防火性を有することが最大の長所である。難燃性はJIS A 1321に規定する「建築物の内装材料及び工法の難燃性試験方法」によるもので、優れている順に1級から3級まである。これとは別に建築基準法では不燃材料、準不燃材料、難燃材料の区分があり、実用上はこちらの区分が使われる。石膏ボードはすべて準不燃以上で、12.5mm以上のものでは不燃材の認定を受けたものもある。

2）遮音性

　単位面積当たりの質量が比較的大きいため、軽量鉄骨下地と組み合わせて軽量・遮音・耐火間仕切りに使用されている。

3）寸法安定性

　石膏ボードは温・湿度変化の影響を受けにくく寸法安定性がある。適切な目地処理をすれば、広い面積を目地を見せずに塗装仕上げとすることもできる。そのほかクロス張り、タイル張りなどのように多様な仕上げ方がある。

4）使用上の注意点

　防水処理を施したもの以外は水濡れに弱く、吸水すると著しく強度が低下する。このため外部への使用は原則として推奨されない。建物内部においてもボードの端部で石膏が露出した部分を湿気に触れさせないような使い方をする必要がある。また石膏は弱酸性があり、通常の鉄釘を錆びさせるため、石膏ボード専用の釘を使用することにも注意しなければならない。

3 石膏ボードの種類

　石膏ボードの標準品（GB-R）が最もよく使われるが、そのほかにも用途に応じてさまざまな製品がある。石膏ボードの種類を表2、図3にあげる。

図1 標準的な石膏ボード

表1 標準的な石膏ボード（GB-R）の性能
（出典：JIS A 6901 その他より作成）

厚さ（mm）		9.5	12.5	15.0
含水率（%）		\multicolumn{3}{c}{3 以下}	
曲げ破壊荷重（N）	長さ方向	360 以上	500 以上	650 以上
	幅方向	140 以上	180 以上	220 以上
難燃性		難燃 2 級	難燃 1 級	難燃 1 級
熱抵抗（$m^2 \cdot K/W$）		0.043 以上	0.060 以上	0.069 以上
単位面積当たりの質量（kg/m^2）		5.7〜8.6	7.5〜11.3	9.0〜13.5
長さ方向の曲げ強さ（参考）（N/mm^2）		6.98 以上	5.60 以上	5.05 以上

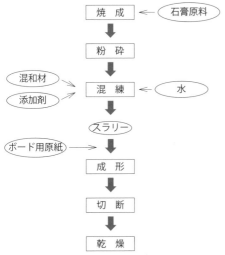

図2 石膏ボードの製造工程の概要

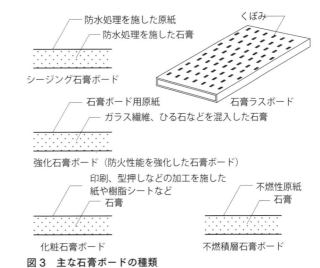

図3 主な石膏ボードの種類

表2 石膏ボードの種類
（出典：JIS A 6901）

種類	備考	主な用途
石膏ボード（GB-R）	石膏ボード製品の標準品	壁および天井の下地材用
シージング石膏ボード	両面のボード用原紙および芯の石膏に防水処理を施したもの。	屋内の多湿箇所の壁、天井および外壁の下地材用
強化石膏ボード	GB-R の芯に無機質繊維などを混入したもの。	壁および天井の下地材、防耐火構造などの構成材用
石膏ラスボード	GB-R の表面に長方形のくぼみをつけたもの。	石膏プラスター塗り壁の下地材用
化粧石膏ボード	GB-R の表面を化粧加工したもの。	壁および天井の仕上げ材用
不燃積層石膏ボード	表紙に不燃性の原紙を用いたもので、不燃性原紙に化粧を施したものもある。	化粧なし：壁、天井の下地材用 化粧あり：壁、天井の仕上げ材用
普通硬質石膏ボード	強化石膏ボードよりも耐衝撃性で約 1.2 倍以上、曲げ破壊荷重が GB-R の約 1.3 倍以上硬質なもの。	間仕切り、通路、廊下などの壁および各種の防耐火・遮音間仕切りの下地材用
シージング硬質石膏ボード	普通硬質石膏ボードの性能を保持したまま、防水処理を施したもの。	屋内の多湿箇所の壁、天井および外壁の下地材用
化粧硬質石膏ボード	普通硬質石膏ボードの性能を保持したまま表面化粧を施したもの。	壁、天井の仕上げ材用
構造用石膏ボード	強化石膏ボードの性能を保持したまま、釘側面抵抗を強化したもので、側面抵抗によって A 種、B 種がある。	木造耐力壁の面材用
吸放湿石膏ボード	上記石膏ボードの吸放湿性能を約 3 倍に高めたもの。	湿度調整機能が求められる室内の壁、天井の下地材、仕上げ材用

10.2 繊維強化セメント板

考えるポイント 繊維強化セメント板の主原料はセメント、石灰質原料、ケイ酸質原料、スラグ、石膏である。補強用繊維には石綿以外の繊維が使用される。JISでは原料別に「スレート」「ケイ酸カルシウム板」「スラグ石膏板」の3種類に分類している（JIS A 5430）（表1）。

1 スレート

1）原料と製法

スレート※はセメントに補強繊維と混和材、水を混合し、紙をすき取る要領でウェットマシン（抄造機）にかけてすき取った材料を型板上でプレス成形し、オートクレーブで高温・高圧養生して製造する（図1）。波形の板を**波板**、平板状の板を**ボード**と呼ぶ。無塗装で使用することが多い。塗装の場合は耐アルカリ性のものを使用する。

2）スレート波板

断面を波形にして折れ曲がりにくい構造にしている（図2）。曲げ破壊荷重の大小により大波板と小波板に分けられる。大波板は小波板の2倍以上の強度があり、屋根や外壁材に使用される。小波板は主に外壁材の用途に使用する（写真1）。

3）スレートボード

スレートボードは密度が大きいものほど強度が大きい。フレキシブル板はスレートボードの高級品で、平板に比べて高い強度と靭性をもち、耐衝撃性にも優れ、吸水率も小さい。

鉄道の遮音壁にも使われている。平板はスレートボードの普及品で台所などの火気室や軒天井など内・外装に用いる。

スレートボードに貫通孔をあけた有孔板もあり、グラスウールなどと組み合わせて、騒音の激しい場所での不燃吸音材として、また公共施設の内装などに使用されている。

2 ケイ酸カルシウム板

1）原料と製法

石灰質原料、ケイ酸質原料を主原料に補強材料として繊維を混入し、オートクレーブ養生して製造する（図3）。ウェットマシンで抄造成形したもの（タイプ2）とプレスで圧縮成形してつくる密度が小さい軽い製品（タイプ3）がある。

2）種類と特徴

タイプ2は内装の壁材や天井材として、**タイプ3**は耐火被覆用である。タイプ1は補強用に石綿繊維を使用したもので、現在は生産していない。

タイプ2は密度の違いにより2種類に分かれている。曲げ強さはスレートボードに劣り、石膏ボードを上回る。熱伝導率は0.24W/m・K以下と石膏ボードと同程度でスレートより優れている。

吸水はするが水濡れには比較的強く、水まわりに使われることも多い（写真2）。ただし、直接雨がかりとなる部分への使用は推奨されない。

3）用途

耐火性があり切断などの加工が容易なため内装用として多用される。表面がこすれて粉が付きやすいため、通常は塗装などの表面化粧が施されている。またスレートと同様にアルカリ性であるため、油性塗料やフタル酸樹脂塗料など使えないものがあるので、塗料の選定には注意を要する。

表面に焼き付け塗装したものは厨房、トイレ、クリーンルームなど清浄度が要求される場所に使用されている。塗装、クロス張り、タイル張りなど多様な仕上げ方が可能である。

3 スラグ石膏板

製鉄所から出る高炉スラグ、副生石膏（9.2節参照）を主原料として、補強繊維、混和材を混練し、抄造成形して製造する（図4）。

密度はケイ酸カルシウム板と同程度だが曲げ強さは若干下回る。環境配慮型の防火建材として内装材、軒天井などに使われる。価格は他の防火建材に比べてやや高めである。

※スレートとは屋根材に使われる玄昌石のことだが、ここではセメント系の繊維板のことをいう。

表1 繊維強化セメント板の種類と性質
（出典：JIS A 5430 より作成）

種類			厚さ(mm)	かさ密度(g/cm³)	曲げ強さ(N/mm²)	吸水率(%)	主な用途
スレート	波板	小波	6.3	—	1470N 以上※	30 以下	外壁
		大波		—	3920N 以上※		屋根および外壁
	ボード	フレキシブル板A	3〜8	約1.6	28.0 以上	28 以下	内外装 壁、天井
		フレキシブル板			28.0 以上	24 以下	
		軟質フレキシブル板	3〜6		28.0 以上	28 以下	
		平板	5、6	約1.5	18.0 以上	28 以下	
		軟質板	4	約1.3	14.0 以上	33 以下	
ケイ酸カルシウム板	タイプ2	0.8 ケイ酸カルシウム板	4〜12	0.6〜0.9	10.0 以上	雨がかりには使用しない	内装壁、天井
		1.0 ケイ酸カルシウム板		0.9〜1.2	13.0 以上		
	タイプ3	0.2 ケイ酸カルシウム板	12〜70	0.15〜0.35	0.39 以上		耐火被覆
		0.5 ケイ酸カルシウム板		1.5 以上	1.5 以上		
スラグ石膏板		0.8 スラグ石膏板	5〜12	0.6〜0.9	6.0〜7.5 以上		内装壁、天井
		1.0 スラグ石膏板		0.9〜1.2	8.5〜10.5 以上		
		1.4 スラグ石膏板		1.2 以上	12.5〜16.5 以上		

注1：繊維強化セメント板は平成12年建設省告示第1400号で不燃材料（告示仕様）と定められているが、製品によっては個別に不燃認定の取得（大臣認定）が必要なものがある。
注2：波板の曲げ強さの数値（※）は曲げ破壊荷重。
注3：ボード類の寸法は波板を除き、幅（910、1000、1210）×長さ（910、1820、2000、2420）などとなっている。

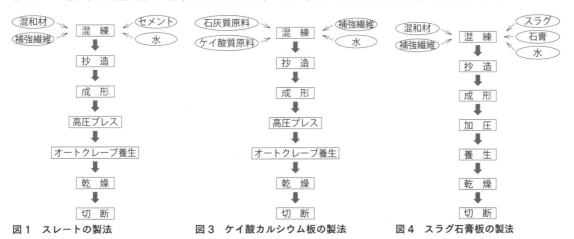

図1 スレートの製法　　図3 ケイ酸カルシウム板の製法　　図4 スラグ石膏板の製法

図2 スレート波板の断面形状と幅（720、950mm）×長さ（1820〜2420mm）

写真1 外壁、屋根へのスレート波板の使用例

写真2 トイレの間仕切壁への使用例

10・2 繊維強化セメント板

10.3 サイディングとその他のパネル

考えるポイント
窯業系サイディング、ALC板、押し出し成形セメント板は主として外壁用に使用されている（表1）。不燃性など共通する性質もあるが、防火性、強度、断熱性、表面の性質などにはそれぞれに異なった特徴がある。実際の建物に適用する際に注意すべき事柄にはどういうものがあるだろうか。

1 窯業系サイディング

外壁に用いるボード類を一般にサイディングという（写真1、2）。金属系、樹脂系、窯業系のものがある。窯業とは粘土やケイ砂、石灰岩などを窯で熱処理して製造する業種のことを指す。木質系の板類はサイディングと呼ばずに羽目板などという。

1）原料と製法
窯業系サイディングは木造住宅の外装材の主流として普及している。セメントを主原料として繊維質の補強材および混和材を入れてスラリー（泥状）にしたものを板状に成形して、養生、乾燥を経て製品になる。セメントの水和により硬化する。

2）種類と性能
表面仕上げの種類には工場であらかじめ印刷、塗装などの仕上げを施したものと、現場塗装用として単にシーラーを下塗りしたものがある。原材料に着色材を混入したものもある。JISでは厚さ14mm以上のものを規格品としている（表2、3）。

防耐火性が特に優れたもの、遮音性に優れたもの、変退色しにくいものなどバリエーションが豊富にある。多くは表面に石目調などの型押し模様が施されている。乾式工法で躯体の変形への追従性もあり欠点の少ない材料のひとつである。

2 軽量気泡コンクリートパネル

高温高圧養生した軽量気泡コンクリートのことで、一般にALC板（Autoclaved Lightweight Aerated Concrete Panels）と呼ばれる（写真3）。

1）原料と製法
ケイ石、セメント、生石灰、発泡用アルミ粉末に水を加えた混合液を、あらかじめ鉄筋マットを組み込んだ型枠に流し込む。流し込まれた材料はセメントのアルカリとアルミ粉末との化学反応により水素を生成し、多数の気泡を発生しながら水和反応により硬化し始める。半硬化状態のときに所定の寸法に切断してオートクレーブ（高温・高圧）養生して完全に硬化させる。その後側面、表面の加工を経て製品とする。

2）種類
厚形パネルと薄形パネルがあり、それぞれ表面が平らなものと、凹凸模様など意匠的な加工を施したものがある（表4）。そのほかにL字形をしたコーナー用のコーナーパネルがある。耐火構造の屋根、壁、床、間仕切りなどとして使用される。

3）性能
ALC板は多孔質で比重が約0.5と小さく、耐火性がある材料である。材質は軟らかく、欠けやすいため保管や施工の際には注意を要する。圧縮強度は普通コンクリートの約1/10である。曲げ強さについては設計荷重に対するひび割れとたわみ量の許容値が定められている。吸水性は大きく、素地のままでは使えない。必ず表面を防水性のある塗料や仕上げ塗り材などで仕上げる（表5）。

3 押し出し成形セメント板（ECP）

1）原料と製法
ECP（Extruded Cement Panel）と呼ばれる。セメント、ケイ酸質原料、繊維質補強材を水で混練し、中空の板状に押し出し成形した後オートクレーブ養生して製品とする（写真4）。

2）特徴
主として中高層建物向けの非耐力壁として外壁や間仕切り壁に使用されている。ECPはコンクリート壁同様、素地仕上げが可能である。ALC板に比べて比重は1.7と約3倍強で、材質は硬く吸水性が小さい。種類と性能を表6、7にあげる。

表1　外壁用パネルの種類と特徴

種類	特徴
窯業系サイディング	石目調、木目調、れんが模様などさまざまなテクスチャーのものがある。品質も安定しており、木造住宅の外壁に多く使われている。
ALC板（軽量気泡コンクリートパネル）	表面が平らなものと型押しなどの化粧を施したものがある。軽量で気泡の多い材質で断熱性、耐火性に優れるため、鉄骨造の外壁や防火区画の用途に多用される。吸水しやすいため防水性のある塗装などが必要。衝撃に弱くひび割れや端部が欠けやすい難点がある。
ECP（押し出し成形セメント板）	ALCに比べて強度が高く衝撃に強い。組織が緻密で表面が硬い。吸水性も小さい。断熱性はALC板に劣る。セメント色の素地をそのままあらわしで使用することも多い。

表2　窯業系サイディングの種類・寸法
（出典：JIS A 4522）

	種類	製品の仕様
種類	化粧サイディング	工場で基材の表面に印刷、塗装などの化粧仕上げを施したもの、工場で原料の一部として着色材料を混入したもの、または素地のままで使用するものを含む。
	現場塗装用サイディング	現場で基材の表面に化粧仕上げ（張り仕上げ材を除く）することを前提に、工場でシーラーを施したもの。
寸法	厚さ（mm）	14～26
	幅（mm）	160～1100
	長さ（mm）	910～3300

注：「化粧仕上げ」には張り仕上げ材を含まない。

表3　窯業系サイディングの性能
（出典：JIS A 5422）

	板厚（mm）	14～17	18～20	21～26
強さ	曲げ破壊荷重（N）	785以上	900以上	1000以上
難燃性、発熱性		難燃2級以上、発熱性2級以上		

表4　ALC板の種類・寸法（コーナーパネルを除く）
（出典：JIS A 5416）

種類	厚さ（mm）	幅（mm）	長さ（mm）
厚形	75以上180以下	610以下　外壁用は2400以下	6000以下
薄形	35以上～75未満	606以下	3000以下（平）2400以下（意匠）

注：厚形、薄形とも平パネル、意匠パネル、コーナーパネルがある。

表5　ALC板の性能
（出典：JIS A 5416）

圧縮強度（N/mm^2）	3.0以上
密度（kg/m^3）	450を超え550未満
曲げ強さ	曲げひび割れ荷重と最大たわみを規定
熱伝導率（W/m・K）	0.19
熱抵抗値（m^{2}K/W）	パネル厚さtに5.3を乗じた値以上
耐火性（耐火時間）	厚さにより30分耐火から2時間耐火まで

表6　押し出し成形セメント板の種類・寸法
（出典：JIS A 5441）

表面形状による分類	厚さ（mm）	働き幅（mm）	長さ（mm）
フラットパネル	35、50	450、500、600	5000以下
	60、75	450、500、600、900、1000、1200	
	100	450、500、600	
デザインパネル	50、60	600	
タイルベースパネル	60	605以下	

表7　押し出し成形セメント板の性能
（出典：JIS A 5441）

比重	1.7以上
曲げ強度（N/mm^2）	17.6以上
吸水率（%）	18以下
吸水による長さ変化率（%）	0.07以下
熱伝導率（W/m・K）	0.46（パネル平均）
遮音性能（50mm、60mm品）	D30等級（500HZ-30dB）
難燃性	難燃1級

写真1　窯業系サイディング

写真4　ECP（押し出し成形セメント板）

写真2　サイディング　れんが模様（左）、木目調（右）

写真3　ALC板

10.4 岩綿吸音板とその他のボード

考えるポイント 岩綿吸音板が天井材として広く使われている理由とは何だろうか。木片などをセメントで固めた板を木質セメント板というが、どのような種類や特徴、用途があるのだろうか。耐火建築物などの屋根下地材に使われる理由も考えてみよう。

1 岩綿吸音板（JIS A 6301）

1）岩綿繊維

岩綿（ロックウール）はスラグを高温で溶融し、繊維状にした人造鉱物繊維である。組成はケイ酸（SiO_2）35〜45%、酸化カルシウム（CaO）30〜40%、アルミナ（Al_2O_3）10〜20%、その他となっている。石綿[*]にかわり耐火被覆、断熱材、吸音材などの原料として使用されている。

2）岩綿吸音板

岩綿を主原料とし、粒状綿（岩綿繊維を5〜25mmの粒状にしたもの）、結合材、混和材、水を混合して板状に成形しトラバーチン模様（写真1）、非貫通孔状、凹凸状、印刷、ラミネートおよびそれらの組み合わせなどの表面化粧をしたもので、天井材として使用される。JIS A 6301「吸音材料」の中で**ロックウール化粧吸音板**として規定されている。

3）不燃・断熱・吸音

岩綿吸音板の種類と性能を表1にあげる。吸音性能は 0.5M で吸音率 0.41〜0.60 と優れているのが最大の特徴である（12.8節参照）。また密度は $0.5g/cm^3$ 以下と非常に軽く断熱性に優れている。天井材に求められる不燃・断熱・吸音といった性能を満たした優れた天井材料といえる。

4）曲げ破壊荷重

曲げ破壊荷重は同程度の厚さの石膏ボード（厚さ12.5mm）と比較すると、石膏ボードの500Nに対して60Nと約1/8である。端部なども欠けやすいため施工の際には注意を要する。しかし天井専用に使用されるので、強度はあまり重要ではなく、天井下地に止め付けた後に経年で剥がれ落ちたり、垂れ下がったりしない程度の剛性があれば足りる。普通は石膏ボード捨て張りの上に接着張りすることが多い（図1、写真2）。

2 木質セメント板（JIS A 5404）

1）木質セメント板

木質セメント板には木毛セメント板（写真3）と木片セメント板（写真4）がある。両者の違いは主として原料とする木質繊維の形状による。木材を細長い繊維状に削ったものを木毛、薄片状にしたものを木片とし、それぞれの原料とする。これらをセメントと水で練り混ぜ、板状に圧縮成形して製造する。板の表面に繊維や木片が現れ特有の外観を呈する。木材は間伐材や製材工場から発生する端材、建物の解体で発生する廃材などが用いられるため、環境に配慮した建築材料といえる。

2）木質セメント板の特徴

木質セメント板の種類・性能を表2にあげる。火に強いセメントと断熱性や吸放湿性に優れる木材の両方の長所をあわせもつ。建築基準法では準不燃材料に位置づけられる。強度は木毛セメント板、木片セメント板に顕著な違いはなく、材料の密度の影響が大きい。曲げ破壊荷重は同じ厚さ（15mm厚）の石膏ボード 650N 以上と比較すると、硬質木毛セメント板 800N 以上、普通木毛セメント板 350N 以上となる。熱伝導率は 0.1W/m・K 程度と小さく断熱性に優れる。また密度も比較的大きく、遮音効果も期待できる。

3）用途

下地材として、また塗装などの表面仕上げを施し内装仕上げに用いる。木毛には細目、中細があり、仕上げ材としては細目のものを採用することが多い。断熱性、遮音性を兼ね備えることから、不燃性の屋根材などと組み合わせて耐火建築物の屋根下地としても使用される。

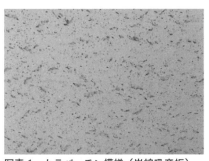
写真1 トラバーチン模様（岩綿吸音板）

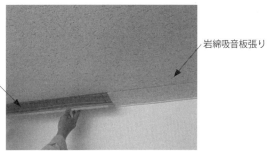
写真2 岩綿吸音板の施工

表1 岩綿吸音板の種類と性能
(出典：JIS A 6301 より作成)

厚さ（mm）	9	12	15	19	(参考) 石膏ボード
幅、長さ（mm） （※よく使われる）	300×600※ 303×606	300×600※ 303×606	300×600 400×1500	300×600 400×1500	厚さ12.5mm
密度（kg/m³）	500 以下				約750
含水率（%）	3.0 以下				3.0 以下
曲げ破壊荷重（N）	40 以上	60 以上	90 以上	130 以上	500 以上
吸音率	密度により 0.3M注（0.21～0.40）、0.5M（0.41～0.60）、0.7M（0.61～0.80）				—
熱抵抗値（m²K/W）	0.14 以上	0.19 以上	0.23 以上	0.28 以上	0.060 以上
熱伝導率（W/m・K）	0.064				0.22
難燃性、発熱性	難燃1級または発熱性1級				難燃1級

注：M は測定条件の記号。剛壁密着の状態（裏面に空気層を設けない）で測定

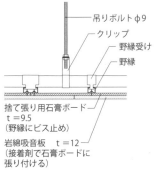
図1 岩綿吸音板張り構法の例

写真3 木毛セメント板
（写真提供：竹村工業株式会社）

写真4 木片セメント板
（写真提供：ニチハ株式会社）

表2 木質セメント板の種類と性能
(出典：JIS A 5404 その他より作成)

種類		木質原料の長さ	製品のかさ比重	厚さ（mm）	曲げ破壊荷重N （厚さ25mm板）	熱伝導率 （W/m・K）	難燃性、発熱性
木毛 セメント板	硬質木毛セメント板	450mm 以下	1.0 以上	15、20、25、30	1800 以上	0.13	難燃2級以上または発熱性2級以上
	中質木毛セメント板		0.7 以上 1.0 未満	15、20、25、30、40、50	1000 以上	0.11	
	普通木毛セメント板		0.4 以上 0.7 未満	15、20、25、30、40、50	650 以上	0.09	
木片 セメント板	硬質木片セメント板	50mm 以下	0.9 以上	12、15、18、21、25	2530 以上	0.15	
	普通木片セメント板		0.6 以上 0.9 未満	25、30、50	500 以上	0.11	
木質セメント板の寸法例		普通・硬質木毛セメント板（455×1820、910×1820、1000×2000） 硬質木片セメント板（910×1820、910×2730、910×3030）					

11.1 畳

考えるポイント
畳は昔からある和室用の床材料で、障子やふすま紙のように取り替えが容易で、更新しやすい材料である。従来和室に使われていたが、現代では洋室の一角に置かれる置き畳としても使用されるようになるなど用途も多様化している。畳はどのようにつくられていて、その機能や性能とはどういうものだろうか。

1 畳の構成

畳は大きく分けると**畳床**、**畳表**、**縁**の3つの部分で構成されている（図1）。畳の大きさについてJISでは4種類の寸法区分を定めている（表1）。この中でも1760×880mmというサイズが一般的である。ただし、畳はこの表にある寸法でつくり置きする製品ではなく、畳を入れる部屋の寸法を計測したうえで、周囲を切りそろえてサイズを調整し、ぴったり部屋に合わせて入れる、イージーオーダーの材料である。

2 畳床

畳床の種類に**稲わら畳床、稲わらサンドイッチ畳床、建材畳床**がある（図2）。現在は畳床の生産量は建材畳床80%、稲わら畳床12%、稲わらサンドイッチ畳床8%となっている。

1) 稲わら畳床（JIS A 5901）

昔からある稲わらだけからなる畳床である。稲わらは刈り取って1年以上寝かせ、よく乾燥させた稲の茎を使用する。畳床1枚に使われる稲わらは3万〜3万5000本といわれている。

稲わらを縦横交互に30〜40cmほど積み重ねて、**製畳機**という機械で均等に圧縮しながら縫いあげてつくる。使用する稲わらの量が多いほど、また縫うピッチが細かいほど高級となり、JISでは特級品から3級品まで4種類を区分している。

高級品は1枚当たりの質量が大きく、たわみも小さい。関東間*用を例にあげるとJISの特級品が28.8kg/枚、3級品が23.7kg/枚である。

2) 稲わらサンドイッチ畳床（JIS A 5901）

稲わらの中にポリスチレンフォームやインシュレーションボード（タタミボードという）をサンドイッチした畳床である。稲わら畳床に比べて断熱性が良いのと軽量であるのが特徴である。

3) 建材畳床（JIS A 5914）

稲わらをまったく使っていない畳床である。稲わらのかわりに**タタミボード**を主材料にしたもの、タタミボードとポリスチレンフォームを主材料にしたもの、ポリスチレンフォームを主材料にしたものの3種類に大別される。厚さ20、25mmといった薄い製品がつくれること、稲わらを使用しないことで害虫の発生を抑えられること、軽量で断熱性に優れることなどの長所がある。

3 畳表

1) 畳表

畳表の材料には**い草（藺草）**を用いる。い草を緯糸として、麻糸や綿糸を経糸にして織られたものである。図3のように1目に経糸2本を通して織り込む。ひとつの目の幅は4分5厘から5分（15.15mm）である。畳の幅の中に目がいくつあるかというのを目数という。

品質の良いい草を麻糸で目数多く織り込んだものが上等とされる。

2) 琉球表

縁なし畳として使われる。琉球表は1目に経糸1本を通して織り込むので、目数が多い。い草は普通の畳で使われているものとは異なり、**七島藺**という折り曲げに強いものが使われる。

3) 縁

縁の幅は一般に畳の目の2つ程度とされる（27〜30mm）。素材は麻、絹、木綿、化学繊維がある。現在は化学繊維製が主流となっている。畳表の端部を保護するものだが、縁の色や柄で家格を表すこともあった。また豊富な色柄は和室の装飾の一要素ともなっている。

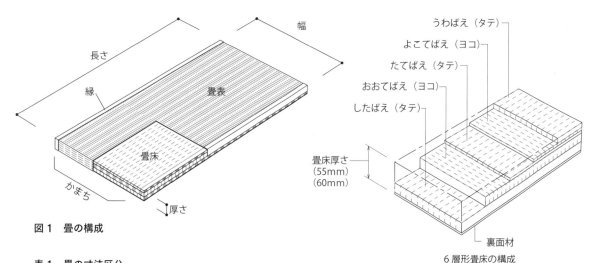

図1 畳の構成

表1 畳の寸法区分
(出典：JIS A 5902)

寸法 L×W×D (mm)	記号	畳表の種類	備考
1910 × 955 × 55	95W-55	1種表	本間、京間
1820 × 910 × 55	91W-55	2種表	中京間、三六間
1760 × 880 × 55	88W-55	3種表	江戸間、関東間、五八間
1760 × 880 × 60	88W-60		

L、W、Dは図1の長さ、幅、厚さに対応する。

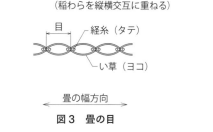

図3 畳の目

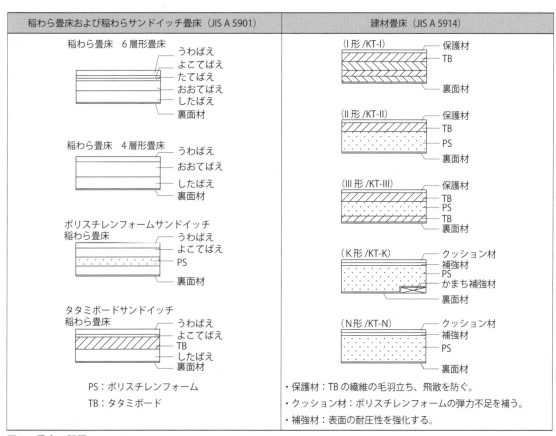

図2 畳床の種類
(出典：JIS A 5901、JIS A 5914)

11・1 畳

11.2 カーペット

考えるポイント
カーペットはもともと下足の文化で発達した床の敷物である。実用性に加えて、装飾性も大きな比重を占める材料である。洋風の暮らしが普通になった現代ではホテルやオフィスをはじめ多くの建物に使われている。用途に応じてカーペットを選定するために必要なことには、どういうものがあるだろうか。

1 カーペットの製法

1) 製法による分類

カーペットは歩行感が良く、衝撃吸収性、保温性、吸音性に優れた材料である。適度な弾力があり、転倒したり誤って物を落とした場合の衝撃吸収性がある。保温性や吸音性を備えている材料でもある。カーペットの製法は古来の手織りのほかに工業化による機械織り、刺繍などがある（表1）。図1に主なカーペットの断面例をあげる。

2) パイル

パイルとはカーペットの表面に現れる糸または繊維で構成された部分のことで、基部から突き出た部分の長さを毛足という。カーペットの構成は大きく分けるとシート状の基部とパイルからなる。

パイルの形状は**ループパイル**と**カットパイル**に大別される（表2）。毛足の長短や、ループパイルとカットパイルの組み合わせによりカーペットに模様を表すこともある。使用される繊維の特徴を表3にあげる。一般的にはウールは素材感や耐久性などに優れた点が多い高級な素材だが、使用条件によってはほかの素材のほうが適する場合もあるので、用途に応じて適切に選定する必要がある。

2 カーペットの種類

1) 緞通(だんつう)

織物には手織りと機械織りがあり、手織りカーペットの代表格が緞通である。緞通の製法は基布の地の経糸にパイルを絡ませ、結んでいく方法による。

パイルの結び方の違いで**ペルシャ緞通**、**天津緞通**などに区別される。手間のかかる製法で、量産できない。価格も高く、汎用床材というよりも美術工芸品として扱われることが多い。

2) ウィルトンカーペット

機械織りによる織物カーペットで、18世紀中期にイギリスのウィルトンで初めてつくられた。パイルの密度が細かく厚手のものが制作でき、耐久性も良い。タフテッドカーペットが現れるまでは、カーペットの主流を占めていた。機械織りにはほかに19世紀にアメリカで発明された**アキスミンスターカーペット**がある。

3) タフテッドカーペット

織物カーペットが基布とパイルを同時に織りあげるのに対して、タフテッドは基布にパイルを刺繍する要領で差し込んでつくるので、刺繍カーペットとも呼ばれる。基布の裏側にもう1枚基布を張り付けるのでウィルトンと異なり裏側に表面の模様は見えてこない。ウィルトン織りの30倍の生産速度をもつといわれ、大量生産によりコストダウンに貢献し、広く普及している。

4) ニードルパンチカーペット

繊維を重ねて多数の針（ニードル）で突き刺して絡ませ、圧縮してフェルト状にしたもの。パイルはなく、表面は平滑である。繊維質のシートもしくはボードといってもよい。

5) タイルカーペット

タイルカーペットには汚損箇所を容易に張り替えられる利点がある。重量やパイルの引き抜き強さ、耐摩擦性によって1種と2種がある。パイルの素材にはナイロン、ポリプロピレン、ウールが使われている。サイズは450mm角、500mm角、600mm角があるが、500mm角がよく使われる。厚さは6〜9mm程度で厚いものほど高級である。OAフロアの表面材として使われることも多い。接着にはピールアップ性（容易に剥がせる性質）が求められる。

表1 製法によるカーペットの分類

代表的な製品	構成／製法		特徴
緞通	糸と糸	手織り	最も歴史の古い手織りカーペット。耐久性に大変優れ、色や柄が繊細で美しい。製造技術に熟練を要し量産できない。
ウィルトン	糸と糸	機械織り	数色のパイル糸を使用して基布を同時に織り込んだカーペット。パイル糸のほかに地糸(地経糸)、縦糸（覆経糸）、横糸（緯糸）で織られているため丈夫で耐久性に優れる。機械織りの高級品。
アキスミンスター	糸と糸	機械織り	あらかじめ決められた順序に従って多数の色糸をパイルとして織り込んだカーペット。パイルの形状はカットパイルになる。色や柄が豊富。
タフテッド	糸と基布	刺繍	既成の基布にミシン針でパイルを植え付け、基布の裏からラテックス（生ゴム）などで固定したもの。
ハンドタフテッド	糸と基布	刺繍	製法はタフテッドと同じだが、ハンドメイドで製作する。基布に描かれた模様に沿って、フックガンと呼ばれる道具でパイル糸を刺し込む。技術に熟練を要し、オーダーメイドが可能。
ニードルパンチ	繊維と基布	圧縮	繊維を積層し、針（ニードル）で突き刺して繊維をフェルト状に絡み合わせ、圧着したカーペット。切り口の糸がほつれないので、カットが自由で施工も容易である。
タイルカーペット	糸と基布	刺繍等	タイル状にカットされた基布にパイルをタフティングマシンで植え付け、ガラス不織布、塩化ビニル樹脂などで裏打ちしたもの。

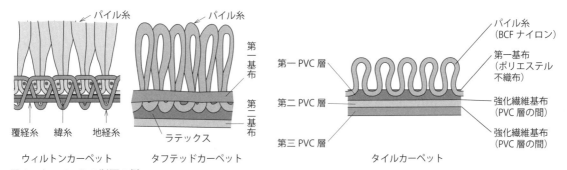

図1 カーペットの断面の例

表2 パイルの形状と特徴

パイルの種類と形状	ループパイル	カットパイル	カット／ループパイル
特徴	切断していないループで形成されたパイル。ループの高さがそろっているレベルループ、高低があるハイ／ローループ、マルチレベルループがある。	パイルの先端がカットされた形状のパイル。最も毛足が短く密度が高いベロア、毛足が太く長いシャギーなどがある。	カットパイルとループパイルからなるパイルの形状。パイルの高さがそろっているレベルタイプとハイ／ロータイプがある。

表3 主なカーペットに使用される繊維の特徴

繊維	特徴	カーペットの種類			
		A	B	C	D
ウール	弾力性、吸湿性、難燃性、防汚性、保温性に優れ、へたりにくい。防虫・防カビ性に劣る。	○	○	○	
アクリル	軽く保温性、弾力性、防虫・防カビ性に優れるが、吸湿性はなく防火性は劣る。		○	○	○
ナイロン	強度が大きく、耐摩耗性、弾力性、防虫・防カビ性、染色性に優れ、へたりにくい。防火性は劣る。静電気を生じやすい。		○	○	
ポリプロピレン	軽く強度が大きい。酸・アルカリに強く防虫・防カビ性、防汚性に優れる。吸湿性はなく防火性は劣り、へたりやすい。			○	○
ポリエステル	弾力性、耐摩耗性、防虫・防カビ性に優れ、へたりにくい。吸湿性はなく防火性は劣る。			○	○

注：A：緞通、B：ウィルトンカーペット、C：タフテッドカーペット、D：ニードルパンチカーペット

11.3 プラスチック系床材

考えるポイント　プラスチックは一般に高分子化合物である合成樹脂のことで、加熱すると軟らかくなる塩化ビニルやポリエチレンなどの熱可塑性樹脂と、逆に硬化するポリエステルなどの熱硬化性樹脂に大別される。床材にはどのような樹脂が使われているのだろうか。またその性質はどのようなものだろうか。

1 ビニル系床材

1) 塩化ビニル樹脂

一般に塩ビ、あるいは単にビニルとはポリ塩化ビニル（PVC）樹脂のことを指す場合が多い。密度は約 $1.4g/cm^3$ で通常の使用状態での耐熱温度は 60～80℃程度までとされる。酸やアルカリに侵されず化学的安定性に優れているため、床材や壁紙をはじめ給排水用の配管材や電線の被覆材など用途が広く汎用性のあるプラスチックである。

塩化ビニル樹脂について、かつて廃棄、燃焼する際にダイオキシンを発生したり、可塑剤に環境ホルモン物質が含まれるとして社会問題化したことがある。そのために、塩ビの代替品としてオレフィン樹脂系*建材が開発されたという経緯がある。

しかし、ダイオキシン発生の原因が塩化ビニル樹脂そのものよりも燃焼条件に左右されることがわかり、現在は安全性が確認されている。

2) ビニル系床材の特徴

ビニル樹脂には塩化ビニル、塩化ビニル酢酸ビニル共重合体樹脂などがあり、これらを基本材料にした床材をビニル系床材という（JIS A 5705）。

ビニル系床材はビニル樹脂、可塑剤および安定剤からなる。ビニル系床材の種類と特徴を表1、2に、構成を図1に示す。

ビニル系床材はタイル状のものとシート状のものに大別され、タイル状のものには接着張りするものと置き敷きするタイプがある。近年は改装工事や材料のリサイクルを考慮してピールアップ性（11.2節参照）のある接着剤を使用する例も増えている。シート状のものでは裏側に発泡層があるものとないものがある。発泡層のあるものはクッション性や断熱性に優れ、素足で歩いたり床に直に座ったりすることの多い施設などに向いている。

2 ビニル系以外の床材料

1) リノリウム系床材

天然素材からなるリノリウムは特有の香りや風合いがある。燃焼時に有毒ガスが出ないことや、土中でバクテリアにより分解され自然に還元されるなどの特徴があり、環境にやさしい床材として、近年見直されている。リノリウム床材は亜麻仁油とロジン（松脂）を酸化重合させたものに木粉、コルク粉などを混入して、麻布（ジュート）などで裏打ちして製造される。耐摩耗性があり重歩行に適している。抗菌性、帯電防止性、耐熱性に優れるが、アルカリ性の水分に接触すると分解する性質があることなどの注意点がある。

2) ゴム系床材

天然ゴムまたは合成ゴムに充填材などを加えて製造する。タイル状とシート状のものがある。ゴム独特の弾力性があり歩行感が良い。防滑性、耐摩耗性、耐久性がありタバコの火による焼け焦げがほとんどつかない。円形の凸部のついたタイプは通行量の多い駅の通路や空港などに実績がある。

一般にゴムは油類により変質する性質があるが、ゴム系床材には耐油性を備えた製品もある。ただしすべての油類に耐性があるわけではないので使用条件を精査して使い分けるようにする。ゴム系タイルはアルカリ性の強い洗剤などには侵されるのでメンテナンス時などには注意が必要だ。価格は塩化ビニル系床材に比べるとかなり高価である。

3) オレフィン樹脂系床材

オレフィン類はポリエチレン、ポリプロピレンなどのような炭素（C）と水素（H）だけからなる樹脂の総称である。塩素や可塑剤を含まず、図2に示すような構造から燃焼時にも有害物質を出さないので環境配慮型建材とされる。

表1　ビニル系床材の種類（出典：JIS A 5705）

区分		種類	バインダー含有率(%)	厚さ(mm)	最小寸法(mm)
床タイル	接着形	単層ビニル床タイル	30以上	2	300×300
		複層ビニル床タイル		2.5	
		コンポジションビニル床タイル	30未満	3	
	置敷形	置敷きビニル床タイル	－	4.0以上	450×450
		薄型置きビニル床タイル	－	4.0未満	
床シート	発泡層のないもの	単層ビニル床シート	－	1.5以上	900×900
		複層ビニル床シート	－		
	発泡層のあるもの	発泡複層ビニル床シート	－		
		クッションフロア	－		

注：バインダー：ビニル樹脂、可塑剤、安定剤からなるビニル床材の基本材料。
　　接着形：接着剤を下地に塗布し、施工を行うタイル。
　　置敷形：粘着剤を用い施工を行う、剥離が容易な床タイル（かん合式のタイルは含まない）。

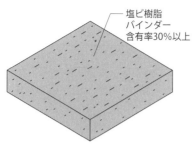

単層ビニル床タイル（TT）

複層ビニル床タイル（FT）

図2　ポリ塩化ビニルとポリオレフィン樹脂の構造の違い（ポリオレフィン類は炭素と水素からなり、燃えると CO_2 と H_2O を生成する）

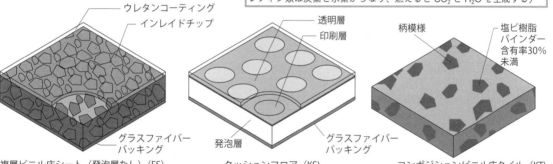

複層ビニル床シート（発泡層なし）（FS）　　クッションフロア（KS）　　コンポジションビニル床タイル（KT）

図1　ビニル床材の構成例

表2　ビニル系床材の特徴（出典：日本インテリアファブリックス協会「フロアカバリング」2010年より作成）

種類	特徴
単層ビニル床タイル	一層物のため耐久性に優れるが、温度変化などによる寸法変化が大きいため施工に注意が必要。無地のものやマーブル柄が主流。
複層ビニル床タイル	表層に透明層と印刷層を張り合わせ、石目調や木目調などの意匠性を付与して質感を高めたもので種類は多彩。店舗などの商業施設で多用されている。歩行などで表層が摩耗すると柄が失われるため、表層を保護するためにワックス塗布による適切なメンテナンスが必要。
コンポジションビニル床タイル	充填材を多く含むので一般的には硬くて脆い。無地やマーブル柄が主流で意匠性は限られるが、大量生産ができるため経済性が良く施工性に優れる。事務所や学校などで多く採用されている。
置敷きビニル床タイル	フリーアクセスフロアの増加に伴い、生産量が伸びている。張り替えが容易なため改装頻度が高い現場に適している。また使用後のタイルをリサイクルするシステムも整っている。
単層ビニル床シート	裏打ち材の基布などが張り合わされていない一層物のシート。単層ビニルタイルと同様に無地やマーブル柄が主流で深みのある意匠性が得られる。一層物のため耐久性は優れるが、温度変化などによる寸法変化量が大きいため、施工には注意が必要である。
複層ビニル床シート	表層に透明層と印刷層を張り合わせ、石目調や木目調の意匠性を付与して質感を高めたものや、小片チップやペレットを圧延成形して深みのある意匠性を付与したタイプのものなど種類は多い。インレイドチップタイプはすり減っても柄が消えないため重歩行用に向いている。
発泡複層ビニル床シート	耐久性の高い表層と発泡層を組み合わせたタイプで衝撃吸収性や断熱性を付与した製品が多く、医療福祉施設や幼稚園、保育園などで多く使用されている。
クッションフロア	表層に透明層と印刷層を構成し発泡層を組み合わせたタイプで、ビニル系床シートの中では最も軽量である。色柄が豊富で経済性も良いため一般家庭の水回りで多く使用されているが、喫茶店などのように比較的歩行量の少ない小規模店舗でも使用されている。

11.4 壁装材料

考えるポイント　壁紙は壁だけではなく天井にもよく使われ、容易に部屋のイメージを一新することができる便利な建築材料である。更新のしやすさという点においては、他の建築材料に比べて壁紙は優れた材料のひとつといってよい。壁紙の種類や機能、性能にはどういうものがあるだろうか。

1 壁紙と建築内装

1）自然系壁紙

壁紙はもともとヨーロッパにおいて、動物の革をつないで壁装としたのが発祥といわれている。江戸末期にこれが日本に伝わり、革の代替品として和紙を使った壁装材料が製造されるようになった。壁紙は和紙などの紙類をはじめ、麻や綿などの植物繊維、また絹など動物由来の繊維を使って、織物やフェルト状の不織布、いわゆるシート状にしたものである。接着剤にはデンプン糊を用い、すべて自然系の材料を用いていた。

和紙、麻、絹などの壁紙は素材そのものの風合いがあり、それが好まれて現在もホテルなど高級な内装などによく使用されている。

2）ビニル壁紙

石油化学工業の発達にともない壁紙や接着剤に合成樹脂が使われるようになった。特に塩化ビニル樹脂の出現は壁紙の素材に革命的な変化をもたらした。また印刷技術の進歩で色や柄が自在につくり出せるようになった。さらに表面に凹凸をつけるエンボス加工技術が向上したことで、現在ではおよそ表現できないテクスチャーはないといってよいほど、多種多様な壁紙が製造されている。

ビニル壁紙には自然素材がもっている風合いがないかわりに、意匠性や性能面で優れた特徴がある。自然素材の壁紙よりも低価格であるため、現在、全壁紙の9割近くの生産量を占める。

2 壁紙の種類と性能・品質

壁紙の分類を表1に示す。

1）壁紙の品質

JIS A 6921「壁紙」では以下の6項目の品質基準を定めている。

- 退色性：紫外線による色落ちの程度
- 摩擦色落度：こすれて衣類などに色がつく程度
- 隠ぺい性：下地材を隠ぺいする程度
- 施工性：浮きや剥がれがないこと
- 湿潤強度：水分による強度低下の程度
- ホルムアルデヒド*放散量：シックハウス*対策

2）防火性能

壁紙の防火性能は壁紙単独では決まらない。張る下地材料と合わせて防火認定がされる。図1のように同じ壁紙でも下地材料との組み合わせ次第で、不燃材料にも難燃材料にもなる（12.9節参照）。

図2は建築基準法に基づき、防火仕上げを行った壁や天井などの防火性能を表示するために壁紙に貼るラベルである。

3）安全性

2003（平成15）年に建築基準法で、壁紙と接着剤はホルムアルデヒド発散材料として告示されたため、使用にあたってはホルムアルデヒド発散等級*を明らかにすることとなった。ホルムアルデヒドを発散する建築材料は、発散速度性能に応じて第1種から規制対象外まで4つの種別に区分される。シックハウス対策品としてJISマークおよび大臣認定の壁紙を流通段階でカットして販売する場合、図3のラベルが使用される。

1987（昭和62）年以前に竣工した建物にはアスベストを含有した壁紙が使われているものがあるので、解体、改修時には設計図書などで確認しておく必要がある。

4）機能性壁紙

防火性や安全性のほかにも、壁紙の素材や表面などに加工を施して、防カビ、汚れ防止、抗菌、表面強化などの機能を付加したものも多い。

表1　壁紙の分類

（出典：「ウォールカバリング」日本インテリアファブリックス協会、2014年、日本建築学会編『建築材料用教材』2013年などから作成）

区分	素材の種類[注1]	壁紙の種類	主な特徴
紙系壁紙	・加工紙 ・紙布 ・和紙	・加工紙（色紙、プリント紙、エンボス紙） ・紙布（紙製織物） ・和紙（鳥の子紙、ふすま紙） ・再生紙	・通気性がある。 ・加工が容易である。 ・薄手のものは下地精度が要求される。 ・水気、摩耗に弱い。
繊維系壁紙	・織物 ・植毛 ・化学繊維織物 ・化学繊維植毛 ・化学繊維不織布 ・絹織物	有機質の繊維を主素材とする壁紙。 ・植物性繊維またはパルプなどのセルロースからつくられるレーヨンなどの再生繊維[注2]を主素材とするもの。 ・化学繊維（アクリル、ポリエステルなど）を主素材とするもの。 ・絹（シルク）などの動物性繊維織物を主素材とするもの。 ・綿、麻などの植物性繊維と化学繊維との混紡。	・通気性がある。 ・織物特有のテクスチャーがある。 ・端部がほつれることがある。 ・汚れが落ちにくい。 ・伸縮するため施工に熟練を要す。
塩化ビニル系壁紙	・塩化ビニル	塩化ビニル樹脂を主素材、または表面化粧層に塩化ビニル樹脂を20g/m²以上使用している壁紙。裏打ち材には普通紙、難燃紙、無機質紙、織布などが用いられることがある。	・安価で施工性に優れる。 ・水拭きができて汚れが落としやすい。 ・印刷、表面成形によってさまざまなパターンがある。 ・低温での施工性が悪い。 ・さまざまな性能を付加した製品がある。
プラスチック系壁紙	・塩化ビニル以外のプラスチック	・オレフィン樹脂壁紙 ・アクリル樹脂壁紙 ・エチレン・酢酸ビニル共重合樹脂壁紙 ・表面化粧層に20g/m²以上プラスチックを使用している壁紙。 ・裏打ち材には普通紙、難燃紙、無機質紙、織布などが用いられることがある。	（オレフィン樹脂） ・燃焼有害ガスの発生が少ない。 ・汚れが付きにくい。 ・光沢が出にくい。 （アクリル樹脂） ・可塑剤、有機リン系難燃剤を使用していない。 ・燃焼有害ガスの発生が少ない。 ・素材固有のにおいが施工後に若干残ることがある。
無機質系壁紙	・水酸化アルミニウム ・紙 ・骨材 ・ガラス繊維	主に無機質を主素材とする壁紙。	じゅらく壁、ひる石、珪藻土をコートしたものなどにそれぞれ特有の素材感がある。防火性にも優れている。
その他の壁紙	・塗装用壁紙	塗装用壁紙は木片を梳き込んで張り合わせた白色の壁紙。水性塗装仕上げする。	・通気性や透湿性に優れる。 ・7～8回塗り替えができる。
		ガラス繊維織物塗装仕上げ	防火性能に優れる。
	その他	上記以外	

注1：塩化ビニル系・プラスチック系素材以外の壁紙であっても、表面の化粧に塩化ビニルまたはその他のプラスチックを20g/m²以上使用しているものは、それぞれ塩化ビニル系またはプラスチック系壁紙に分類する。
注2：再生繊維：セルロースなどの天然の高分子化合物を溶かして繊維化したもので、レーヨンやキュプラ、アセテートなどがある。

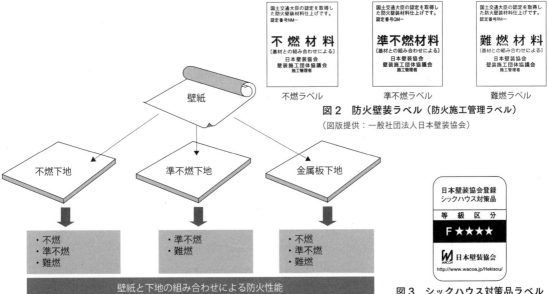

図1　壁紙の防火認定の仕組み

図2　防火壁装ラベル（防火施工管理ラベル）
（図版提供：一般社団法人日本壁装協会）

図3　シックハウス対策品ラベル
（図版提供：一般社団法人日本壁装協会）

学ぶコラム⑩　廃石膏ボードの再資源化

　石膏ボードはほとんどすべての建築物の壁材、天井材などの内装材として大量に利用されている。そのため建物の解体時に排出する廃石膏ボードの量も多く、年間排出量はすでに100万トンを超え、2047年には300万トンを超えるといった推計もある[※1]。

　廃石膏ボードは他の資材と分別し、中間処分施設で適切な処理を行うことにより、石膏粉は石膏ボードの原料などとして、紙は固形燃料などとして再生利用することが可能である。しかし廃石膏ボードの再資源化は十分に進んでおらず[※2]、最終処分（埋立て）される割合が高い。廃石膏ボードが最終処分される場合、条件によっては硫化水素が発生するため、管理型最終処分場[※3]で処分することが義務づけられており、このまま廃石膏ボードの排出量が増え続けると、処分場のひっ迫だけでなく、環境に対する影響も懸念される。したがって、廃石膏ボードのリサイクルを進めることが重要な課題となっている。

　廃石膏ボードを再資源化するためには、石膏ボードの取り付けに使用されている接合金具などの部材や仕上げ材との分別を徹底することが求められるので、手作業で解体する必要がある。また、石膏ボードの中には石綿、砒素、カドミウムといった有害物質を含有する製品が一部存在するので注意が必要である。

　分別・解体した廃石膏ボードの受入れ基準は、それを受け入れる施設によって異なるが、濡れているものや付着物のあるものは受入れ不可とされることがあるので、事前に受入れ基準を確認しておく必要がある。

※1：石膏ボード工業会「石膏ボードハンドブック/環境編」2016年より
※2：解体工事現場から搬出される石膏ボードのうち、7割近くが再資源化されていないと推定されている（同上）。
※3：管理型最終処分場では「遮断型最終処分場でしか処分できない産業廃棄物」以外の、木くずや汚泥、鉱さいなどが埋立処分される。埋め立てられた廃棄物から汚染物質を含んだ水やガスなどが漏れ出ないように、処分場の内部と外部は貯留構造物や二重構造の遮水工によって遮断されている（参考：(公財)日本産業廃棄物処理振興センター　ホームページより）。

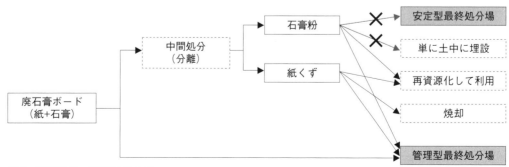

図1　廃石膏ボード処理方法の例
（国土交通省「廃石膏ボード現場分別解体マニュアル」平成24年3月より作成）

学ぶコラム⑪　建築材料としての畳

　日本の伝統的な建築物の床は土間や板敷であり、その上に敷物として草を編んだ筵やござ、それに畳がある。中でも畳は最も上等な床材として発達した。板敷の床は床構造そのものであり、歩行感や居住性などは良くない。床下空間と1枚の床板で仕切っているに過ぎず、気密性や断熱性にも乏しい。畳は当初板敷の上に部分的に敷かれたものが、鎌倉時代から室町時代にかけて書院造が完成されるころに部屋全体に敷き詰められるようになったといわれている。当時はぜいたくな床材であり、庶民の住宅に畳が普及するのは後々のことである。写真1は旧松代藩の文武学校の濡れ縁と部屋の間にある畳敷きの廊下。静寂で厳粛な雰囲気が伝わってくる。

　畳が好まれる理由を考えてみると、まず表面のテクスチャーがきめ細かく座式生活によくなじむこと、適度の弾力性があり吸音性が優れていること、さらに断熱性が良いことなどがある。農耕・稲作文化の日本では米を収穫した後の稲わらを利用する技術が発達した。稲わらは屋根葺き材や畳の原料となり、その利用技術は職人の手により改良・伝承されてきた。

　これらはいずれも最後は土に還ることで循環が完成するため、今日的な観点から見ると、畳は環境にやさしい優れた建材ということができる。

　現在は和室のない住宅すらあり、畳の供給量は減少の一途をたどってきた。図1は直近10年間の畳表の輸入量と国内生産量の推移である（畳床に使う稲わらはほぼ全量を国内で生産している）。古くなった畳を取り替えることを畳替えというが、畳の生活が市民から遠ざかり、最近は畳替えを見ることも少なくなった。畳は古くなるとまず、陽焼けして変色した畳表を裏返す。これを裏返しと呼んでいる。数年使った後で新品に取り替える。畳床は長年使って傷んだら修理または新たな畳床に取り替える。

　和室の全盛時の畳の床の構造は、根太に板を乗せ、その上に畳を敷く方法をとっていた。板は部分的に短い釘で止めてあり簡単に外すことができ、外すと写真2のようになる。洪水などで土砂が入り込んだ床下の清掃も容易になる。現在のように合板でしっかり止め付ける構法ではできないことである。

　和室では材料と構法の組み合わせはよく考えられていたのである。

写真1　文武学校

写真2　和室の床構造

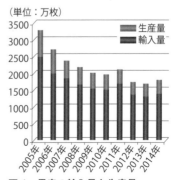

図1　畳表の輸入量と生産量
（出典：財務省「貿易統計」より作成）

12.1 機能性材料の種類

考えるポイント　防水材料や断熱材料などは使用目的が明確な材料である。大事なことはこうした材料をどのように使えば、もっている性能を最大限発揮できるかということである。したがって、使用する材料と適用する構法とのかかわりが意味をもつ。構法と材料がセットになって効果を発揮するのが機能性材料である。

1 汎用材料と機能性材料

1) 汎用材料

コンクリートは遮音性、耐火性に優れた材料である。鉄は強度が高い特質のほかにも遮音性に優れる性質をもつ。木材は大断面で使用することで防火性能を付与することができる（図1）。

またガラスは、断熱性が特に優れているとはいえないが、複層ガラスに加工すると断熱部材になる（図2）。

木材、ガラス、コンクリート、鉄などはさまざまな使い方ができる汎用性のある材料である。

2) 機能性材料

断熱、防水、音響などの性能が特別優れている材料のことを一般に機能性材料と呼んでいる。性能には素材そのものがもっている性能と、素材の組み合わせや使い方により現れるものがある。

たとえばアスファルトは材質に防水機能が備わっている材料である。一方でポリスチレンは材質そのものでなく発泡させて発泡ポリスチレンとすることで断熱性能が格段に増す。機能性材料とは言い換えると使い道が限られた材料のことである。機能性材料にはさまざまなものがあるが、主なものは**防水材料**、**断熱材料**、**音響材料**、そして**防火材料**である。この4つの性能項目でいくつかの材料を整理したものが表1である。

2 防水材料

防水材料の主たる機能は水を通さないことだが、その機能を持続させるためには、簡単に穴があいたり切れたりしないように強度が十分にあること、日射熱や紫外線などで劣化しにくい、押さえコンクリートなどの重量に耐える、躯体の挙動に追従するなどの性能が必要になる。用途に応じて必要になる性能項目も異なり、構法とのかかわりも大きい。機能性材料が本来の目的を達するために備えるべき性能を表2にまとめる。

3 断熱材料

断熱材料の主たる機能は熱を遮断することであるが、水濡れなどにより断熱性能が著しく低下したり、材質が劣化したりすることがあるので使用状態に注意する。また、外壁や屋根などに使用することから不燃性であることが望ましく、可燃性の断熱材であれば、自己消火性や燃焼時に有害物質を発生させないものとする。断熱性を確実にするためには、吹き付け、張り付け、充填などの際に施工しやすいものがよい。

断熱材料は軟らかく強度のないものが多いが、床下や壁に張り付けたり、吹き付けて使用するものにあっては断熱材の自重で垂れ下がったり、剥がれたりしない程度の剛性や下地への付着力が必要になる。これらは長期にわたって持続させるべき性能になる。

4 音響材料

音響材料は騒音対策においては音を遮る遮音性、吸収する吸音性が求められる。音楽スタジオなどでは音の響き方を制御することが必要だが、これには遮音、吸音以外に音の反射という要素や空間の形状などが重要な役割を果たす。

5 防火材料

防火材料には燃えないことや燃えにくい性質、高温に加熱されても変形や溶融などを生じず、損傷したり強度が低下しにくいこと、さらに有害物質を発生しないことが求められる。

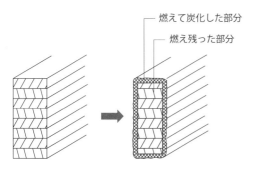

図1　木材の防火性。燃えしろを見込んだ大断面材

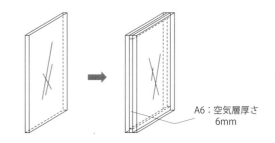

熱貫流率 (W/m²·K)	単板ガラス (6mm)	複層ガラス12ミリ (3mm + A6 + 3mm)
	5.9	3.4

図2　ガラスの断熱性

表1　機能性材料の性能イメージ

	凡例	木材	コンクリート
汎用材料	大いにある / ある程度ある / ほぼない	断熱性・防水性・防火性・防音性（遮音または吸音）	断熱性・防水性・防火性・防音性（遮音または吸音）
機能性材料	グラスウール　断熱材料・音響材料	アスファルト　防水材料	発泡ポリスチレン　断熱材料

表2　機能性材料に必要とされる性能

材料の種類	要求される性能
防水材料	下地の挙動に対して追従性がある、適度の弾力性・伸縮性がある、容易に破断しない、高温や低温時でも変質や劣化しないなど。透湿性が必要になることもある。
断熱材料	水濡れや高温・低温時に性能が低下しない、下地への接着性が良い、長期間断熱性能を持続できるなど。
音響材料	吹き付けや充填する際の施工性が良い、温度・湿度の変化により性能が低下しないなど。表面に使用する場合には意匠性が必要になることもある。
防火材料	防火上有害な変形・溶融を生じない、有害な煙やガスを発生しない、耐火被覆材では鉄骨への接着性など。

12・1　機能性材料の種類

12.2 防水する部位と防水材料

考えるポイント
防水材料を選定する際には通常、①防水する部位（どこを？）、②防水工法（どのように？）、③防水材料（何で？）、の3要素の関係が重要になる。施工する部位の特性を把握して最適な工法・材料を決める。防水する部位と工法や材料にはどのような関連があるだろうか。

1 建物外部の防水

洪水などの災害時を除けば、雨や雪、地下水への対策が防水施工の対象である。

1）屋根の防水

屋根面の対策では陸屋根と勾配屋根とで工法や材料が異なってくる（図1）。陸屋根防水は膜状の防水層で、一滴の水も漏らさないように覆うという発想（これを**メンブレン防水**＊という）によって成り立つものだが、勾配屋根では防水というよりも雨仕舞の考え方が重要になる。

雨仕舞とは雨を上手に処理する方法のことで、この考え方によれば瓦のような一枚一枚の間に隙間のある材料でも、重ね方を工夫することで雨の浸入を防ぐことができるのである。

急勾配をつけることはすなわち、雨を素早く流下させて建物の外に排出することを意図している（図1下）。そのため稲わらや茅などのストロー状の材料を重ねて雨をしのぐことも可能になる。木造住宅の勾配屋根はルーフィングを下葺きにするが、止め付けはタッカー釘によるので、ルーフィングには無数の穴があく。雨水が長時間屋根上にとどまれば漏水する構造である（写真1）。

2）壁の防水

外壁に吹き付ける雨水は壁の隙間から屋内に浸入したり、サッシまわりから浸入する。外壁の仕上げ材料に防水性のある材料を選ぶこと、隙間などは**シーリング材**（シーラントともいう）で埋めておくことが対策になる。

地下の外壁の場合は水圧が高いほど地下水が浸入しやすい。天候に関係なく常時漏水するのでしっかりとした防水対策が必要になる。底盤を含め地下外壁の外側に防水層を設けることが理にかなっているが、防水施工のスペースが必要であったり、将来的に防水層の更新が難しいことなどから、実際には内部から防水することも多い。その分地下水が浸入する可能性が高くなるが、**二重壁**を設けて外壁と二重壁の間に浸入した地下水を湧水層に導きポンプで排水するという方式をとる。

3）床の防水

ルーフバルコニーなどのように下階が屋内になっている外部床の防水は原則的には陸屋根の防水と同じである。ただし下に建物がない場合は、本格的な防水を施す必要性は少ない。通常はモルタル防水や歩行用シート防水、塗膜防水を仕上げを兼ねて施すことが多い。

2 建物内部の防水

屋内においては浴場やプールなど特殊なものを除くと、一般にトイレや厨房、小浴室などが防水の対象になる。清掃時などに床に大量に水を流すことが想定される場合は、床スラブ上に防水層を設け、その上にタイルや塗り床などの仕上げを施すことが多い（図2）。

壁の防水層の立ち上げ高さは、水が壁にかかることを想定して、十分な高さにするだけでなく、湿気が壁に残らないような対策が必要となる。最近のトイレや厨房は、拭き取りによる清掃が多く、水で洗い流すこともなくなっているので、防水層を設けないことが多い。この場合は樹脂系など防水性のある床仕上げ材とし、継ぎ目を処理して漏水対策とすることで足りる。

地下などに防火水槽、排水槽、湧水槽などの水槽類がある場合にも槽の内部を防水する必要がある。水槽内部の防水にはコンクリートの成分と反応して空隙を埋める作用のある浸透性塗布防水材などを採用することが多い。

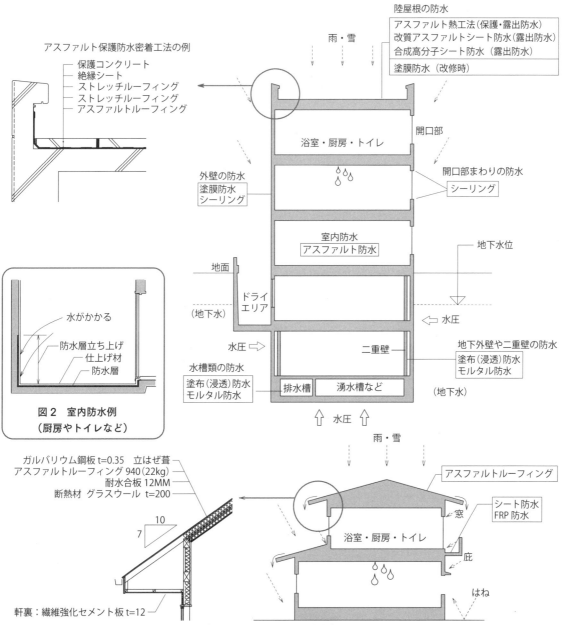

図1 主な防水部位における防水の適用例（上：陸屋根、下：勾配屋根）

写真1 勾配屋根のアスファルトルーフィング下張り（左）の上に金属性屋根葺き材（右）を重ねる

12・2 防水する部位と防水材料

12.3 防水工法と防水材料

考えるポイント
主な防水工法にはアスファルト防水、改質アスファルトシート防水、合成高分子シート防水、塗膜防水がある（表1）。それぞれどのような特徴があるだろうか。防水材料の種類はアスファルト系、合成樹脂系、合成ゴム系が主体である。工法によって使う材料が異なるのはなぜだろうか（表1、表2）。

1 アスファルト防水

1）アスファルト

防水工事には**ブローンアスファルト**が用いられる。ブローンアスファルトとは原油から精製されたストレートアスファルトに空気を吹き込み、軟化点を高くして高温での流動性やべたつきを少なくした硬質のアスファルトのことである。以下防水工事用アスファルトを単にアスファルトという。

2）ルーフィング

有機質、無機質繊維などにアスファルトを含浸させたものを**アスファルトフェルト**という。さらに表面に鉱物質の粉粒をコーティングしたものを**アスファルトルーフィング**といい、勾配屋根の下葺き用などに用いられる。そのほか用途により砂付きルーフィング、ストレッチルーフィング、穴あきルーフィングなどがある。

3）アスファルト熱工法

アスファルトを加熱して液状にした溶融アスファルトとアスファルトルーフィング類を積層して丈夫な防水層とする工法が「アスファルト熱工法」である。下地の動き（ムーブメント）に対する破断抵抗性などの機械的性質に優れ、水密性に対する信頼性も高い優れた工法である。しかし溶融釜で加熱（240〜270℃）溶融したアスファルトを使用するため、発煙や臭気の発生、火災の危険性があることなどから、特に都市部では施工しにくい。そのため最近では新たに開発された低煙・低臭タイプの「環境対応型防水工事用アスファルト」が採用されるようになっている。

2 改質アスファルト防水

1）改質アスファルト

アスファルトに合成ゴムや合成樹脂などを添加して、低温で割れたり、高温で軟らかくなりすぎるアスファルトの性質を改善したものが改質アスファルトである。熱工法やシート防水に用いる。

2）改質アスファルトシート防水の工法

トーチ工法と、**常温工法**がある。トーチ工法は、改質アスファルトルーフィングの裏面のアスファルトをトーチ（バーナー）で加熱溶融しながら溶着する工法である。

熱工法と比べ火気の使用が限定的で、臭気が少ないという利点がある一方、施工に熟練技術を要すること、施工の能率が悪いという短所がある。常温工法は火気を使用せず、ルーフィングの裏面の粘着層で接着する方法で、使い勝手は良いが、気温や下地の影響を受けやすい特徴がある。

3 合成高分子シート防水

単層の防水シートを接着剤もしくは金物で下地に施工する。

シートの材料は合成ゴム系と合成樹脂系に大別される（表2）。加硫ゴム系シートは下地の動きへの追従性に優れ、耐久性もあり、早くからシート防水の材料に使われてきた。熱可塑性エラストマー*は常温では弾力があるが、熱すると塑性を示すため、溶剤を使わずに熱融着が可能なこと、組成がオレフィン系*であることなどから環境にやさしい材料である。塩化ビニル樹脂系は密着性が良く軽歩行が可能である。

4 塗膜防水

防水剤を塗布して防水層とする。複雑な形状の部分に対して防水層を形成できる（写真1）。膜厚が薄いところが出ないように管理する必要がある。

表1 主な防水工法

防水の種類	工法の概要	適用のポイント
アスファルト防水	溶融アスファルトを全面に塗布してアスファルトルーフィングを重ね張りする。通常は3層重ねることが多い。歴史が古く信頼性が高い工法だが、溶融アスファルトを加熱するため発煙することや火災の恐れがあることなどが短所。環境対応型防水工事用アスファルトの採用が増えている。	陸屋根や室内など防水全般に適用される。特に重要度の高い建築物に多用されている。防水工法の中で最も耐用年数が長い。万能型防水。
改質アスファルトシート防水	改質アスファルトルーフィングの裏面のアスファルトをトーチ(バーナー)で加熱溶融しながら溶着するトーチ工法と、裏面が粘着層になっているルーフィングを常温で接着する常温工法がある。	陸屋根全般、露出防水用。耐用年数はアスファルト防水工法に次ぐ。保護防水は室内のみ可。
合成高分子シート防水	接着工法と機械的固定工法がある。均質な防水層が得られ、下地への追従性や耐久性に優れる。アスファルト防水に比べて工程が少ない。シートの継ぎ目を確実に施工することが最大のポイントになる。	陸屋根全般、露出防水用。耐用年数はアスファルト防水工法に次ぐ。
塗膜防水	粘性のある防水剤を塗布して防水層とする。塗り厚さは使用材料の量で管理。塗り工法のため複雑な形状の部分の施工に適しているのが最大の長所。	陸屋根露出防水、外壁防水用。バルコニーなどのほか、改修工事用にも可(写真1)。

表2 防水層形成材料の種類と特徴

防水層の種類		防水層形成材料		特徴
アスファルト防水層		アスファルト		常温で弾力性があり、加熱すると軟化する。ルーフィングとの積層防水層を形成する。
改質アスファルトシート防水層		APP(アタクチックポリプロピレン)系		APPは構造に規則性のないポリプロピレンのこと。シートの材質はやや硬め。
		SBS(スチレン・ブタジエン・スチレン)系		スチレンとブタジエン共重合体で熱可塑性ゴムの一種。比較的軟らかく気温が低いときに施工しやすい。
		APP + SBS 系		APP系、SBS系相互の特質を補ったもの。
メンブレン防水層	シート防水層	合成ゴム系	加硫ゴム系	原料ゴムに加硫したゴムシート。耐久性、柔軟性があり下地への追従性に優れる。
			熱可塑性エラストマー系(TPE)	オレフィン系樹脂を主成分とする環境対応型材料。
			非加硫ゴム系	柔軟性、可塑性があり凹凸のある下地への密着性が優れる。コンクリートとの接着力が強い。
		合成樹脂系	塩化ビニル樹脂系	耐候性、耐熱性に優れ、圧縮、摩耗に強いため軽歩行ができ、着色性に優れる。
			エチレン酢酸ビニル樹脂系(EVA)	セメントとの接着性が良く湿潤下地に施工可能。
	塗膜防水	湿気硬化形	ウレタンゴム系	外気の水分と反応してウレタンゴム化する。
		反応系(2成分形)	ウレタンゴム系	主剤(ポリイソシアネート)と硬化剤(ポリアミン、ポリオール)の化学反応によりウレタンゴムになる。
			FRP系	ガラス繊維にポリエステル樹脂を塗布して硬化させたもの。速硬性があり短時間で施工可能。耐摩耗性、耐薬品性に優れ歩行ができる。防根性があり屋上緑化用防水に適する。
		エマルション系(1成分形)	アクリルゴム系	アクリルゴムエマルションの防水材。外壁への適用が多い。水系防水材で環境にやさしい。
			ゴムアスファルト系	アスファルトと合成ゴムを主原料とするエマルション系防水材。塗布型と吹き付け型がある。水系防水材で環境にやさしい。
		溶剤系(1成分形)	クロロプレンゴム系	耐候性に優れるが、作業工程が多く価格が高い。

①塗膜防水材料 主剤、硬化剤および補強用メッシュなどの確認

②下地調整 下地の補修およびプライマー塗り

③完成 手すりの基礎や設備の基礎などの突起物をそのままで施工

写真1 ウレタンゴム系塗膜防水による改修事例

12.4 その他の防水材料

防水材料の多くは主に屋根防水用である。そのほかの部分にはどのような防水材料が使われているだろうか？　外壁のパネルやサッシ、またはコンクリートなどの目地にはシーリングを施すが、シーリング材はどのように選んだらよいのだろうか？

1 ケイ酸質防水材

コンクリートに塗布浸透するとケイ酸とコンクリートの水酸化カルシウムが反応して結晶を生じ、コンクリートの小さな空隙（毛細管空隙）を埋めて水密性を高めるというものである。ケイ酸イオンとカルシウムイオンの化学反応で不溶性のケイ酸カルシウム水和物が生成する。地下構造物の外壁、水槽類の内側などに適用する（図1）。

2 モルタル防水

防水剤を混入したモルタル（防水モルタルという）およびポリマーセメントモルタルによる防水工法をモルタル防水という。下地のコンクリートにひびが入るとモルタルも割れてしまうので、一般的な屋根に採用されることはほとんどなくなった。モルタル防水は地下の二重壁の内側や水槽、バルコニーの床や小庇などに使われている（図2）。

3 シーリング材

シールするという用語は JIS A 5758 に、「同種または異種材料から構成する各種部材間からの水の浸入、および空気の通過を防止するために、目地に適切な材料を施す作業」と定義されている。

1) 弾性シーリング材と塑性シーリング材

弾性シーリング材とは硬化後に弾性的な性質をもつシーリング材のことで、目地の動き（ムーブメント）に追従して伸び縮みするので、目地切れせずに気密性や水密性を保つことができるものである。硬化後に塑性的な性質をもつタイプのものを**塑性シーリング材**という。建築用シーリングはほとんどが弾性シーリング材である。塑性シーリング材の代表的なものに油性コーキングがある。

2) シーリング材の性能表示法

シーリング材はガラス止め用のGタイプとそれ以外のFタイプがある。目地幅に対する拡大・縮小率の違いでクラス25、クラス20など5つに分かれる（表1）。クラス25とは、たとえば12mmの目地幅が9〜15mmに（25％増減）変動しても対応可能であることを示す。

また引張応力の違いにより高モデュラス（HM）、低モデュラス（LM）タイプがある。**モデュラス**とは弾性体に力を加えて変形させたときにもとの形に戻ろうとする力（応力）のことで、身近な例では、少ない力でもよく伸びる輪ゴムが低モデュラスとすると、消しゴムは高モデュラスということになる。この応力の大きさは高モデュラスで大きく、低モデュラスで小さい。

耐久性は9030、8020などと表記する。9030は90℃の環境下で伸長率30％の変形性能があるという意味になる。シーリング材の呼称はF-25LM-9030-(MS-2)のように表示する（図3）。シーリング材の耐久性区分を表2にあげる。

3) シーリング材の適用

シーリング材はコンクリート、石、金属などの目地に充填されるが、材料の選択を誤ると汚れや剥がれの原因となる。シーリング材に含まれる可塑剤が石材にしみ込んで石が変色したり、シーリング材に付着した汚れが壁面を汚染する現象などがある。可塑剤の滲み防止用としてNB（ノンブリード）タイプのものもある。

また金属サッシに塗られた塗料と反応してシーリングが剥離する現象なども報告されている。参考までに公共建築工事標準仕様書に記載されている被着体とシーリング材の組み合わせを表3に、目地に対するシーリングの例を図4にあげる。

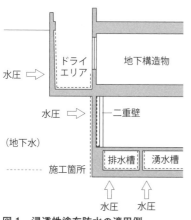

図1　浸透性塗布防水の適用例

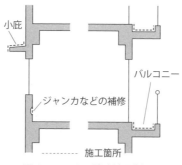

図2　モルタル防水適用例

図3　シーリング材の表示方法

表1　シーリング材の用途およびクラスの区分

タイプ	用途
タイプG	グレイジング用
タイプF	グレイジング以外

クラス	目地幅の拡大・縮小率
25	±25%
20	±20%
12.5	±12.5%
7.5	±7.5%
30S	両方向30%注

注：目地幅に対するせん断変形を示す。

表2　シーリング材の耐久性区分 （出典：JIS A 5758）

主成分による区分	記号	10030	9030	8020	7020	7010	9030G
シリコーン系	SR	○	○	−	−	−	○
ポリイソブチレン系	IB	−	○	−	−	−	−
変成シリコーン系	MS	−	○	○	−	−	−
ポリサルファイド系	PS	−	○	○	−	−	−
アクリルウレタン系	UA	−	○	○	−	−	−
ポリウレタン系	PU	−	○	○	○	−	−
アクリル系	AC	−	−	−	−	○	−

表3　被着体の組み合わせとシーリング材の種類
（出典：「公共建築工事標準仕様書」平成28年版、国土交通省より作成）

被着体の組み合わせ			シーリング材の種類	
			記号	主成分による区分
金属	金属	方立目地	SR-2	シリコーン系
		上記以外の目地	MS-2	変成シリコーン系
	コンクリート		MS-2	変成シリコーン系
	ガラス		SR-1	シリコーン系
	石、タイル		MS-2	変成シリコーン系
	ALC	仕上げなし	MS-2	変成シリコーン系
		仕上げあり	PU-2	ポリウレタン系
	押し出し成形セメント板		MS-2	変成シリコーン系
ガラス	ガラス		SR-1	シリコーン系
石	石	外壁乾式工法の目地	MS-2	変成シリコーン系
		上記以外の目地	PS-2	ポリサルファイド系
コンクリート	プレキャストコンクリート		MS-2	変成シリコーン系
	打ち継ぎ目地	仕上げなし	PS-2	ポリサルファイド系
	ひび割れ誘発目地	仕上げあり	PU-2	ポリウレタン系
	石、タイル		PS-2	ポリサルファイド系
	ALC	仕上げなし	MS-2	変成シリコーン系
		仕上げあり	PU-2	ポリウレタン系
	押し出し成形セメント板	仕上げなし	MS-2	変成シリコーン系
		仕上げあり	PU-2	ポリウレタン系
ALC	ALC	仕上げなし	MS-2	変成シリコーン系
		仕上げあり	PU-2	ポリウレタン系
押し出し成形セメント板	押し出し成形セメント板	仕上げなし	MS-2	変成シリコーン系
		仕上げあり	PU-2	ポリウレタン系
水回り	浴室・浴槽		SR-1	シリコーン系
	キッチン・キャビネット回り			
	洗面・化粧台回り			
タイル	タイル		PS-2	ポリサルファイド系
アルミニウム製建具等の工場シール				

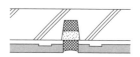

タイル張り誘発目地

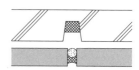

石張り誘発目地

ALC板目地

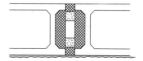

押し出し成形セメント板

図4　目地シーリングの例

12.5 断熱材の性能

考えるポイント
断熱材の種類は多いため、どこにどういう断熱材を使えばよいのかよくわからないことがある。断熱材のバリエーションが多いのはなぜだろうか？ また断熱材に求められる性能には、どういうものがあるのだろうか？ 正しく断熱材を選定するためには断熱の仕組みも知っておかなければならない。

1 断熱する部位と断熱材料

1）外皮を断熱する

断熱は外気に接している屋根（天井や桁上の場合もある）、外壁および床に対して行う（図1）。建築物を包み込んでいるこれらの部分全体を**外皮**と呼んでいる。断熱とは外皮から熱を逃がさないように、建物の内部と外気の間の熱の移動量（貫流熱量）をなるべく少なくすることである。図2は壁体の熱の伝わり方を模式化したもので、室内の暖かい空気から壁体表面に熱が伝わり壁体内を通って、室外側表面から外気に熱が伝わることを示している。

2）熱伝導率

建築材料の熱の通しやすさは熱伝導率λ（W/m・K）で表される。数値の大きいほうが熱を通しやすい材料である。木材（$\lambda = 0.12$）やALC板（$\lambda = 0.19$）のように比較的に熱伝導率が小さいものもあるが、コンクリート（$\lambda = 1.6$）のように熱を通しやすいものもある。通常は構造体だけで所定の断熱性能を満たすには不十分で、別に断熱材を加えなければならない。

3）断熱材

JIS A 9521「建築用断熱材」では断熱材を「断熱の目的で使用されるものであり、23℃における熱伝導率が0.065W/m・K以下のもの」と定義している。断熱材は一般に断熱材の内部に空気や発泡により生成したガスを閉じ込めた構造になっている（図3）。気体には熱を通しにくい性質（空気の場合では$\lambda = 0.0241$）があるので、一般に内部に空洞をもつ材料は断熱性が良い。プラスチックを発泡させたり、繊維を絡み合わせて綿状にする理由はここにある。それぞれの断熱材の性能比較を表1、2、施工例を写真1にあげる。

2 断熱材についての一般的な事柄

1）最高使用温度

屋根や外壁では日射熱によりかなりの高温（屋根は60℃程度）になることもあるので断熱材の使用温度に注意を払う必要がある。使用可能温度は各製品により異なる。鉱物繊維質系は使用可能温度が高く、ロックウールで約400℃、グラスウールでは300℃程度、有機質繊維系では120℃程度である。それに対して発泡プラスチック系ではポリスチレンフォームが約80℃、ポリウレタンフォームは約100℃、ポリエチレンフォームは約70℃と繊維系断熱材よりも低い。熱硬化性樹脂のフェノールフォームは約130℃となっている。一般に使用温度が高くなるにつれて熱伝導率の値が大きくなることも知っておく必要がある。

2）火災に対して

鉱物繊維系断熱材は燃えないが発泡プラスチック系は可燃性がある。燃焼時に有害物質を生成するものもあるので発生量などに注意を要する。

3）ホルムアルデヒド

断熱材および断熱材を包んでいる材料に、ユリア樹脂、メラミン樹脂、フェノール樹脂などホルムアルデヒドを放散する物質を使用しているものはJISで定める基準値以下としなければならない。

4）耐久性

断熱材は他の材料と同様、経年で性能が次第に劣化する。劣化の程度は素材の種類、使用条件、使用部位などさまざまな要素にもよるが、初期の断熱性能を永久に維持することが困難であるということも念頭に入れておく必要がある。

5）施工性や価格

使用する部位に合った、施工しやすい形状・仕様・価格の断熱材を選ぶ必要がある。

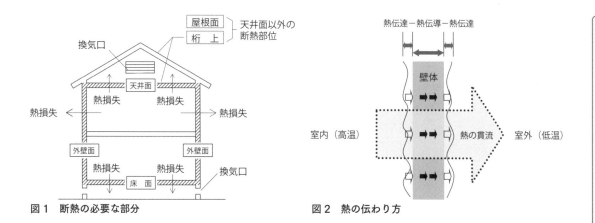

図1 断熱の必要な部分

図2 熱の伝わり方

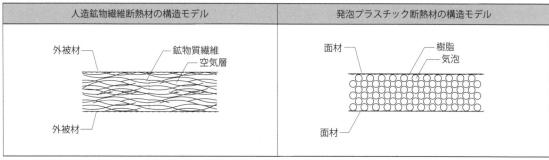

図3 繊維系・発泡プラスチック系断熱材の構造。素材（繊維やプラスチック）と空気からなっている

表1 繊維系断熱材の性能比較
（出典：JIS A 9521 より作成）

断熱材の種類		密度（kg/m³）	熱伝導率の範囲（JIS）(W/m・K)
人造鉱物繊維断熱材	グラスウール断熱材	10〜96	0.031以下〜0.050以下
	ロックウール断熱材	24以上〜60以上	0.034以下〜0.045以下
有機質繊維断熱材	ファイバーマット断熱材	30以上	0.040以下
	ファイバーボード断熱材	150以上	0.052以下

表2 発泡プラスチック断熱材の性能比較
（出典：JIS A 9521 より作成）

断熱材の種類	吸水量（g/100cm²）	圧縮強さ（N/cm²）	熱伝導率（W/m・K）
押し出し法ポリスチレンフォーム（XPS）	0.01以下	10〜20以上	0.022以下〜0.040以下
ビーズ発泡ポリスチレンフォーム（EPS）	1.0以下	5〜16以上	0.034以下〜0.041以下
ポリエチレンフォーム	2.0以下	2以上	0.034以下〜0.042以下
硬質ウレタンフォーム	3.0以下	8〜10以上	0.023以下〜0.029以下
フェノールフォーム	4.0以下〜10以下	1〜15以上	0.018以下〜0.036以下

注：押し出し法ポリスチレンフォーム断熱材の吸水量は「アルコール法（測定法B）により測定することとなっており、表中のその他の断熱材は測定法Aによる（JIS A 9521 付属書C）

写真1 EPS外断熱湿式工法の例
（写真提供：発泡スチロール協会）

12.6 断熱材の種類

考えるポイント　断熱材の形状は吹き込み用や吹き付け用に使う不定形で綿状のもの、軟らかいマット状のもの、板状のものがある。熱伝導率以外の性能や形状、施工のしやすさなどが重要になる。それぞれについて使用例を施工部位ごとに示す（図1）。

1 保温材と断熱材

保温材は化学プラントや空調設備、給排水設備などのダクトや配管類の断熱に使われる。素材は**グラスウール**や**発泡ポリスチレン**などで、建築用の断熱材と変わらないが、主に屋外で使用すること、保温保冷工事で対象とする温度範囲が−180〜1000℃と広いこと、耐候性、耐薬品性などが求められることなどから建築用断熱材料とは区別し保温材と呼ぶ。

2 建築用断熱材

1) 人造鉱物繊維断熱材

グラスウール断熱材と**ロックウール断熱材**がある。熱伝導率にはほとんど差がなく、どちらも不燃性であるが、ロックウールには、グラスウールにはない耐火性がある。どちらも透湿性があり、水に濡れると著しく断熱性能が低下するため、防湿層付きのものとするか、別に防湿層と併用する。防湿、放射、保護、施工性の向上などを目的として基材（表面に被覆のない断熱材）の外部を覆う材料は繊維系断熱材の場合は外被材、発泡プラスチック断熱材では面材と呼ばれている。

2) 発泡プラスチック断熱材

発泡プラスチック断熱材は可燃であるため、防火性能が必要な部位に使用する場合には注意を要する。繊維系断熱材よりも強度が大きく、一般に湿気や水分に強い特徴がある。押し出し法ポリスチレンフォームはほとんど吸水せず、圧縮強度も大きいので土間コンクリートの下や屋根防水の外断熱工法にも使用されている。

3) 有機質断熱材

有機質系ではボード状の**インシュレーションファイバー断熱材**、吹き付け・吹き込み用の**セルローズファイバー断熱材**がある。可燃性、水分の吸放湿性など木質建材の特徴を有する。

4) 現場施工用断熱材

上記のような成形品のほかに、現場で天井裏などに吹き込むタイプのものや、発泡させて吹き付けるタイプのものがある。一般に建築用途に用いられる断熱材の一覧は表1のとおりである。

3 施工部位と断熱材の種類

断熱材の施工では、断熱材同士を連続させて、隙間をつくらないようにすることが重要になる。

①屋根：木造屋根で断熱する場合は野地板の裏側にマット状の断熱材を充填してボードなどで押さえる方法とする。RC造の場合は外断熱にすることが多い。防水層の上側に施工する場合はポリスチレン系とし、下側に施工する場合はポリウレタン系と使い分けている。

②天井：天井裏にはマット状の断熱材を敷く場合と吹き込み用断熱材を吹き込む場合がある。天井裏の設備機器の熱を逃がす工夫が必要になる。

③壁：木造充填断熱にはボード状、マット状のものを、外張り断熱にはボード状の断熱材を使用することが多い。外装材の取り付けに支障が出ないように、薄くて断熱性能の良いものを使用する。RC造ではボード状の断熱材を張り付ける場合と、吹き付け断熱材を施工する場合がある。断熱材に継目をつくらないように外周壁の内側にウレタンを吹き付けることが多い。

④床：木造根太間には剛性のあるボード状断熱材を使用する。使っている間に垂れ下がらないような配慮が必要になる。

⑤土間：押し出し法ポリスチレンフォームなど圧縮強度が強く、吸水しないものを使用する。

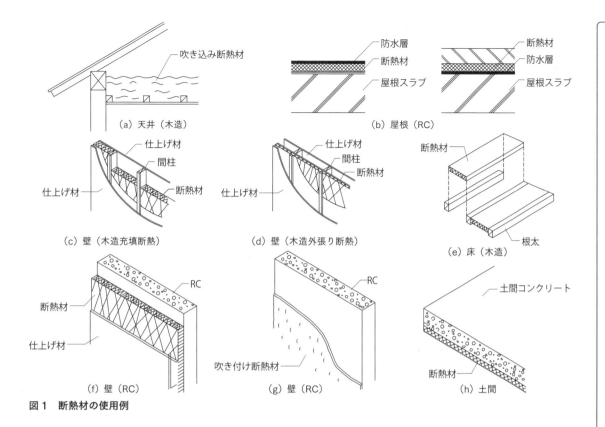

図1　断熱材の使用例

表1　断熱材の種類と特徴
（出典：JIS A 9521、JIS A 9523、JIS A 9526 などより作成）

種類		特徴	
人造鉱物繊維断熱材	グラスウール断熱材	ガラスを溶融し繊維状にしてバインダーでマットやボード状にしたもの。用途に応じてアルミ箔などの外被材で被覆する。	
	ロックウール断熱材	石灰およびケイ酸を主成分とするスラグおよび鉱物を溶融して繊維状にしてバインダーでマットやボード状にしたもの。用途に応じてアルミ箔などの外被材で被覆する。	
発泡プラスチック断熱材	ビーズ発泡ポリスチレンフォーム断熱材	ポリスチレンまたはその共重合体に発泡剤、難燃剤、添加剤を加えた発泡性ビーズを型内発泡成形または発泡成形したブロックから切り出したもの。自由な形態が可能。吸水性小。	
	押し出し法ポリスチレンフォーム断熱材	ポリスチレンまたはその共重合体に発泡剤および添加剤を溶融混合し、連続的に押し出し発泡したもの、または発泡成形したブロックから切り出したもの。吸水性が極めて小さく圧縮強度があるため土間床断熱にも使用可。	
	硬質ウレタンフォーム断熱材	ポリイソシアネート、ポリオールおよび発泡剤を主剤として発泡成形したもの、発泡成形したブロックから切り出したもの、またはシート状の成形面材の間で発泡させ一体化した成形面材付きのもの。	
	ポリエチレンフォーム断熱材	ポリエチレンまたはその共重合体に発泡剤および添加剤を混合して、発泡成形したもの。柔軟性があるので配管カバーなどにも使用される。	
	フェノールフォーム断熱材	レゾール樹脂、発泡剤および硬化剤を主剤として発泡成形したもの、または主剤をシート状の成形面材の間で発泡させ、サンドイッチ状に成形した成形面材付きのもの。	
有機繊維断熱材	インシュレーションファイバー断熱材	主に木材などの植物繊維を成形した繊維板。	
現場施工型断熱材	吹き込み用繊維質断熱材	無機質繊維質	ロックウール断熱材、グラスウール断熱材
		有機繊維質	セルローズファイバー断熱材
	吹き付け硬質ウレタンフォーム	ポリイソシアネートとポリオールとの反応によって、吹き付け発泡させたもの。	

12.7 音響材料

考えるポイント　外部からの騒音を遮断したり、室内の音を外部や隣家、隣室に伝わらないようにすることなどが主な防音対策である。また室内での話し声が壁や天井などに反響して聞きとりにくいというのは音響的な問題である。建築材料の音に対する性質や性能とはどういうものだろうか。

1 音と建築材料

1) 空気伝搬と固体伝搬

音を発生する源を音源という。音源から発せられた音を私たちは聴覚を通して認識する。音は空気を振動させ、密度に濃淡を生じさせながら進むため疎密波と呼ばれ、縦波の性質をもつ。

音は気体や固体などの媒質を通して伝わる。空気を媒質として伝わることを**空気伝搬**といい、コンクリートや鋼材など固体を通して伝わることを**固体伝搬**という。空気中で音の強さは距離の2乗に反比例して次第に弱まっていくが、固体中では音が減衰しにくく、RC造などでは躯体コンクリートを通して意外と遠くまで伝わることがあるので注意が必要である（図1）。

2) 音響材料に必要な性能

音は天井や壁などにぶつかって反射したり、吸収（吸音）されたりする。また壁や床などの反対側（隣室や上下階）に通り抜けるもの（透過）もある。入射した音のエネルギーは図2のように反射、吸収、透過に分かれる。

騒音を防止するという意味ではなるべく音を通さない性質（遮音性）のある材料が都合が良く、室内で発せられる音声を明瞭に聞くには、適度の吸音性や反射性のある材料を組み合わせる必要がある。建築材料では特に遮音性に優れるものを**遮音材料**、吸音性に優れるものを**吸音材料**と呼ぶ。

防音設計では吸音性や遮音性が重要で、あえて反射の良い材料を配することはないが、音楽スタジオなど音響効果が求められる場合には、反射材も適切に配置することが必要になる。

人間の耳に聞こえる音の範囲（可聴範囲）は20Hz～20000Hzといわれる。心身に不快感を与える低周波はおよそ100Hz以下のものを指す。

2 音響材料

1) 透過損失

遮音性能を数値で表したものが**透過損失** TL であり、下式で表される。

$$TL = 10 \times \log_{10} \frac{入射音のエネルギー}{透過音のエネルギー} \text{ (dB)}$$

たとえば、ある部屋で楽器などから出た音の大きさ（音圧レベル）が80dBで、隣室で計測した音の大きさが30dBであった場合、この壁の透過損失は 80 − 30 = 50dB となる（図3）。

建築基準法では共同住宅の界壁（隣戸間の壁）の透過損失を、音の周波数（高さ）が500Hzの場合40dBと規定している。隣の生活音がある程度わかり、テレビの音も小さく聞こえる程度のレベルである。同じ材料でも低音域の125Hzになると25dB、高音域の2000Hzで50dBとなり、低音域において遮音性は悪くなる。したがって、防音設計で低音域における遮音性や吸音性に着目して、材料の組み合わせを考える必要がある。

2) 床衝撃音

床衝撃音には**軽量床衝撃音**と**重量床衝撃音**がある。軽量床衝撃音はスプーンなどをフローリングの床に落としたときや椅子を移動したときなどに生じる比較的に周波数の高い音である。重量床衝撃音は大人が足音を立てて歩いたり、子どもが椅子から飛び降りたり走り回ったりするときに床に加わる衝撃で生じる周波数の低い音である（図4）。

3) 質量則

一般に**面密度**（単位面積あたりの密度＝密度×材厚）の大きな材料は透過損失が大きいという性質がある。これを遮音に関する**質量則**という。材料の透過損失は面密度×周波数の対数と比例関係にある。各種材料の透過損失を図5に示す。

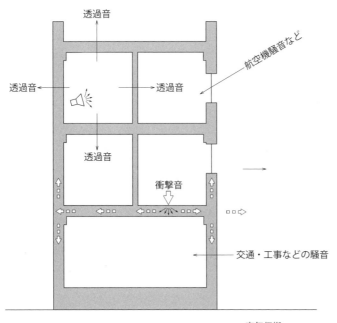

図1 音の伝わり方

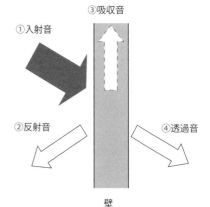

図2 音の入射・反射・吸収・透過

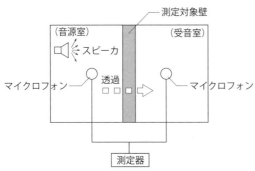

各部屋の音圧レベルを測定し、透過損失を求める。
透過損失の大きさはD30〜D60の遮音等級で表す。
（数値が大きいほど遮音性能が高いことを示す）

図3 室間音圧レベル差の測定

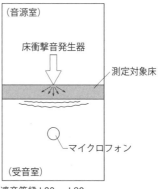

遮音等級L30〜L80
（数値が小さいほど遮音性能が高いことを示す）

図4 床衝撃音の測定

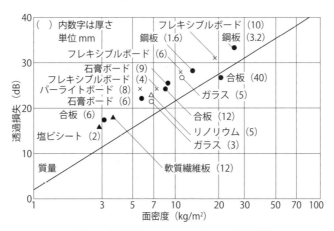

図5 各種材料の500Hzにおける透過損失
（出典：日本建築学会編『建築材料用教材』2013年）

12.8 音響材料の種類

音響材料には防水材料のような特定の用途にしか使えないものはほとんどなく、コンクリートや鉄、木材、無機質ボード、有機・無機繊維など一般の建築材料が使われている。それぞれの材料に備わっている音についての性質をうまく利用して、材料の構成を考えるのである。遮音材料や吸音材料にはどのようなものがあるだろうか。

1 遮音材料

1）単層壁

代表的な材料の周波数別の透過損失は表1のようになる。剛性が小さく密度が大きい材料は音波による振動が小さくなり、遮音性能に優れている。鉛板のように剛性が小さく、重い材質のものが遮音材料に適している。単層壁の透過損失は**質量則**に従うので、壁の厚さが増せば透過損失も大きくなる。ただし壁厚が2倍になっても透過損失は2倍にならず図1のようにわずかな増加にとどまる。

2）中空壁

単に壁厚を増やすだけでは重量が増すだけで非効率である。壁を軽量にして遮音性を向上させるために、石膏ボードなどの面材と空気層を組み合わせた中空遮音壁が普及している（図2）。

中空壁では、ある音域において空気層がバネの役割をして両側のボードを共鳴振動させ、遮音性能を低下させる現象が起きる。主に低音域で発生するのでこの現象を**低音域共鳴透過**と呼ぶ（図3）。このため中空層にグラスウールなど多孔質の吸音材を入れ、ボードの振動を吸音材で弱めることにより、広い音域で透過損失を上昇させるようにしている。

2 吸音材料

吸音材料の役割は反射音を減少させることにあり、空気伝搬騒音の軽減や室内の音の響き具合の調整などに広く使われている。吸音材料には材質や形状に応じて概ね図4のような特性がある。

1）多孔質材料

多孔質材料とは材料の中に小さな隙間や気泡があり適度に通気性があるもののことをいう。高音域での吸音が良いが、背後に空気層をもつことにより広い周波数帯で優れた吸音性を示す。このため吸音材料の主流となっている。グラスウールやロックウールなどの無機質繊維のものがよく使われている。発泡プラスチック系のものでは吸音用軟質ウレタンフォームのような連続気泡を有するタイプのものが多孔質材料に該当する。

2）岩綿吸音板、グラスウール吸音板

ロックウール、グラスウールを高密度のボード状に成形した内装材である。基本的に多孔質吸音材の特質を備えており、高周波数帯での吸音率に優れている。特に岩綿吸音板は天井材として広く普及している。

3）孔あき板

吸音用孔あき板材には合板をはじめとして石膏ボード、ケイ酸カルシウム板、ハードボードなどがある。有孔板の背後に空気層を設けた構造で、中音域の音をよく吸収し山形の特性を示す。

4）板状材料

合板、石膏ボード、ハードボード、繊維強化セメント板などの板は低音域の音をよく吸収する。板の固有周波数に近い音に対して、板が振動することにより熱エネルギーに変換され吸音される。

3 防振・制振材料

防振材料とは、ゴムやバネなどのように材料と材料の間に入れて振動を絶縁する材料をいう。

それに対して制振材料は振動エネルギーを吸収して減衰させる機能をもつ材料で、ダンパーともいう。壁や床材などに使用するシート状のものは**ダンピングシート**、または**制振シート**と呼ばれている。厚さ1〜3mm程度のブチル系・アスファルト系・塩ビ系のものなどがある。

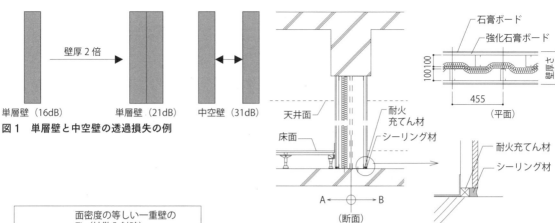

図1 単層壁と中空壁の透過損失の例

図2 軽量遮音耐火間仕切りの例（透過損失 65dB（500Hz）クラスの性能）

・AとBを独立壁と見なして、相互に振動が伝わらないように間を離す。
・スラブと接する部分はシールでしっかり密閉する。
・壁勝ちの納まりとし、天井や床は後施工とする。

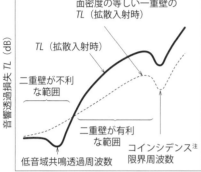

注 コインシデンス効果とは
単層壁の場合は質量則によりその遮音性能を推測することが可能だが、実際は特定の周波数帯で著しく性能が低下する現象が起きる。このような現象をコインシデンス効果といい、壁が振動する周期と入射する音波の周期が一致することで起きる。壁厚が増すほど低音域で発生する。

図3 二重壁の音響透過損失の一般的傾向
（出典：日本建築学会編『建築環境工学用教材』2011年）

表1 主な材料の周波数別透過損失

材料	面密度 kg/m²	透過損失（dB） 周波数 f/Hz					
		125	250	500	1000	2000	4000
ラワン合板（t = 6mm）	3.0	11	13	16	21	25	22
石膏ボード（t = 9mm）	8.7	20	22	25	28	34	23
板ガラス（t = 6mm）	15.0	20	27	31	31	26	37
鉄板（t = 1mm）	8.2	17	21	25	28	34	38
鉄板（t = 4.5mm）	36.9	28	33	37	41	40	38
鉛板（t = 1mm）	11.3	28	26	29	33	38	43
ALC板（t = 100mm）	55	34	33	34	41	50	54
コンクリートブロック（t = 100mm）	160	33	37	42	49	56	60
コンクリート（t = 150mm）	345	39	45	50	56	62	67

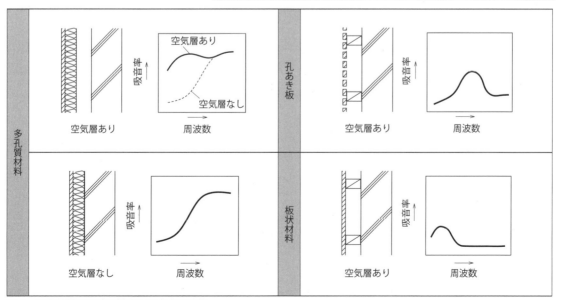

図4 吸音材料別の壁の構成と吸音率の特性

12.9 防火材料

火災は人々の生活に極めて重大な影響を与える。そのため、防火材料は他の建材と異なり、建築基準法で定められたものでなければ建物に使用できない。建物に求められている耐火性能とは何か。また防火材料にはどのような性能が必要とされているのだろうか。

1 火災と建物

1）火災と耐火性能

外部からの火災により建物を延焼させないこと、および建物内で発生した火災を拡大させないことが基本原則である（図1）。火災に対して安全な建物とするためには以下のような性能が必要になる。

火災により火熱が一定時間加えられた場合に、
①構造耐力上有害な変形・溶融・破壊・損傷を生じないこと（非損傷性）。
②加熱面以外にある（屋内の）可燃物が燃えてしまうような温度（可燃物燃焼温度）まで上昇しないこと（壁・床の遮熱性）。
③屋内で発生する火災に対しては、火炎が出ないような屋根や外壁の構造とすること（屋根・外壁の遮炎性）。

図2のように壁の軸組が木造の場合は、壁材がモルタルなどの不燃材料であっても、長時間もしくは長期間加熱され続けると、木材の炭化が進み発火して火災になることがある。

2）燃焼とは

燃焼とは光と熱の発生を伴う酸化反応と定義される。発熱量や燃焼生成物質は材料により異なる。不完全燃焼により発生する一酸化炭素のほか毒性のあるガスを発生させる材料がある。特に密閉性のあるRC造ではこうした煙やガスの影響が無視できない。発生ガスと材料の関係を表1に示す。

2 防火材料の種類

可燃物や発火源については制御することが難しいが、たとえ発火した場合でも壁や天井材に着火しなければ延焼を防ぐことができる。

燃えない、あるいは燃えにくい材料で建物をつくることが求められるのはそのためである。こうした材料は防火材料と呼ばれている。

1）不燃材料・準不燃材料・難燃材料

建築基準法は防火性のある建築材料を不燃・準不燃・難燃材料に区分している。

通常の火災による火熱が加えられた場合に、加熱開始後20分間、以下に掲げる要件を満たしている材料を不燃材料とする。
①燃焼しないものであること。
②防火上有害な変形、溶融、き裂その他の損傷を生じないものであること。
③避難上有害な煙またはガスを発生しないものであること。

準不燃材料は10分間、難燃材料は5分間、同じ要件を満たすこととされる。

通常、建築物で使用される防火建材は表2のとおりとなる。これ以外のものについては個別に国土交通大臣の認定を受ける必要があり、認定を受けた建材はNM-○○○○、QM-○○○○、RM-○○○○のように表示される（NM、QM、RMはそれぞれ不燃、準不燃、難燃に対応）。

2）耐火被覆材

柱や梁など構造上重要な部材を火災から保護する目的で使用される材料を耐火被覆材という。

不燃性・断熱性を備えていて温度上昇を抑制する働きがある。耐火被覆のタイプと特徴、例を表3、図3にあげる。耐火被覆材の主流はロックウール吹き付けで、使用例も多い。ケイ酸カルシウム板は仕上げ塗装が可能という利点がある。巻き付けタイプは施工性が良く材質面でも優れているため、少しずつ普及し始めている。

木造では柱や梁を強化石膏ボード、ケイ酸カルシウム板で覆い準耐火構造としている。

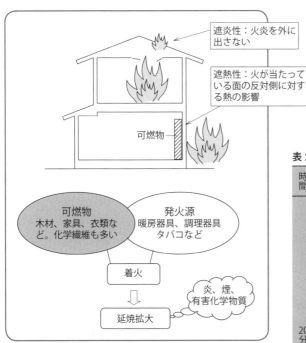

図1　建物と火災

図2　木造壁の内部の燃焼

表1　燃焼による発生ガスと材料の関係
（出典：「防火材料パンフレット」日本建築学会、1993年）

発生ガス	材料名
炭酸ガス・一酸化炭素	すべての炭素分を含む可燃材料
酸化窒素	セルロイド、ポリウレタン
シアン化水素	ウール、絹、窒素を含むプラスチック
蟻酸・酢酸	繊維質材料・レーヨン
アクロレイン	木材、紙
亜硫酸ガス	ゴム、チオコール
塩酸・フォスゲン等	塩ビ、難燃プラスチック
アンモニア	メラミン、ナイロン、尿素樹脂
アルデヒド	フェノール樹脂、木材、ナイロン、ポリエステル樹脂
フェノール	フェノール樹脂

表2　防火材料（建築基準法）

時間	分類	材料
20分	不燃材料	コンクリート れんが 瓦 陶磁器質タイル 繊維強化セメント板 ガラス繊維混入セメント板（t≧3mm） 繊維混入ケイ酸カルシウム板（t≧5mm） 鉄鋼 アルミニウム 金属板 ガラス モルタル 漆喰 石 石膏ボード（t≧12mm、原紙厚≦0.6mm） ロックウール グラスウール板
10分	準不燃材料	石膏ボード（t≧9mm、原紙厚≦0.6mm） 木毛セメント板（t≧15mm） 硬質木片セメント板（t≧9mm、かさ比重≧0.9） 木片セメント板（t≧30mm、かさ比重≧0.5） パルプセメント板（t≧6mm）
5分	難燃材料	難燃合板（t≧5.5mm） 石膏ボード（t≧7mm、原紙厚≦0.5mm）

表3　耐火被覆の特質

耐火被覆のタイプ	特徴
吹き付けタイプ	ロックウールを主原料とし、セメントを硬化材にして吹き付けるものや、セラミック系のものなどがある。複雑な形状に対応でき施工が容易だが、厚さや密度の管理が必要になる。乾燥を要する。
巻き付けタイプ	主にロックウール系の耐火被覆材で、ピンで材料を簡単に固定でき施工が簡単で乾式。施工中塵芥がほとんど発生しない。工場製品のため品質が安定している。
張り付けタイプ	ケイ酸カルシウムなどを主体とした板状の耐火被覆材。強度があるため仕上げの下地として使えるものもある。

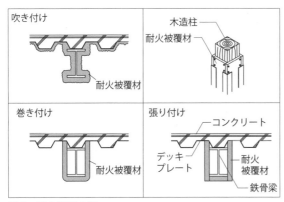

図3　耐火被覆の例

学ぶコラム ⑫ シーリング材の選び方

　使用すべきシーリング材の選定方法に熟達している設計者はあまり多くないように思われる。通常は標準仕様書やメーカーの技術資料にしたがって選定することが多い。
　たとえばALC板の外壁の目地には主にウレタン系のシーリング材が推奨されているが、その理由を考えてみる。技術資料などでは、
　①ALCパネルに使用するシーリング材は、耐久性があり経年劣化が少なく50％引張応力の値が$0.3N/mm^2$以下のモジュラスの低いタイプを使用。
　②特にロッキング構法をご採用の場合は、ウレタン系以上のシーリング材を推奨。
というようなことが書いてある。この理由を考えてみよう。
　①の理由：まず「50％引張応力の値が$0.3N/mm^2$」とは、たとえば長さ12mmのシーリング材を18mmまで50％伸ばしたときに、シーリング材中に生じる引張応力が$0.3N/mm^2$以下になるようなシーリング材という意味である。ALC板は材質が軟らかいので、シーリング材が伸ばされたときにALC板との接着部分でALC板が破損してしまっては困る。そのため、ほどほどの強さでなければならないのである（図1）。
　②の理由：ロッキング構法とは建物が地震などの揺れで変形したときに、ALC板が損傷・脱落しないような取り付け構法のことである。この場合のALC板の目地はワーキングジョイントといって、目地幅が増減したり、ずれたりと大きく動くため、より高性能のシーリング材が必要になる。
　このほかにもうひとつ重要なことは、ALC板には塗装などの防水性のある仕上げが必要になるので、シーリングも上に塗装できるタイプのものを選んだほうがよいだろうということである。そのためシリコーン系やポリサルファイド系などは使用できず、上塗り適性が優れるウレタン系で低モデュラスタイプのものが最も適しているシーリング材ということになる（図2）。
　シーリング材の耐用年数は、環境にもよるので一概にいうのは難しいが、一般には5～10年、高耐久のもので15年程度といわれている。劣化した場合（写真1）はシーリングの打ち直しが必要になり、足場をかけた大きな工事になることが多い。外壁の塗り直しと同時に行うことも多い。

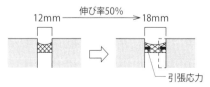

図1　シーリング材の伸びと引張応力

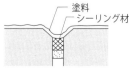

図2　塗装可能なシーリング材

写真1　弾性シーリング材の劣化

付録

- 理解度確認問題
- 用語解説

理解度確認問題

理解度を確認するための○×で答える問題です。間違えたところは関連する章・項目を確認しましょう。

1章 木材

問1 樹木の細胞はすべて形成層でつくられる。形成層は、樹皮・内樹皮のすぐ内側にあり、内部に木部（辺材、心材）をつくりながら木を成長させている。

問2 心材は「赤身」とも呼ばれ、辺材よりも腐りにくく硬い。

問3 樹木の1年分の年輪は、淡い色合いで材質の柔らかい「早材」と、濃い色合いで硬い「晩材」とが一組となって構成される。

問4 針葉樹は木造建築の主要材料であり、スギ、マツ、ヒノキ、ヒバ、ツガなどがある。通直で、材質は広葉樹に比べて硬いものが多い。

問5 木材の気乾状態の含水率は一般的には約30％である。

問6 木材の乾燥収縮率の大きさは、「円周方向＞半径方向＞繊維方向」の順である。

問7 木材の発火点は約260℃なので、木材をその温度まで加熱すると、そばに口火などの火源があれば、引火してしまう。

問8 木材を燃えにくくするため、薬剤を注入する加工方法がある。

問9 地下水位以下に埋め込まれた木製の杭は、腐朽しやすい。

問10 日本の伝統的な木造建築物の和室は、真壁構造なので、柱が見えがかりになる。

問11 合板とは、木材を薄く剥いだ単板（ベニヤ）を、繊維方向をそろえて積層させて接着したものである。

解答

問1：○
樹木の心臓部ともいえる形成層は、樹木の中心ではなく、その外側にある。【1.2】

問2：○
心材は辺材よりも腐りにくく硬い。辺材はやや白っぽい色をしているため「白太」とも呼ばれる。水分や養分が多く材質は柔らかく腐りやすい。【1.3】

問3：○
形成層の活動が活発な春から夏につくられる細胞の集まった部分が早材、夏の終わりごろから秋にかけてできる部分が晩材である。【1.3】

問4：×
針葉樹は通直で、一般的に材質が柔らかく加工しやすい。【1.3】

問5：×
細胞と細胞の間に含まれる水分（自由水）がすべて抜けた繊維飽和点の含水率が30％。さらに、細胞内の水分（結合水）が抜けていき、大気の湿度と平衡するまで乾燥した状態を気乾状態といい、含水率は約15％となる。【1.4】

問6：○
木材の乾燥収縮は、細胞壁内の水分（結合水）が抜けることにより進む。したがって、細胞壁量の多い（密度の大きい）晩材は、収縮率が大となる。つまり、晩材が多く現れる円周方向の収縮率が大となる。【1.4】

問7：×
設問は「着火点（引火点）」の説明。木材の発火点は約450℃で、木材をその温度まで加熱すると、そばに火源がなくても自然に燃え始めてしまう。【1.5】

問8：○
木材の不燃・難燃加工の方法として、ホウ酸系薬剤や窒素リン酸系薬剤などの溶液中に浸けたり、薬剤を加圧注入する方法がある。【1.5】

問9：×
木材が腐朽するのは、「空気、温度、湿度、養分（木材）」の条件がそろったとき。したがって、地下水位以下に埋め込まれた木製杭は、空気が遮断されるので、長期間腐りにくい。【1.5】

問10：○
目に見える部分を「見えがかり」、見えない部分を「見え隠れ」という。大壁構造の場合、柱は見え隠れとなる。【1.6】

問11：×
設問は「LVL」の説明である。単板（ベニヤ）を、繊維方向が直角になるように交互に積層させて接着させたものが合板である。また、集成材は、ひき板（ラミナ）を、繊維方向をそろえて積層させて接着したものである。【1.8～1.9】

2章 コンクリート

問1 「セメント＋水＋砂（細骨材）」を混ぜたものがコンクリートである。

問2 コンクリートの線膨張係数は、鉄筋の線膨張係数とほぼ同じである。

問3 コンクリートの水セメント比が大きいと、強度

は低くなる。
問4　コンクリートのスランプが大きいと、一般的に、コンクリートの品質は低下する。
問5　コンクリートを施工する場合、練り混ぜ開始から打設完了までの制限時間を守る必要があるので、極力現場の近くにある生コン工場を選ぶ必要がある。
問6　ワーカブルなコンクリートは軟らかく、現場での施工がしやすい一方で、材料が分離しやすいので注意が必要である。
問7　AE剤は、コンクリートの品質を改善するために用いる混和剤のひとつで、コンクリートに微細な気泡を混入させることにより、流動性、耐凍結融解性を向上させる。
問8　亀裂やジャンカがなければ、コンクリート内に水は浸透しない。
問9　コンクリートは天然木材よりも熱を伝えにくい。
問10　コンクリートはアルカリ性の材料であり、空気中の二酸化炭素の作用で、経年に伴い次第にアルカリ性が失われることを中性化という。

解答
問1：×
設問は「モルタル」の説明。「セメント＋水＋砂（細骨材）＋砂利（粗骨材）」を混ぜたものが「コンクリート」である。【2.2】
問2：○
コンクリートと鉄筋は、温度変化に対する伸縮率（線膨張係数）がほぼ同じなので、「鉄筋コンクリート」として組み合わせて使うことができる。鉄筋コンクリートは、コンクリートと鉄、それぞれの短所を補い合った優れた組み合わせである。【2.2】
問3：○

$$水セメント比 = \frac{単位水量}{単位セメント量} \times 100（\%）$$

水セメント比が大きいと、作業時の練り混ぜはしやすくなるが、乾燥収縮やひび割れも生じやすくなる。水セメント比は極力小さくしたほうが、密実で強度が高いコンクリートになる。普通ポルトランドセメントの場合、水セメント比は65％以下とすることとされている。【2.4】
問4：○
スランプは、コンクリートの軟らかさを示す指標で、スランプが大きすぎると、材料が分離しやすく乾燥収縮量も大きくなる。したがって、普通コンクリートの場合調合管理強度が $33N/mm^2$ 未満の場合はスランプ値を18cm以下に、調合管理強度が $33N/mm^2$ 以上の場合は21cm以下にすることとされている。【2.4】
問5：○
レディミクストコンクリート工場（生コン工場）で調合・製造されたフレッシュコンクリートは、生コン車で練り混ぜながら建設現場まで輸送され、受入検査を経て、速やかに打設される。外気温が25℃以上の場合は、練り混ぜ開始から打設完了までを90分以内に済ませなければならない。【2.5】
問6：×
「ワーカビリティー」とは、材料分離を生じることなく、運搬、打ち込み、締め固め、仕上げなどの作業が容易にできる程度を示す性質であり、ワーカブルなコンクリートは、軟らかく現場での作業もしやすく、型枠への充填性も良い。【2.6】
問7：○
コンクリートに気泡が多いと強度低下を招く。コンクリートに浸入した水が気泡の中で凍結すると、膨張圧力でコンクリートを破壊する。一方、AE剤で計画的に混入される微細な気泡は、氷結前の自由水を介して膨張圧力を解放することができるので、耐凍結融解性が向上する。【2.6】
問8：×
コンクリートは多孔質材料なので、亀裂などがなくても、毛細管作用によって水が浸透・透過する。浸透・透過に対する抵抗性を「水密性」といい、水セメント比が大きく影響する。【2.8】
問9：×
コンクリートの熱伝導率は、天然木材の約13倍。したがって、外壁や屋根にコンクリートを使用する場合は、通常、断熱材を用いる。【2.8】
問10：○
一般的に屋外よりも屋内のほうが、中性化の進行は早い。鉄筋コンクリートの場合、中性化が進むと、鉄筋が錆びコンクリートが割れてしまう。【2.9】

3章　鉄鋼材料

問1　「鉄」と一口にいっても、そこに含まれる不純物や炭素の量で呼び方や性質が変わる。
炭素の含有量が多ければ、強度は高くなるが硬く脆くなり、少なければ強度は弱いが粘りが出る。
問2　鉄を一定の温度に加熱すると性質が変化するが、その後冷却すればもとの状態に戻る。
問3　鉄を錆から守るための表面処理として代表的なものに、鉄より錆びにくい亜鉛で表面を保護する「亜鉛めっき」がある。
問4　「トタン」とは、亜鉛で被覆された「亜鉛鍍鉄板」

のこと。「ガルバリウム鋼板」とは、亜鉛とアルミニウムなどの合金で被覆された鋼板のことである。

問5　亜鉛めっきを施された鋼板に、さらにリン酸塩処理やクロム酸塩処理を施すことにより、塗料の密着性が良くなり、塗装しやすくなる。

問6　構造用鋼材のうち、鉄骨構造の建築物に用いられるのは主に「SN材」である。

問7　鋼材の種類は、「SN400A」などと表記される。この「400」とは引張強度の上限値を示す。

問8　1981年に導入された新耐震設計法では、鉄骨造の建物に大地震の力が加わった場合、塑性変形（加力を中止しても、もとに戻らず変形したままとなる）で地震エネルギーを吸収できることが重要となっている。

問9　異形棒鋼とは、棒鋼の表面に突起を設け、コンクリートとの付着を良くしたものである。

解答

問1：○
溶鉱炉で鉄鉱石から取り出された鉄は「銑鉄」といい、炭素や不純物を多く含む。一方、工業的に使われる鉄は、「銑鉄」を精錬し炭素含有量を2％以下とした「鋼（炭素鋼とも呼ぶ）」がほとんどである。【3.1】

問2：×
鉄を加熱して冷却すると、もとと異なる性質が現れる。この操作を「熱処理」といい、その目的に応じて「焼きなまし」「焼きならし」「焼き入れ」「焼き戻し」などがある。【3.3】

問3：×
亜鉛は鉄よりイオン化しやすいため、鉄より先に酸化して溶け、鉄を守ることから、犠牲防食と呼ばれる。【3.4】

問4：○
ガルバリウム鋼板は、アルミの不動態皮膜と亜鉛の防食性をバランスさせて、全体的に高い防食性を有する合金でめっきした鋼板で、近年、屋根材や外壁材として広く用いられている。【3.4】

問5：○
たとえば鋼製建具に用いられる「ボンデ鋼板」とは、鋼板に電気亜鉛めっきを施した上に、ボンデ処理（リン酸塩処理の種類のひとつ）を施し、防食性の向上と塗装しやすさを実現したもの。【3.4】

問6：○
1981年に新耐震設計法が導入されて以降、SS材にかわりSN材が多く用いられるようになった。【3.5】

問7：×
引張強度の下限値を示す。つまりSN400Aの鋼材は、引張強度の下限値が400N/mm²であることを示している。【3.5】

問8：○
塑性変形により地震エネルギーを吸収させることにより、建物に損傷・変形は残るが、倒壊・崩壊はせず、人命は守られるという考え方である。【3.5】

問9：○
異形棒鋼は、広く鉄筋コンクリートに用いられている。直径により「D10」（直径9.53mm）、「D13」（直径12.7mm）などと表記される。【3.5～3.6】

4章　ガラス

問1　建物の延焼のおそれのある部分に設ける窓には、普通のフロート板ガラスを使用することはできない。

問2　線入り板ガラスは、延焼のおそれのある部分の開口部に用いることができる。

問3　網入り板ガラスは、同じ厚さのフロート板ガラスより強度がある。

問4　網入り板ガラスは、同じ厚さのフロート板ガラスより、熱割れを起こしやすい。

問5　熱線吸収板ガラスは、冷房負荷を低減するため、日射熱を吸収するガラスである。

問6　熱線反射板ガラスは、ガラスの片側表面に、熱線反射性の金属膜をコーティングし、日射熱を反射させる。

問7　フロート板ガラス、磨き板ガラス、型板ガラス、熱線吸収板ガラス、熱線反射板ガラスなどを、強化ガラスに加工することができる。

問8　倍強度ガラスは、フロートガラスの2倍の強度があり、破損時には強化ガラスと同じように粒状の細片になる。

問9　合わせガラスと、複層ガラスは、同じものを指す。

解答

問1：○
建築基準法にもとづき、防火性能のあるガラスを使用する必要がある。具体的には、網入り板ガラスや耐熱強化ガラスなどである。【4.3】

問2：×
かつては用いることができたが、1983年に認定が取り消され、用いることができなくなった。したがって、古い建物を改修する場合は注意が必要となる。なお、建物内部の防煙たれ壁には使用することができる。【4.3】

問3：×
網入り板ガラスは、火災の際にガラスが割れても脱落せず、火炎が燃え抜けるのを防ぐ。ただし、ガラスに金属線が挿入されているため、強度は普通のフロート板ガラスに劣る。【4.3】
問4：○
網入り板ガラスは、エッジの強度は特に弱い。さらに、エッジ部分から水が浸入すると、内部の金属線が錆び、ガラスが割れる原因となる。こうしたことから、フロートガラスに比べ、熱割れを起こしやすい。【4.3】
問5：○
熱線吸収板ガラスは、ガラスの原料成分に金属を加えて着色した板ガラスで、日射熱を吸収する性質があり、冷房負荷を低減するために使用される。ただし、熱を多量に吸収して高温になると、枠周辺部などとの温度差により熱割れを生じやすくなるので、設置場所、施工方法などに注意が必要である。【4.4】
問6：○
熱線反射板ガラスは、表面の金属膜の劣化により、日射遮蔽性能が低下するため、耐久性の区分も定められている。【4.4】
問7：○
強化ガラスは、板ガラスを熱処理し、破壊強さを増加させ、かつ、人体の衝突などで破損しても破片が細片となるようにしたものである。使用上の注意としては、破損が起きた場合、一瞬に粒状に全面破砕することがあるので、ガラスが割れて開口部が開放状態になった際に人が転落する可能性のある場所には、使用しないか、合わせ加工とするなどの配慮が必要になる。【4.5】
問8：×
倍強度ガラスは、強化ガラスと同様の方法でつくられ、同じ厚さのフロート板ガラスの約2倍の耐風強度、熱割れ強度がある。破損時には粒状にならず、通常のガラスに近い割れ方をする。【4.5】
問9：×
合わせガラスは、2枚以上の板ガラスの間に、接着力の高い合成樹脂中間膜を挟んで圧着したガラスで、衝撃物が貫通しにくく、破損しても破片が飛び散りにくいという特徴がある。複層ガラスは、2枚以上の板ガラスの間を乾燥空気で満たして周囲を密閉したガラス。結露しにくく断熱性に優れている。【4.4～4.5】

5章 石材

問1　花崗岩（御影石）は、石材の中では最も汎用性の高い素材のひとつである。
問2　大理石は、建物の外壁への使用に適している。
問3　屋根材で用いられる天然スレートは、粘板岩を薄板に加工したものである。
問4　テラゾは、自然石の一種である。
問5　石目とは、石材表面の構成要素の状態、見栄えの良し悪しに影響するテクスチャーをいう。
問6　石材の粗面仕上げのうち、割り肌仕上げは、薄板には適さない。
問7　びしゃんたたき仕上げとは、「びしゃん」という工具でたたいて仕上げる方法である。
問8　薄板の粗面仕上げの代表的なものに、ジェットバーナー仕上げがある。

解答
問1：○
花崗岩（御影石）は、耐久性・耐摩耗性に優れ、吸水性も小さいことから、建物内外の床材、壁材として広く用いられている。光沢のある本磨き仕上げとすれば豪華な表情を得られ、一方、ざらざらしたバーナー仕上げとすれば滑りにくい床材にもなる。【5.2】
問2：×
大理石は、花崗岩と比べて軟らかく加工しやすいが、耐摩耗性に劣り、酸やアルカリにも弱いので、外部への使用には向かない。【5.2】
問3：○
粘土が圧力を受けて凝結した泥板岩が、さらに圧力を受けて変質したものが「粘板岩」である。粘板岩は一定の方向に沿って剥離しやすいため、薄板にして屋根葺き材として使用されている。【5.2】
問4：×
テラゾは、大理石、花崗岩などの砕石粒と顔料などを練り混ぜたコンクリートが硬化した後、表面を研磨・つや出しして仕上げた人造石の一種である。テラゾタイル、テラゾブロック、現場塗りテラゾなどとして用いられる。【5.3】
問5：×
石材表面の構成要素の状態、見栄えの良し悪しに影響するテクスチャーは、石理という。石目とは、石材の割れやすい面のことで、石工が経験的に石目を見極めながら切り出すことにより、無駄を減らして歩留まりを良くすることができる。【5.3】
問6：○
割り肌仕上げは、石を割ったままの自然の凹凸のある仕上げ方。薄板の場合は加工中に割れる恐れがあるため適さない。自然の凹凸をコブと呼び、壁に張る場合は継ぎ目の板厚を隣接する石どうしでそろえる必要があるので、板材の四周のコブをハンマーでたたいて整える。【5.5】

問7：○
びしゃんとは、ハンマーに細かい突起がついた工具であり、突起の目が細かいと繊細な仕上げとなる。【5.5】
問8：○
ジェットバーナー仕上げは、花崗岩（御影石）の粗面仕上げの代表的な方法である。石材の表面をバーナーで熱した後に、散水して急冷することにより、凹凸のあるざらざらした石肌となる。【5.5】

6章 セラミックス

問1 陶器質タイルは吸水しやすいため、うわぐすり（釉薬）を施し素地を保護する必要がある。
問2 タイルを製造する際の成形方法には、「押し出し成形（湿式）」と「プレス成形（乾式）」とがある。
問3 粘土瓦は、粘土を主原料とし、混練、成形、焼成したもので、釉薬を施したものと施していないものがある。

解答
問1：○
「陶器質タイル」は吸水しやすいので、うわぐすり（釉薬）で素地を保護する。一方で、「磁器質タイル」は吸水しにくく、うわぐすり（釉薬）を施しているもの（施釉）と、施していないもの（無釉）がある。浴室の床など、水濡れがする場所には吸水率の小さい磁器質タイルが適している。【6.1】【6.2】
問2：○
押し出し成形（湿式）は、風合いがあり繊細な表現が得られる。吸水率が大きいのでモルタルの付着が良い。プレス成形（乾式）は、形状・寸法が正確で吸水率が小さく、品質やコスト面に優れている。表面に型模様をつけることもできる。【6.2】
問3：○
粘土瓦は製法によって、釉薬瓦、いぶし瓦、無釉瓦に分けられる。いぶし瓦は焼成終了後に松葉、松枝などでいぶして表面に炭素皮膜を固着させたもの。施釉もいぶし（燻化）もせず焼成したものを無釉瓦という。【6.3】

7章 金属材料

問1 ステンレス鋼は、柱や梁などの構造躯体に広く用いられている。
問2 銅は熱を通しやすい。
問3 銅は錆びやすいので、屋根材などへの使用には適していない。
問4 アルミニウムは一般的に、他の元素を加えた合金として利用される。
問5 鉛は現在でも、給排水管として広く使用されている。
問6 チタンは軽く、金属の中では熱を通しにくいほうである。

解答
問1：×
ステンレス鋼は、鉄が50％以上、クロムが10.5％以上による合金で、通常ニッケルも添加される。耐食性に優れているが高価なので、一般の建築物には普及していない。通常は、特に耐食性が必要な構造物などに限定的に用いられる。【7.1】
問2：○
銅の熱伝導率は、鉄の4倍以上と高い。【7.2】
問3：×
銅は、湿気の多い大気中に長期間さらされると、「緑青」と呼ばれる安定した皮膜を生成する。緑青は銅の錆の進行を妨げるので、昔から銅板は屋根材に広く用いられてきた。【7.2】
問4：○
純アルミニウムは強度が小さいので、アルミニウム合金（一般に「軽合金」と呼ばれる）として利用されることが多い。アルミサッシなどの建築用途で広く使われるのは「6000系」と呼ばれるマグネシウムとケイ素を含む合金で、耐食性、加工性、溶接性に優れている。【7.3】
問5：×
鉛はかつて、給排水管に広く使用されていたが、近年ではステンレス管や塩ビ管が主流となっている。ただし、現在でも、放射線防護材や防音材、制振材などに用いられているほか、合金用としての用途も広い。【7.4】
問6：○
チタンは金属としては軽いほうだが、強度は鋼材並みなので、比強度は大きい。熱電導率は建築用の金属の中では最小であり、熱を通しにくい。【7.4】

8章 塗料

問1 塗料に含まれる「溶剤」は、乾燥しても塗膜に残る。
問2 「塗膜」とは、塗料に含まれる油脂や樹脂が固化したものである。
問3 無色の透明塗料には「顔料」が含まれていない。
問4 合成樹脂調合ペイントは、木部、鉄部、コンク

リート部に広く用いられている。
問5　エマルション塗料は、環境への悪影響が少なくて済む。
問6　ポリウレタン樹脂塗料は、建築用塗料では最も耐候性に優れている。

解答
問1：×
塗料の成分である樹脂などや添加剤、顔料に流動性をもたせて塗りやすくするためのものが「溶剤」である。溶剤とは、いわゆる「シンナー」のことで、塗料が乾燥する際に揮発して、塗膜には残らない。【8.2】
問2：○
塗料が乾燥すると、素地に薄膜を形成する。これが塗膜である。塗膜の主成分になるのは樹脂類で、アクリル樹脂やウレタン樹脂といった合成樹脂のほか、松脂などの天然樹脂、亜麻仁油などの油類などがある。【8.2】
問3：○
顔料は、着色、錆止め、防汚などの役割を担う粉末や固体である。顔料が入ると、有色の不透明塗料（ペイントやエナメル）になる。一方、ワニスやラッカーなどは、顔料が入っていない無色の透明塗料である。【8.2】
問4：×
合成樹脂調合ペイントは、建物内外の木部、鉄部に広く用いられているが、アルカリに弱いため、セメントやコンクリート面には塗れない。【8.3】
問5：○
エマルション塗料は、溶剤を使わず水で希釈するタイプの塗料なので、溶剤の揮発による火災の恐れや臭気の発生がない。【8.3】
問6：×
建築用塗料で最も耐候性が優れているのは「ふっ素樹脂塗料」であるが、高価である。ポリウレタン樹脂塗料も耐候性、耐久性などに優れており、木部、鉄部、コンクリート、すべてに塗ることができる。【8.3】

9章 左官材料

問1　「セメント＋水＋砂（細骨材）」を混ぜたものがモルタルである。
問2　石膏プラスター塗り仕上げは、強度が大きく亀裂も生じにくいことから、住宅などの内装仕上げとして用いられる。
問3　漆喰塗り仕上げは、外部への使用には適さない。
問4　土壁は結露しやすい。

解答
問1：○
セメントと砂（細骨材）の割合は、セメント分が多いと（富調合）強度は強くなるが、亀裂が発生しやすくなる。したがって、モルタル塗仕上げの場合、下地との接着力が必要な下塗りは「セメント：砂＝1：2.5」、上塗りは「セメント：砂＝1：3」といったように使い分ける。【9.1】
問2：○
石膏プラスターは、漆喰よりも早く固まり硬度も大きい。また、ドロマイトプラスターより強度が大きく亀裂が生じにくい。【9.2】
問3：×
石膏プラスターやドロマイトプラスターが主に内部の仕上げに用いられるのに対し、漆喰は外部に用いられることも多い。漆喰は硬化に時間がかかるものの、耐火性がある材料である。特に土佐漆喰は耐水性に優れている。【9.2】
問4：×
土壁は湿気を多く含むことができ、調湿効果があるため、結露などの害が生じにくい。【9.3】

10章 無機質ボード

問1　石膏ボードは内壁、および外壁の下地材として広く用いられている。
問2　ケイ酸カルシウム板は、耐火性があり加工も容易なため、内装材として多用される。
問3　ALC板はコンクリート壁と同様に、素地のまま外壁に用いることができる。
問4　岩綿吸音板（ロックウール化粧吸音板）は、天井材として広く用いられている。
問5　木質セメント板は、防火性、断熱性・遮音性に優れていることから、屋根の下地や内外壁の下地材などとして用いられる。

解答
問1：×
石膏ボードは防火性、遮音性に優れている。また、温・湿度の影響も受けにくく、寸法安定性がある。したがって、間仕切り壁の下地材として広く用いられている。しかし、石膏ボードは水濡れに弱いという弱点があるので、外壁の下地材に広く用いられるというのは誤りである。【10.1】
問2：○
ケイ酸カルシウム板は塗装、クロス張り、タイル張りなどの多様な仕上げができる。ただし、アルカリ性な

ので、油性塗料やフタル酸樹脂塗料など、使用できない塗料があるので注意が必要である。【10.2】

問3：×
ALC板は比較的軽く、耐火性があるので、屋根、壁、床、間仕切りなどに用いられる。ただし、吸水性が大きいので、<u>表面を防水塗料や仕上げ塗り材などで仕上げて用いる</u>。【10.3】

問4：○
岩綿吸音板の最大の特徴は、吸音性が優れていることである。さらに、不燃性、断熱性にも優れていることから、天井材として広く用いられている。ただし、曲げや衝撃に弱く端部なども欠けやすいので、石膏ボードを下張り（捨て張り）した上に、接着張りすることが多い。【10.4】

問5：○
木質セメント板は下地材として使われることも多いが、塗装などの表面仕上げを施したものは、そのまま内装材に用いられることもある。間伐材や端材、廃材などが用いられており、環境に配慮した建築材料といえる。【10.4】

11章 繊維・ビニル系材料

問1　畳床は、現在は、稲わらをまったく使っていない製品が大半のシェアを占めている。
問2　ウィルトンカーペットは、タフテッドカーペットよりも大量生産が可能で、安価で広く普及している。
問3　ビニル床シートには、裏側に発泡層のあるものとないものがある。
問4　リノリウム床材は天然素材からつくられているので、摩耗に弱く、重歩行するような場所には適さない。
問5　壁紙は、それ単体の防火性能によって、防火認定（不燃材料、準不燃材料、難燃材料）される仕組みがある。

解答
問1：○
現在は、稲わらのかわりにタタミボードやポリスチレンフォームを主原料とした建材畳床が、生産量の8割を占めている。【11.1】

問2：×
ウィルトンカーペットは、耐久性も良く、かつてはカーペットの主流であったが、その後出てきたタフテッドカーペットは、<u>ウィルトンカーペットと比べ30倍の生産速度があり</u>、ウィルトンカーペットよりも安価で広く普及している。【11.2】

問3：○
裏側に発泡層のあるビニル床シートはクッション性や断熱性に優れているので、素足や床に直に座るような居室に用いられる。クッションフロアもそのひとつである。【11.3】

問4：×
天然素材からなるリノリウム床材は、<u>耐摩耗性、抗菌性、帯電防止性、耐熱性</u>に優れており、環境にやさしい床材として近年見直されている。ただし、アルカリ性の水分に接触すると分解するので注意が必要である。【11.3】

問5：×
壁紙の単体ではなく、<u>その下地材料との組み合わせによって防火認定される</u>。【11.4】

12章 機能性材料

問1　改質アスファルトは、アスファルトの弱点（低温になると割れやすい、高温だと軟らかくなりすぎる）を、改善したものである。
問2　シート防水は、単層の防水シートを下地に接着する工法だが、耐久性が低い。
問3　シーリング材は、ガラス止め用とそれ以外とで、呼称が違う。
問4　コンクリートは空気より熱を通しにくい（熱伝導率が低い）。
問5　鉱物繊維質系の断熱材（ロックウールやグラスウールなど）は不燃性だが、発泡プラスチック系の断熱材は可燃性である。
問6　鉱物繊維質系の断熱材（ロックウールやグラスウールなど）は水に濡れても断熱性能は低下しない。
問7　中空壁では、2枚のボードの間の空気層が両側のボードを共鳴振動させ、遮音性能を低下させる現象が特に高音域で起きる。
問8　鉄骨の柱や梁の耐火被覆のためにロックウール吹き付けが用いられる。

解答
問1：○
改質アスファルトは、アスファルトに合成ゴムや合成樹脂などを添加し、性質を改善したものである。【12.3】

問2：×
シート防水の材料は、合成ゴム系と合成樹脂系に大別される。特に加硫ゴム系は<u>下地への追従性に優れ、耐久性もあり</u>、早くからシート防水の材料に使われてきた。【12.3】

問3：○
たとえば、「F-25LM-9030」という呼称のシーリング材の意味は、以下のとおりである。
- F：ガラス止めタイプ以外（ガラス止めタイプは「G」と表記される）
- 25：目地幅に対する拡大・縮小率が、±25％
- LM：低モデュラスタイプ（⇔HM：高モデュラスタイプ）。引張応力の違いによる。
- 9030：90℃の環境下で伸長率30％の変形性能がある。【12.4】

問4：×
空気はコンクリートや木材よりも熱伝導率が低い。したがって、断熱材は、プラスチックを発泡させたり、繊維を絡み合わせたりして綿状にすることにより、空気の量を多くしている。【12.5】

問5：○
発泡プラスチック系の断熱材は、ポリスチレンフォーム、ポリウレタンフォーム、ポリエチレンフォーム、フェノールフォームなどがある。可燃性で、燃焼時に有害物質を発生するものもある。【12.5】

問6：×
ロックウールやグラスウール断熱材は、どちらも透湿性があり、水に濡れると著しく断熱性能が低下するので防湿層を設ける必要がある。一方、発泡プラスチック系断熱材は、一般に強度が大きく湿気や水分に強い。【12.6】

問7：×
中空壁の空気層が両側のボードを共鳴振動させることにより遮音性が低下する現象は、主に低音域の場合に起こるので、「低音域共鳴透過」という。このため、中空遮音壁では中空層にグラスウールなどの多孔質の吸音材を入れる。【12.8】

問8：○
ロックウールは不燃性・断熱性を備えているので、鉄骨造の耐火被覆材として広く用いられている。木造の場合は、柱や梁を強化石膏ボードやケイ酸カルシウム板で覆うことが多い。【12.9】

用語解説

・延焼のおそれのある部分

　隣地境界線、道路中心線または同一敷地内の2以上の建築物（延べ面積の合計が500㎡以内の建築物は、1の建築物とみなす）相互の外壁間の中心線から、1階にあっては3m以下、2階以上にあっては5m以下の距離にある建築物の部分をいう。

　ただし、防火上有効な公園、広場、川等の空地若しくは水面又は耐火構造の壁その他これらに類するものに面する部分を除く（建築基準法第2条6号）。

・オーバーレイ

　合板の表面にメラミン樹脂板などのプラスチック、レジンペーパー、紙、布、金属薄板、きわめて薄い単板などを張ること。

・オレフィン系

　ポリエチレン、ポリプロピレンなどのような炭素と水素だけからなる樹脂を総称してオレフィン樹脂という。燃焼の際に二酸化炭素CO_2と水H_2Oを生成し、ダイオキシンなどの有害物質の発生がない。

・関東間、京間、中京間

　畳の大きさは関東と関西で異なる。名古屋地方はその中間となる。関東では関東間といい、柱割り（柱と柱の中心間隔から畳の寸法を決めること）の場合は1間を6尺（1818mm）とする。畳割り（畳の寸法から柱の間隔を決めること）の場合は畳の長手方向を5.8尺（1757mm）、短手方向を2.9尺（879mm）とする。関西では6.5尺を1間とし、畳割の場合は畳の大きさを6.3尺×3.15尺（1909mm×954mm）とする。名古屋地方では中京間といい畳割では6尺×3尺（1818mm×909mm）となる。一般に関東間の畳を江戸間畳、五八間畳ともいう。関西間の畳は京間畳と呼ぶ。現代の住宅では柱割りが普通になっている。

・コールドジョイント

　先に打ち込んだコンクリートと後から打ち込んだコンクリートとの間が、完全に一体化していない継ぎ目。
（参考：JIS A 0203「コンクリート用語」）

・個別認定

　建築基準法第68条の25に基づき個別に国土交通大臣の認定を受けたもので、国土交通大臣が定めた仕様（告示仕様という）と区別される。

・C.S.R値、C.S.R.B値

　C.S.RはCoefficient of slip Resistanceの頭文字をとったもので、滑り抵抗係数という。素足の場合はC.S.R.Bで表す。

　タイルの表面に滑り片を滑らせたときの抵抗を測定して、タイルの耐滑り性を評価する（試験方法 JIS A 1509-12)。

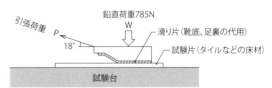

図　滑り性試験の概要

　滑り抵抗係数は以下の式で求める。

$$C.S.R = \frac{P_{max}}{W}$$

$$C.S.R.B = \frac{P_{max}}{W} + \frac{P_{min}}{W}$$

W：鉛直荷重785N
P_{max}：滑り片が動き始めたときの引張荷重の最大値(N)
P_{min}：滑り片が動き出した後の引張荷重の最小値(N)

参考：東京都福祉のまちづくり条例の施設整備マニュアル（平成26年9月東京都）では敷地内通路や建築物の出入り口、屋内通路、階段の踏面・踊場、便所・洗面所の床の場合C.S.R値0.4以上、大浴場やプールサイド、シャワー室・更衣室の床はC.S.R.B 0.7以上が推奨されている。

・下見板

　板の長さ方向を水平にして張る板壁。

・シックハウス症候群

　建材や調度品などから発生する化学物質、カビ、ダニなどによる室内空気汚染等とそれによる健康被害が指摘され、「シックハウス症候群」と呼ばれている。「シックハウス症候群」は医学的に確立した単一の疾患ではなく、居住に由来するさまざまな健康被害の総称を意味する用語とされている（出典：「健康な日常生活を送るために～シックハウス症候群の予防と対策」厚生労働省）。

　化学物質について厚生労働省は今のところ13の化学物質（※）について室内濃度指針値を公表している。2003年（平成15年）7月には建築基準法により、防腐土台などに使われていたクロルピリホスの使用禁止、およびホルムアルデヒドを発散する建材の使用が制限されることとなった。

※ホルムアルデヒド、アセトアルデヒド、トルエン、キシレン、エチルベンゼン、スチレン、パラジクロロベンゼン、クロルピリホス、テトラデカン、フタル酸ジ-n-ブチル、フタル酸ジ-2-エチルヘキシル、ダイアジノン、フェノブカルブ

・真壁と大壁

　真壁とは、和風木造建築における伝統的構法で、壁を柱と柱の間に納め、柱が外面に現れる構法のこと。一方、大壁とは柱の外側を板などで覆う方法で、柱は壁の中に置か

れるため外からは見えない。現在一般的な住宅では和室以外の部分はほとんど大壁方式である。

・新耐震設計

建築基準法に基づく現行の耐震基準は、1981（昭和56）年6月1日に施行された建築基準法施行令によるもので、それ以前の耐震基準と区別するため「新耐震基準」と呼ばれている。1981年6月1日以降に「建築確認」を受けた建物は「新耐震基準」に適合させることになっている。

「新耐震基準」は以下のように「一次設計」と「二次設計」で構成されている。

- 一次設計（許容応力度計算）：建物が、中規模の地震動（建築物の存在期間中に数度遭遇することを考慮すべき稀に発生する地震動）に対してほとんど損傷しないようにする。
- 二次設計（保有水平耐力計算等）：大規模の地震動（建築物の存在期間中に1度は遭遇することを考慮すべききわめて稀に発生する地震動）に対して、倒壊・崩壊する恐れがないようにする（損傷、変形は残る）。

「二次設計」は「保有水平耐力計算」のほか、建物の規模によって、略算的な計算方法、あるいはより高度な構造計算方法である「限界耐力計算」など、構造計算の方法が異なる。

・制振ダンパー

地震や強風時に建物に作用し振動を生じる外力に対して、構造物に生じる加速度や変形を制御するため、構造物に取り付ける装置。

制振ダンパーには、オイルダンパーのような粘性型あるいは粘弾性型のものや、鋼材や鉛などの復元力を利用したもの、摩擦力を利用したものがある。

・石綿

アスベストともいう。天然の鉱物の結晶が繊維状に成長したもので、繊維径は岩綿繊維の3～6μmに対して、数十分の一から数百分の一といわれる。石綿は不燃性・化学的安定性に優れ、強度もあることから建材をはじめとして工業分野で多用されてきたが、微細な繊維が製造所や建設現場などで呼吸器に吸収され、健康被害が生じたため2006（平成18）年9月1日以降その使用が禁止されている。しかし、禁止される以前に製造された建材には石綿が含まれるものがあるので、建物の改修、解体時には繊維が飛散しないように注意する必要がある。

・線膨張係数

線膨張率ともいう。

dt の温度上昇に対して長さ l の棒に dl の伸びが生じたとする。

このとき

$dl = \alpha \, l \, dt$

の関係式が成立し、dt を無限小とすることにより、

$\alpha = \dfrac{1}{l} \cdot \left(\dfrac{dl}{dt} \right)$

が成立する。この係数 α を線膨張係数（率）と呼ぶ。

・耐ラメラテア性能

鋼構造物が大型化・複雑化するのに伴い鉄骨の接合部、特に拘束の厳しい仕口部分などでは、板厚方向に大きな応力を受けることがある。ラメラテア（lamellar tear）とは溶接割れの一種で、下図のように板厚方向に働く引張応力により生じる平行な割れのことをいう。耐ラメラテア性能に優れた鋼材に耐ラメラテア鋼がある。

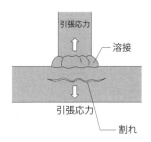

・タルク

滑石（talc）という鉱石を粉砕してつくった体質顔料。水和ケイ酸マグネシウムに近い組成を持つ。白灰色をした光沢のある軟らかい材料。滑石の硬度は鉱石中で最も低い。塗料をはじめ、ゴム、合成樹脂、化粧品などの配合充填材として使用される。

・鍛接

金属を加熱し、半溶融状態になったものに打撃を加えたり、加圧したりして接合する方法。

・断面欠損

部材の断面寸法が小さくなること。鋼材の場合は錆びた部分が欠損して構造的に必要な断面が不足することをいう。木材の場合は木材同士を組み合わせるために、切り欠いた部分に同様な問題が生じる。

・調合管理強度

コンクリートの調合において、構造計算の基準になるのが「設計基準強度」で、これをもとにして、経年による強度低下を考慮して「品質基準強度」を定める。さらに、構造物に打設する前に採取されたコンクリート試験体と、実際に施工された後のコンクリートの品質に差が生じることを想定して品質基準強度に対して強度の補正を行う。この補正後の強度を「調合管理強度」といい、コンクリート発注時の呼び強度として使われる。

・熱可塑性エラストマー

熱可塑性とは加熱すると軟らかくなり変形したまま元の形に戻らない性質のことで、エラストマーとは弾性（エラスチック）を示す重合体（ポリマー）のことである。熱可塑性エラストマーは常温ではゴム弾性を示し、高温では軟化して可塑化する性質のある樹脂のことで、スチレン系，オレフィン系，PVC系，ウレタン系などがある。シート防水用としてはオレフィン系を主成分とした樹脂が使用されているため、環境対応型防水材料とされる。

用語解説

- **熱橋**

「ヒートブリッジ」ともいい、床、間仕切り壁などが断熱層を貫通する部分。そこから熱が伝わりやすくなるため、断熱材を補い断熱性能を強化するなどの配慮が求められる。

- **パーカライジング法**

リン酸塩処理のことで、1915年ごろにアメリカのパーカー兄弟が製法の特許を取得して工業化したことから、この化成処理方法をパーカライジング法と呼ぶようになった。

- **パッシブソーラーシステム**

ソーラーパネルや蓄熱槽など、具体的な機械設備を備えたソーラーシステム（アクティブソーラーシステム）に対して、機械設備を使わずに建物自体が自然換気や自然な蓄熱をして太陽熱を利用するシステム。

- **バライト粉**

重晶石（barite）の白色粉末。主成分は硫酸バリウム（$BaSO_4$）。体質顔料として用いられる。
（参考：JIS K 5115「沈降性硫酸バリウムおよびバライト粉（顔料）」）。

- **比強度**

材料の強さと密度の関係を示す用語。
「比強度＝引張強度／密度」で算出される。
たとえばアルミニウムは、その引張強度のわりに密度が小さい（軽い）ため、比強度が大きい材料である。

- **ビッカース硬さ**

正四角すい（対面角 136°）のダイヤモンド圧子を、試料（試験片）の表面に押し込み、その試験力を解除した後、表面に残ったくぼみの対角線長さを測定する。

ビッカース硬さ＝定数×試験力／くぼみの表面積
である。

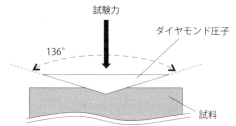

（JIS Z 2244 ビッカース硬さ試験－試験方法より作成）

- **ビヒクル**

塗料の液相の構成部分の総称。塗膜のもとになる天然樹脂や合成樹脂（塗膜形成主要素という）に塗料の性質を改善するための添加剤（塗膜形成副要素という）を加え溶剤に溶かしたもの。

- **歩留まり**

原材料のうち、製品もしくは、その内容物として有効に利用された量と、製造過程で実際に費消された量との比率。たとえば木材の場合、1本の原木から製材や合板、チップなどの製品が効率的に多く取れた場合、「歩留まりが良い」という。

- **ブリネル硬さ**

超硬合金球の圧子を、試料の表面に押し込み、その試験力を解除した後、表面に残ったくぼみの直径を測定する。

ブリネル硬さ＝定数×試験力／くぼみの表面積
である。

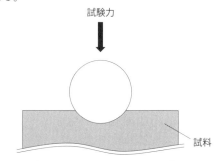

（JIS Z 2243 ブリネル硬さ試験－試験方法より作成）

- **膨張材**

セメントおよび水とともに練り混ぜた後、水和反応によってエトリンガイト、水酸化カルシウムなどを生成し、コンクリートまたはモルタルを膨張させる混和材。
（参考：JIS A 0203「コンクリート用語」）

- **ポップアウト現象**

コンクリート表面近くの内部に、水の凍結、骨材の膨張、鉄筋の錆などにより局部的に膨張圧が発生し、コンクリートの表面部分が剥がれてくる現象。

- **ホルムアルデヒド**

ホルムアルデヒドはメチルアルコールを酸化して得られる刺激臭のある気体。この40％水溶液をホルマリンという。フェノール、尿素と反応させ合成樹脂製造に用いる。還元性があり分析試薬として利用。パラホルムアルデヒドなどの重合体をつくる
（参考：『科学大辞典第2版』丸善、2005年）。

- **ホルムアルデヒドの発散等級**

建築基準法（第28条2第3号）では、「居室内において衛生上の支障が生ずるおそれがあるものとして政令で定める物質（ホルムアルデヒド）の区分に応じ、建築材料及び換気設備について政令で定める技術基準に適合すること」とされている。技術基準（建築基準法施行令第20条の7）で定める4つの区分のうち第1種（ホルムアルデヒド発散量が $0.12mg/hm^2$ を超えるもの）は居室内には使用不可となっている。第2種と第3種については使用する面積と使用室の床面積、換気設備についての制限が設けら

ホルムアルデヒド発散建材の区分		ホルムアルデヒド発散量 単位（mg/hm^2）	該当条文（建築基準法施行令）
第2種	F☆☆	0.02＜発散量≦0.12	第20条の7第2項
第3種	F☆☆☆	0.005＜発散量≦0.02	第20条の7第3項
規制対象外	F☆☆☆☆	発散量≦0.005	第20条の7第4項

れている。ホルムアルデヒド発散量は表面積 $1m^2$ につき1時間当たりの質量で表す。

・ホルムアルデヒド放散量

20℃に保たれた密閉容器内に試験片を24時間放置した後、試料溶液中に溶出したホルムアルデヒド濃度から求められる。

日本農林規格（JAS）では合板のホルムアルデヒド放散量と性能区分を次のように定めている。

性能区分	平均値（mg/L）	最大値（mg/L）
F☆☆☆☆	0.3	0.4
F☆☆☆	0.5	0.7
F☆☆	1.5	2.1
F☆	5.0	7.0

・ボンデライジング法

パーカライジング法と同義でリン酸塩処理のこと。リン酸塩処理材の商品名ボンデライトから、ボンデ処理、ボンデライジングなどの呼び名がある。

・見え隠れ

隠れて目に見えない建築部材の部分。
一方、目に見える部分および見える側を「見えがかり（見え掛かり）」という。

・メンブレン防水

メンブレン（membrane）とは膜の意味。メンブレン防水とは不透水性の1枚の薄膜で、屋根全体を覆うという発想の防水方法のことをいう。最も代表的な防水工法としてアスファルト防水やシート防水、塗膜防水がある。

・ヤング係数

弾性体に力を加えたとき、一定の範囲内では応力度とひずみ度の間に比例関係が成り立つ。ヤング係数とは弾性体の応力度とひずみ度の関係を表す比例定数のひとつで、垂直応力度σ、縦ひずみ度ε、ヤング係数Eとの間には次の関係がある。

$$\sigma = E \cdot \varepsilon$$

「ヤング率」「（縦）弾性率」「（縦）弾性係数」ともいう。

参考文献

・日本建築学会編『建築材料用教材』日本建築学会、2013年
・日本建築学会編『建築環境工学用教材　環境編』日本建築学会、2011年
・日本建築学会編『建築物の遮音性能基準と設計指針』技報堂出版、1997年
・堀紫朗著『建築材料』丸善、1953年
・野平修・松島潤監修『現場技術者が教える『施工』の本＜仕上編＞』建築技術、2006年
・『建築大辞典』（第2版）彰国社、1993年
・京都大学木質科学研究所編『木のひみつ』東京書籍、1994年
・佐道健一著『木がわかる』学芸出版社、2001年
・鈴木和夫編著『樹木医学』朝倉書店、1999年
・セメント協会編『セメントの常識』セメント協会、2013年
・藤原忠司ほか『コンクリートのはなしⅠ、Ⅱ』技報堂出版、1993年
・斎藤光著『鋼材が受ける火災の影響』コンクリートジャーナル vol.11　No.8、1973年
・大阪府立産業技術総合研究所 Technical sheet『亜鉛および亜鉛系合金めっきの防食性能』大阪府立産業技術総合研究所、2000年2月
・『旭硝子板ガラス建材総合カタログ　商品編』AGCグラスプロダクツ、2015年
・『旭硝子板ガラス建材総合カタログ　技術資料編』AGCグラスプロダクツ、2012年
・中山實著『新版　石と建築　材料と工法』鹿島出版会、2014年
・『建築用石材総合カタログ地球素材』全国石材工業会、2003年
・『アルミと表面処理』（第三版）新日軽、2004年
・大澤直著『現場で役立つ金属材料の基本と仕組み』秀和システム、2015年
・佐藤嘉一郎、佐藤ひろゆき著『土壁・左官の仕事と技術』学芸出版社、2001年
・佐藤理一著『畳のはなし』（物語　ものの建築史）
・『フロアカバリング』日本インテリアファブリックス協会、2010年
・『ウォールカバリング』（改訂版）日本インテリアファブリックス協会、2016年
・『防水材・シーリング材・塗り床材ガイドブック』新樹社、2016年
・『塗料と塗装』（改訂第三版）日本塗料工業会、2010年

・「コンクリートの基礎講座」建材試験センター
http://www.jtccm.or.jp/library/new/7_kikaku/publication/1306/1306_concretekiso.pdf
・「建設用資材ハンドブック」新日鐵住金、2016年
https://www.nssmc.com/product/catalog_download/pdf/E001.pdf
・「モノづくりの原点 - 科学の世界」新日鐵住金
http://www.nssmc.com/company/nssmc/science/pdf/V1.pdf
・建築研究所監修、瓦屋根標準設計・施工ガイドライン編集委員会編『瓦屋根標準設計・施工ガイドライン』全日本瓦工事業連盟、全国陶器瓦工業組合連合会、全国厚形スレート組合連合会、2001年
http://www.sekisyu-kawakami.co.jp/_src/sc5124/guideline.pdf
・「わかりやすい建築構造用鋼材「Q&A」集」（SN材シリーズ）日本鉄鋼連盟、2008年
http://www.jisf.or.jp/info/book/docs/2008SNQandA.pdf
・「斜め滑り試験機と高分子系張り床材の滑り性能試験」建材試験センター建材試験情報
http://www.jtccm.or.jp/library/new/7_kikaku/publication/1211/1211_annai.pdf
・「アルミの基礎知識」日本アルミニウム協会
http://www.aluminum.or.jp/basic/
・「建築塗装ガイドブック」（改訂版）関西ペイント、2010年
http://www.kansai.co.jp/products/catalog/pdf/210.pdf
・国土交通省大臣官房官庁営繕部「公共建築工事標準仕様書（建築工事編）平成28年版」
http://www.mlit.go.jp/common/001136535.pdf
・「建築防水工事材料ガイドブック」田島ルーフィング、2015年
http://www.tajima.jp/digitalcatalog/index.html
・「アスファルト防水仕様書'09」（2012年版）東西アスファルト事業協同組合
http://www.tozai-as.co.jp/catalog/data/02asphalt/01tozaias140828/book.pdf
・高橋愛枝ほか「10年以上経過した超高層建物のシーリング材の劣化調査」大成建設技術センター報第43号、2010年
http://www.taisei.co.jp/gikcn/report/2010_43/paper/A043_015.pdf

著者略歴

庫川尚益（くらかわ しょうえき）

1948 年	東京都生まれ
1971 年	早稲田大学理工学部建築学科卒業
1973 年	早稲田大学大学院理工学研究科建設工学専攻修士課程修了
	川上建築設計事務所を経て、
1987 年	くらかわプラニング設計設立、現在にいたる
	関東学院大学建築・環境学部非常勤講師（2004 ～ 2018 年）
	一級建築士

著書

『夢の我が家で泣かないために』（共同執筆） 企業組合建築ジャーナル、2002 年
『地震と住まい』（共著）技報堂出版、2010 年
『建築家のための耐震設計教本』（共著）彰国社、2012 年
『考える建築構法』彰国社、2014 年

設計活動

済生会鴻巣病院、長津田厚生総合病院などの医療施設、事務所ビル、共同住宅、戸建住宅のほか FM 局、スタジオなど。

考える建築材料

2016 年 12 月 10 日　第 1 版　発　行
2020 年 1 月 10 日　第 1 版　第 2 刷

著　者　庫　川　尚　益
発行者　下　出　雅　徳
発行所　株式会社　彰　国　社

162-0067　東京都新宿区富久町8-21
電話　03-3359-3231（大代表）
振替口座　00160-2-173401

著作権者との協定により検印省略

自然科学書協会会員
工学書協会会員

Printed in Japan
© 庫川尚益　2016年

印刷：三美印刷　製本：誠幸堂

ISBN 978-4-395-32082-0　C3052　http://www.shokokusha.co.jp

本書の内容の一部あるいは全部を、無断で複写（コピー）、複製、および磁気または光記録媒体等への入力を禁止します。許諾については小社あてご照会ください。